程智集

（一）

（明）程智 撰

趙廣明 編

SSAP
社會科學文獻出版社

挾天地以獨立
播萬物而不染

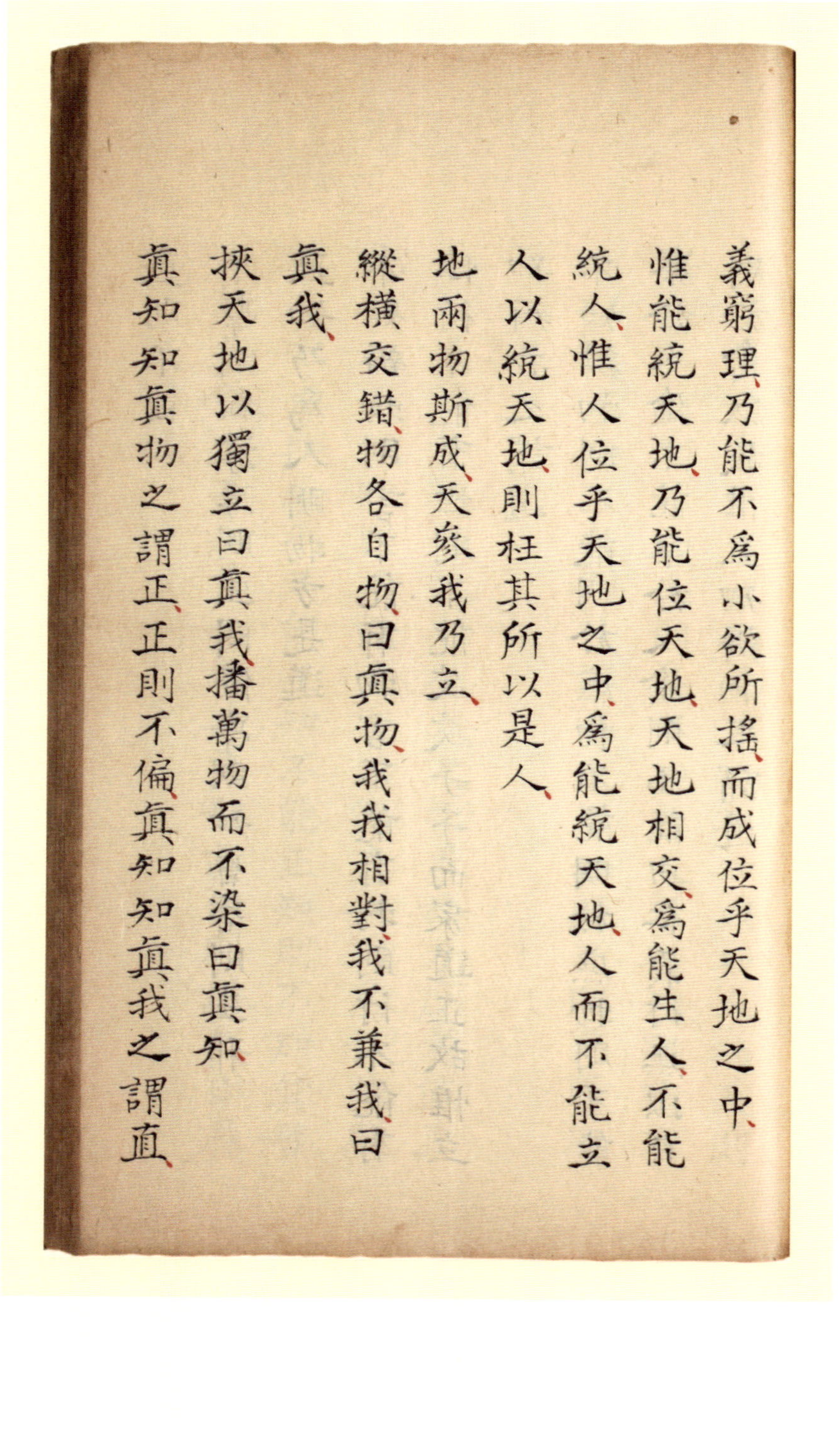

義窮理乃能不爲小欲所搖而成位乎天地之中
惟能統天地乃能位天地天地相交爲能生人不能
統人惟人位乎天地之中爲能統天地人而不能立
人以統天地則枉其所以是人
地兩物斯成天參我乃立
縱橫交錯物各自物曰眞物我我相對我不兼我曰
眞我
挾天地以獨立曰眞我播萬物而不染曰眞知
眞知知眞物之謂正正則不偏眞知知眞我之謂直

選自《雲莊程先生易學要語》（吳興劉氏嘉業堂藏書）

物以拂子指茶碗云如此物喚為茶碗此物之名耳如何
為物之寔憑何喚為茶碗又指香爐云此可喚作茶碗麼
曰不是碗師曰何以見其不是曰此不能無疑師曰正要
在這裡疑目見茶碗心辨茶碗心何據以是非茶碗要這
個東西做主心憑意〻憑知〻在物人心無格惟物有格
故大易之數本于地理學之門本于物
黑白奇偶以何者為憑須知奇偶憑物黑白憑色物色又
何所憑追究至此惟有天地之象數非本天地則無象數
非本象數則無色物黑白奇偶等本天地以學奇偶是本

選自《雲莊大易師蒲亭語録》（汪文柏摛藻堂藏書）

中庸旨說

天都程智子尚甫著　　教下吳聞詩子含甫述

中庸

中庸何以昉乎虞書曰人心惟危道心惟微惟精惟一允執厥中中之所託始也無稽之言勿聽弗詢之謀勿庸庸之所託始也本諸人道攷三王而不謬矣夫子繫乾之九二曰龍德而正中者也則是中說也庸言之信庸行之謹則是庸說也本諸天道建天地而不悖矣然則中者孰謂心之中也庸者孰謂中之

選自《中庸旨說》（八千卷樓藏書）

眞能眞則盈天地之間惟萬物盈天地之間皆我能矣故先之辨物者卽所以辨能辨能卽所以安我也

先生曰非物實無以正眞物非眞物無以正眞能非眞能無以正眞知故物實者眞物之根眞物者眞能之景眞能者眞知之光固其根察其景究其光眞知知矣

眞知

先生曰眞知亦有二一曰天知一曰人知地爲塵矣天爲空矣地能爲形質聲色臭味矣曰天知爲象乎

選自《雲莊程先生大易參兩說》（清立人堂刻本）

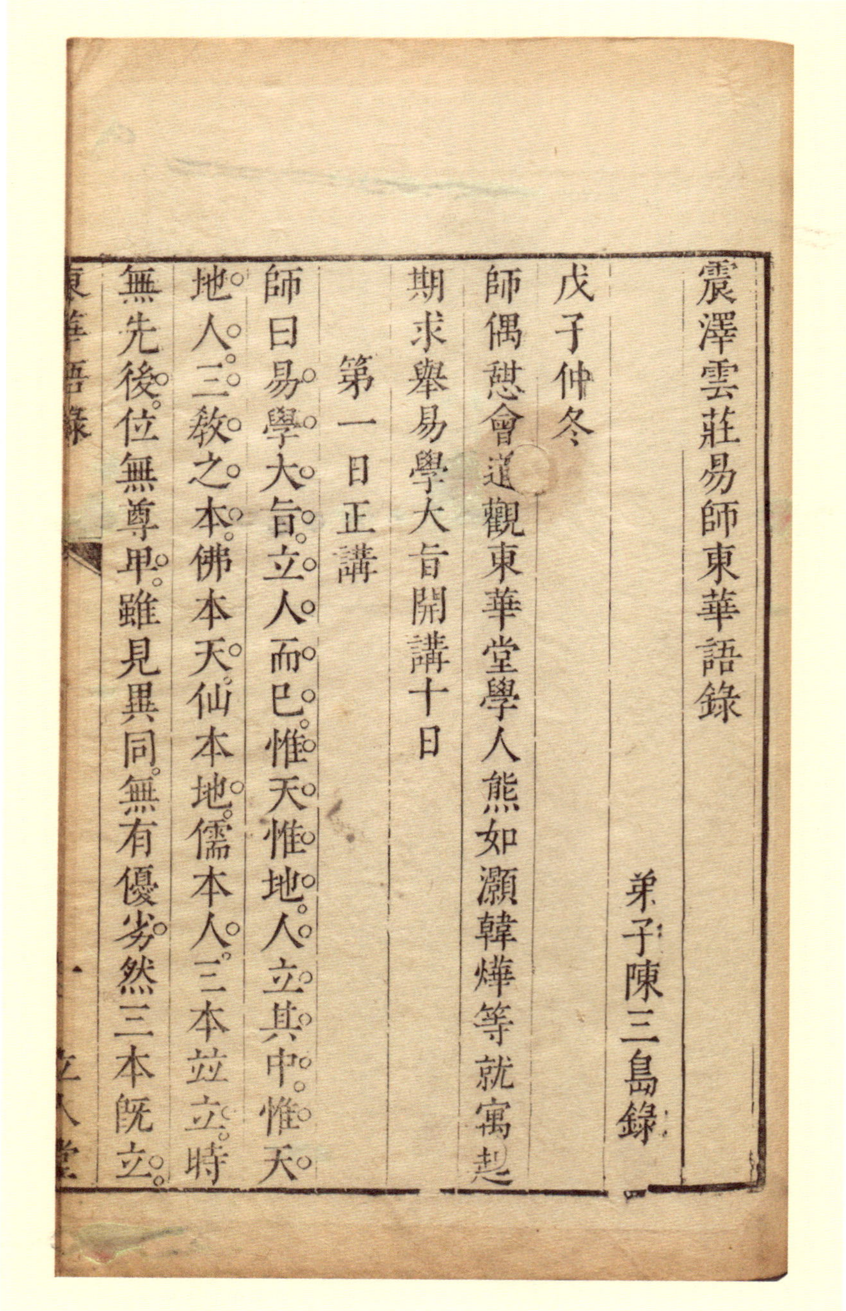

震澤雲莊易師東華語錄

弟子陳三島録

戊子仲冬

師偶憇會道觀東華堂學人熊如灝韓燁等就寓起期求舉易學大旨開講十日

第一日正講

師曰易學大旨立人而已惟天惟地人立其中惟天地人三教之本佛本天仙本地儒本人三本竝立時無先後位無尊卑雖見異同無有優劣然三本旣立

東華語錄　一　立人堂

選自《東華語録》（清立人堂刻本）

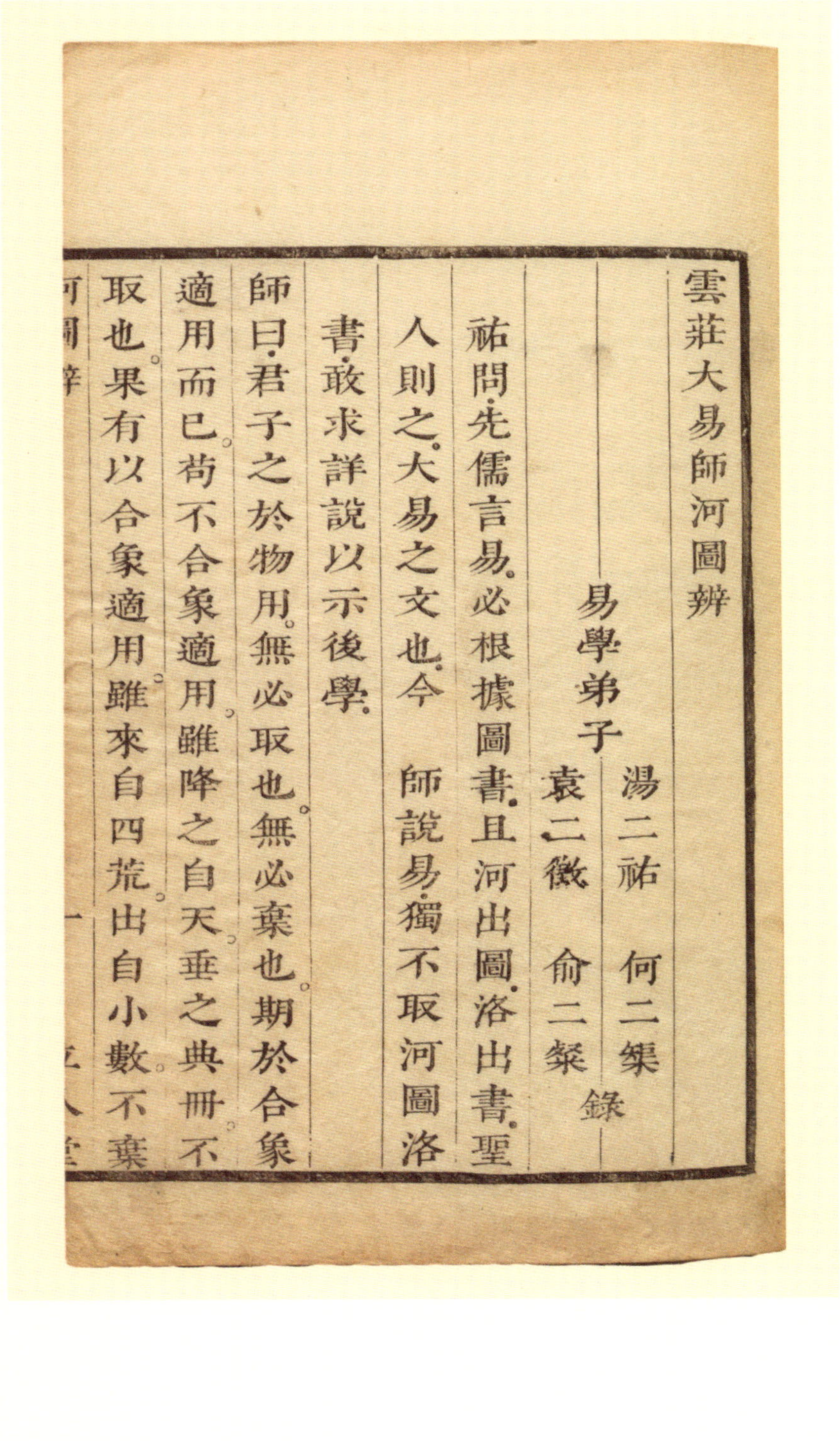

雲莊大易師河圖辨

易學弟子　湯二祐　何二集
　　　　　袁二徵　俞二粲　錄

祐問先儒言易必根據圖書且河出圖洛出書聖人則之大易之文也今　師說易獨不取河圖洛書敢求詳說以示後學

師曰君子之於物用無必取也無必棄也期於合象適用而已苟不合象適用雖降之自天垂之典冊不取也果有以合象適用雖來自四荒出自小數不棄

河圖辨　一　立人堂

選自《雲莊大易師河圖辨》（清立人堂刻本）

這座典型的徽式二層民居，始建年代應該在明末清初，歷經風雨，年久失修，餘韻猶存，一直是程智家族的居所（張曉梅 攝）

前言

程智（一六〇二～一六五一），字子尚，又字極士，道號雲莊，常被稱爲雲莊大易師，安徽休寧會里（今商山鎮洪里）人，南宋大儒程大昌（一一二三～一一九五）後人，程伊川十七世孫。程智學宗孔孟、深悟易理、會通三教、人道獨辟、哲思精透，是明清之際重要的哲學家和宗教思想家，受到從黃宗羲、全祖望到胡適、余英時等衆多名家的關注，但由於各種原因，其著述傳世極少，幾近匿迹，鮮爲人知。

王汎森先生認爲：『程雲莊是中國近三百年學術思想史中最爲神龍見首不見尾的思想家，過去三百年中，提到他名字的人非常多，却大多未曾讀到過他的著作，故對他的思想風貌存在嚴重的誤解。』[一]據現有資料看，這些誤解來自黃宗羲、全祖望以及焦循、俞樾、徐珂、孟森、饒宗頤、余英時等。《程智集》的出版，將從根本上改變這種情況，有助於準確瞭解程智。

從文獻資料看，誤解主要集中在程智與三一教以及大成教的關係上，現有資料並不支持宗教層面的直接關係，但思想與學理的關聯值得深入研究。[二]程智學問，托于大易，貫通儒釋道三教，旨在重續聖人之道。三教之辨是他講論的一個重點話題，也是那個時代由來已久的一股思想洪流。程智有自己的三教觀，他認爲：『「三教同根，教異道同」，此説不然。』（《東華語録》第六日正講）『惟聖人爲能通天人之際也，蓋惟通天人之際，乃足稱聖人之道也。學問通，便可分可合，故三教不通，則三教爲三。不通而言通，徒害其通。能通則三而一。』（《東華語録》第七日正講問答）『天下之道，分則相害，混則兩亡，必能分而通之，乃能兩成其美，而可以安身，可以爲人。』（《東華語録》第八日正講）

三教分則互害，混則俱亡。與其説是三教歸儒，不如説是要另尋個更爲根本和切身的爲人安身的根基，據以辨析三教之不同旨趣，並納三教于根基之中，分判其對於根基的不同意義。在這種分判中，儒之『生生』，較之佛之『無生』和道之『長生』，意義更大些。

在三教問題上，明清之際，從王陽明到李贄、林兆恩，再到程智、方以智以至於周太谷，構成了一個重要的宗教與哲學視域，關乎中國思想近代轉型的核心理路。這個理路，意味着以儒家思想爲正統的漢語傳統的自我反思、重塑和再造，其中充滿了掙扎、挫折和自我突破的可能。比如被儒家正統視爲異端的李贄，有『三教歸儒』説，但這種三教所歸，並不是一般所謂儒，而是他心目中的聖學之道，是道與心[三]，這道與心即『絶假純真，最初一念之本心』的童心[四]。李贄是要把儒家、三教之傳統置於童心這個絶對的道體與心體之上。從表面上看，與王陽明以良知立教類似，但其內涵的革命性意義與旨趣却大爲不同。比較而言，程智看似比較正統，但他的旨趣實際上與李贄頗爲近似，將三教之辨歸於儒之生生，與其説是要重續儒統，不如説是想通過給儒家一個新的根基，賦予儒學新的生命和可能，以創新再造他心目中的聖學道統。

觀照明清之際的思想與精神嬗變，常有一種强烈的感覺：以孝悌親尊爲本的傳統儒學，本來是一張皮，人生、世界、生命的一張皮，却被儒生和權力搗鼓成了人生、世界、生命本身，本末不辨。皮固然重要，但生命本身更重要。揚棄儒皮，還人生世界之本然面目，焕發生命本然之精神力量，纔是文明之道。李贄是要去儒皮，另起爐灶，具有明顯的顛覆性。程智則頗爲複雜，外在看，他不滿道之爲我、佛之平等，要恪守親親尊賢等列隆殺之儒皮，類似陽明的固守倫常秩序；骨子裏却是要循儒皮而入生命本身，使儒不止于皮，而是能含攝整個生命，本末兼顧，一體焕然，其思想探索的力度不輸卓吾。程智的學術特色和思想價值由此而來。

尤爲可貴的是，程智思想觀念中所藴含的現代意義，比如他對『學』『知』『物』『我』等概念的理解。

劉師培認爲程雲莊亦信王學（五），歸之于陽明系統。從其著述看，實際上他對朱王都有繼承、有反思、有超越。《蒲亭語録》是程智詳説《論語》的開篇，他自述與世之論學爲志有五種不同，第一種不同即是『不言理學』，即不言程朱的主敬和陽明的良知。《蒲亭語録》重點講説的是『學而時習之』，與朱王的相關文字對觀，可管窺他們對『學』的不同理解。朱子的説法是：『學之爲言效也。人性皆善，而覺有先後。後覺者必效先覺之所爲，乃可以明善而複其初也。』（六）朱子是個經驗的學法，學者效也，得有個外在的現成抓手和路徑可循，後覺效先覺。陽明不以爲然，而是直指本心：『學是學去人欲，存天理。從事於去人欲，存天理，則自正。諸先覺考諸古訓，自下許多問辨思索存省克治工夫；然不過欲去此心之人欲，存吾心之天理耳。若曰效先覺之所爲，則衹説得學中一件事，亦似專求諸外了。』（七）陽明的爲學路徑近於禪，具有先驗色彩，不滿於朱子的外求路徑，而直接訴諸本心良知。與其篤信聖人，不如反求諸己，『夫學貴得之心。求之於心而非也，雖其言之出於孔子，不敢以爲是也』（八）。陽明對於時儒俗儒的顛覆性是顯而易見的，他的吾心良知，空前彰顯個己的心靈自由和主體意識，具有重大的思想史和精神史價值，由此開啓中國近代思想的曲折歷程。但陽明的革命性工作，根本上歸附於儒家倫常的桎梏而不求突破，良知之學本質上是在新的歷史語境中儒門的還魂之學，心之良知依然安居在程朱們所衛護的儒家倫常絜矩皮囊之中，儘管其中不乏洪荒張力。這種張力在王學左派那裏愈演愈烈，到了李贄，名教與心性、『人倫之至』與『未發之中』的斷殺已經不可收拾。程智在這個争執中有自己的門路，表現爲他對人倫之至與孩提之心之間張力的拿捏與突破。

程智對『學』的理解是，『《論語》通册，衹有學字爲旨』，『學爲仁義禮之綱，仁義禮爲學之目』。就仁義禮言，有不學，有學。不學者仁，仁乃天恩天賦，是人心人性之本然，不學而能；需學者義禮，義禮乃人合。故學乃本不學之仁以學義禮（《蒲亭語録》）。程智所謂『仁』，與陽明的『良知』、羅近溪的『赤子之心』、李贄的『童心』接近，但含攝『心』『物』，不偏於主觀，且傾向於在天恩自然之仁與人合經驗之義禮之間貫通一體，進而賦予這種一體更深的根基，這表現在他歸仁於天的宇宙論－本體論思路。天者何謂？天者，命也，生也，生生即是天命（《易學要語》），吾心得之，爲德，此德即仁；仁『爲初交』，體現的是天的無限創化生機，是至上之德，孝悌及其世俗道德不過是標識『仁』德的一個發端、一個切身契機、一種發用而已，是德之經驗，是經驗之一件。孔門聖學的要津，不應止於從孝悌下行爲世俗倫常，而是貴在從孝悌上行於仁、於天、於生生，『教人學以達天而已』（《蒲亭語録》）。程智的這個理路，應該是對程朱合天地生物之心與人温然愛人利物之心爲仁這一思想的發揮和推進。[九]

達天者何謂？達天之無限創化生機，達天地之交，達天地萬物之生滅變化，而天地萬物之變化，與吾心之知能一也。

由學而天，由天而知，這是程智從《論語》中拈出的聖人之道。《論語》全書以『學』始，以『知』終，『知』命、『知』禮、『知』言、『知』人，意味深長。程智深得其味：

> 古人學問徹始徹終，祇一知字。知之透徹，而行自在其中，不用身行，而知自行於其中。

（《蒲亭語録》）

程智所言之知，已經不止于一般意義上的知，甚至超越了陽明知行合一的語境，而至於本體論之知，某種『知識本體論』。『人物之生成，在天唯知』（《大易參兩説》），『知本於天』（《易學要語》二集），以知類天，凸顯的是知的主體性、主宰性、本體性、創造性，是主體與本體的貫通，這應該是對《易傳》『乾知大始』之『知』及朱熹相關詮釋的升級版。

朱熹對『乾知大始，坤作成物』的解釋是：『知，猶主也。乾主始物而坤作成之。』(十)『這個「知」有創造意義，它有這個力量，該革的革，該興的興，這個就是創造性。乾元主管天地萬物之間最高的始。』(十一)程智對知的創造性有更深刻的思考，在他看來，『人與天地同生，則知與天地同生』，這個知即『真知』。何謂真知？『真知亦有二，一曰天知，一曰人知。』天知，即天的無窮創化之生生，而『知天知之知是人知』(《大易參兩説》)，故人知的根本，是將人的主體能知導向、會通天的無盡生機。對於程智，『知』是個體生命與宇宙生命、主體之能與宇宙之能、心靈世界與外在世界會通的契機、通道和法門，借助其卓越的數理和邏輯思想，程智的『知』這個概念在兩個内在相關的根本維度上有助於確立起人的純粹主體性存在，這兩個維度即人與自身的關係、人與物的關係。於是由『真知』導出『真我』與『真物』：

縱横交錯，物各自物，曰真物；我我相對，我不兼我，曰真我。挾天地以獨立曰真我，播萬物而不染曰真知。(《易學要語二集》)

真我，意味着我之與人的獨立，意味着我之與天地萬物的獨立，意味着個體絶對意義上的獨立自主，更進一層的意思是『我主』：

我主者，是以我爲主也。蓋惟偏天偏地不足爲主，故以我爲主。（《大易參兩説》）

需以我爲主，天地始交、天地乃分、萬物乃賓、萬物乃類、知能歸真，『天地萬物，與我知我能，必以我爲主也』。真我與我主，把自我之絶對性的自由刻畫得淋漓盡致，這種個體的自由，既不抽象，也不主觀任性，而是與真知一體，與對人、我、物的客觀把握本質關聯。這種『知』性自由的純粹性，與物的純粹性是一致的。真知以及由之而來的真我（可與莊子《大宗師》中的『且有真人而後有真知』對觀），其本性乃是『播萬物而不染』，换言之，在真知和真我面前，萬物是自己存在、自己澄顯的，物是自在的。在《蒲亭語録》中，關於茶碗何以爲茶碗的辨析中，程智的結論是：

要這個東西做主，心憑意，意憑知，知在物。人心無格，惟物有格。故大易之數本於地，聖學之門本於物。

傳統的格物致知有了新解。陽明雖然也講『意之所在便是物』，但『物猶事也』，『吾性自足，向之求理於事物者誤也』（十二），龍場之悟的要害，就是將格物化爲正念，就是以吾心之良知徹底代替、消解物與自然世界的自在性，良知主宰的儒家道德由此徹底貫通、彌漫世界，儒家的道德至上主義與泛倫理主義由此得逞。這種道德主義的泛濫，以及對物與自然世界的忽視和消弭，使純粹的主體及其求真意志以及純粹客觀的知識傳統都難以形成，其歷史後果，是自由與自然的雙殺。在日本社會的現代化過程中，日本的啓蒙思想家對儒家的這種泛道德性有深刻的反思和批判，從福澤諭吉到島田虔次、丸山真男（十三），都深切意識到，從儒家道德中拯救純粹的物和自然以及相應的純粹的思維方式和客觀知識的極端重要性，而且這種純粹客觀性還是現代正義社會的基礎，關乎儒教文化主導的傳統社會能否實現古今之變的命脈。

程智『知在物』『惟物有格』的重要意義由此可知。在程智這裏，惟真知，而有真我，而有我主；有我主，方有物主。我的自由與物的自在是一致的，純粹的知識、純粹的物、純粹的主體是『一個都不能少』的『三位一體』。

惟聖人爲能通天人之際也，何以通？惟『知』能通。知者，真知。真知、真我、真物，一也，仁在其中。程智的『仁』，對於人生、世界、生命的意義，已非傳統儒家的仁義道德可比。

以上雖是粗略探討，但程智學術思想的重要價值已經躍然紙上。作爲明清之際社會轉型期的思想家，程智不務舉業，一介布衣，結社講學，交友有限，遊歷見聞有限，且年壽有限，但他逢亂世懷蒼生，志在聖學，思接千古，天賦深徹，在有限的時空之中綻放出巨大的思想創造力和精神活力，其學術涵蓋易學、道德、宗教、政治、邏輯學等許多領域，值得深入研究。

程智著述匿迹百年，胡適二十世紀初曾多方尋覓而不得。讀王汎森先生的《權力的毛細管作用》一書，始知程智其人其思，殊感興味，遂多方搜求其著述及相關文字。這一工作得到中國社會科學院世界宗教研究所的大力支持，趙文洪先生和賈俐女士自始至終鼎力相助，鄭筱筠女士掛職歸來得知此事，也積極支持。具體事宜幸得同事周齊研究員、梁恒豪研究員以及日本神户市外國語大學秦兆雄教授、南京圖書館徐小躍先生和陳立女士、浙江圖書館張群女士和曹海花女士之助，使我們順利獲得日本國立公文書館館藏清立人堂刻本《程氏叢書》十三種、南京圖書館清抄本《中庸旨説》（八千卷樓藏書）和《雲莊大易師蒲亭語録》（汪文柏擒藻堂藏書）二册以及浙江圖書館清抄本《雲莊程先生易學要語》（吴興劉氏嘉業堂藏書）六種一册的出版授權，於是有《程智集》影印本的面世。匿迹百年的一代大哲，能在一年左右的時間裏『瞬間』復活，是天意，更是人和，對以上各位友好和機構的幫助一併表示深深謝意！

需要説明的是，日本國立公文書館所藏《程氏叢書》中的《守白論》，實爲《公孫龍子》，並非程智所著《守白論》。全祖望的《鮚埼亭集外編》卷三十四『書程雲莊語録後』（十四），專門提到程智的《守白論》，認爲『其言以公孫龍子爲宗，而著定爲十六目』，『公孫龍子之學，絶於世亦久矣，雲莊蓋參會釋老之言附會之以成其説者也』。全祖望記録下了《守白論》中的『十六目』及其『宗旨』共約四百字，這成爲今天

《守白論》僅有的傳世文字，這些文字引起了當今中國邏輯史研究界的極大興趣，給予很高的評價。

《程智集》裒輯迄今所發現的全部程智著述，是百年來首次完整公開出版，意義重大。諸版本之間雖有部分重複，但爲了完好呈現四種珍貴版本的原貌，我們決定將三家館藏本全部影印刊出，包括誤刻的《守白論》。《程氏叢書》中的《中庸旨説》原刊部分頁碼順序有誤，做了調整。

程智的不少重要著作尚未尋獲，如《二三篇》《大易宗旨》《大衍極數》《大學定序》《大學詳説》《守白論》《易數定序》《蓍法定序》《三疑六感説》《准神論》《名實論》《中庸解》等。希望本書的出版，能够激發尚在隱迹中的程智著述早日面世。

注釋

（一）王汎森：《程廷祚與程雲莊》，載《權力的毛細管作用》，北京大學出版社，二〇一五，第四七五頁。

（二）參見趙廣明《程智宗教哲學思想初探》（《世界宗教文化》二〇一九年第二期），周齊《程智的佛教因緣、三教觀與儒釋觀》（《世界宗教文化》二〇一九年第四期）。

（三）李贄：《續焚書·三教歸儒説》，載《李贄文集》第一卷，社會科學文獻出版社，二〇〇〇，第七二頁。

（四）李贄：《焚書·童心説》，載《李贄文集》第一卷，社會科學文獻出版社，二〇〇〇，第九二頁。

（五）劉師培：《南北學派不同論》，載《清儒得失論》，中國人民大學出版社，二〇〇九，第二四〇頁。

（六）朱熹：《四書章句集注》，中華書局，二〇〇三，第四七頁。

（七）王陽明：《傳習録》上，載《王陽明全集》，吴光等編校，上海古籍出版社，二〇〇六，第三一、三二頁。

（八）王陽明：《傳習録》中《答羅整庵少宰書》，載《王陽明全集》，吴光等編校，上海古籍出版社，二〇〇六，第七六頁。

（九）朱熹：《仁説》，載陳榮捷《中國哲學文獻選編》，楊儒賓等譯，江蘇教育出版社，二〇〇六，第五〇三頁。

（十）朱熹：《周易本義》，廖名春點校，中華書局，二〇〇九，第二三二頁。

（十一）牟宗三：《周易哲學演講録》，華東師範大學出版社，二〇〇四，第四四頁。

（十二）王陽明：《年譜》，正德三年，載《王陽明全集》，吴光等編校，上海古籍出版社，二〇〇六，第一二二八頁。

（十三）參［日］島田虔次《中國近代思維的挫折》，甘萬萍譯，江蘇人民出版社，二〇一〇，第三三頁注一；［日］丸山真男《福澤諭吉與日本近代化》，區建英譯，『福澤的「秩序與人」』，北京師範大學出版社，二〇一八。

（十四）予思見其書未得，雍正甲寅，長洲徐編修丈澄齋出其遺書示予，三篇之外，尚有守白論。其言以公孫龍子爲宗，而著定爲十六目，其前八目曰：

不著形質，不雜青黄之白，是爲真白。此彼相非之謂指，指有不至，至則不指，不指之指，是爲真指。是非交錯，此彼和同，是爲指物。青白既兼，方員亦舉，二三交錯，直析横分，是爲指變。萬變攘攘，各正性命，聲負色勝，天地莫能定，惟人言是正。言正之物，是爲名物。惟名統物，天地莫測，天地莫測，名與偕極，與天地偕極之物，其誰得而有無之，幻假之，是爲真物。指而非指，非指而指，非指而指，而指非指，是爲物指。一不是雙，二自非一，隻雙二隻，黄馬堅石，惟其所適，此之謂物變。

其後八目曰：

不落形色，不涉是即，自地之天，地中取天，曰地天。統盡形色，脱盡是即，有天之地，天中取地，曰天地。天地地天，地天天地，閃鑠難名，精光獨透，曰真神。至精至神，結頂位極，名實兼盡，惟獨爲正，曰神物。天地之中，物無自物，往來交錯，物各自物，惟審乃知，曰審知。惟審則直，惟至則止，從横周徧，一知之至，曰至知。實不曠位，名不通位，惟慎所謂，名實自正，曰慎謂。彼此惟謂，當正不變，通變惟神，神化惟變，曰神變。

其宗旨則曰：

天地惟神，萬物惟名，天地無知，惟神生知，指皆無物，惟名成物。

公孫龍子之學，絶於世亦久矣，雲莊蓋參會釋老之言附會之以成其説者也（全祖望：《書程雲莊語録後》，《鮚埼亭集外編》卷三十四）。

趙廣明

二〇一九年八月八日　立秋　於北京西山

目録

（一）

（二）

吴興劉氏嘉業堂藏書

雲莊程先生易學要語

易教門

天都程智子尚甫立

易教

知天　知地　知人

易門

眞天　眞地

眞精　眞神

眞仁　眞智

易象

眞圓　眞方

眞内　眞外

眞奇　眞偶

易數

天象圓圓數一　地象方方數四

精位内内數二　神位外外數三

仁德奇奇數叁　智德偶偶數兩

易要

眞空　眞塵

眞虛　眞白

眞知　眞能

空象　具象

虛色　嘗名

直知　明物

却則空　示則具

寘則虛　因則嘗

審則直　辨則明

雲莊程先生易學要語

震澤學人湯潛澗抱甫述

思知天、是從生死發志、思知人、是從立人發志、人不能無生死心、故思知天、人不能無大人心、故思知人、知天而不知人、縱死知歸天、生終不足以立人、知人而不知天、縱生知立人、死終不足以歸天、

知天矣、出生死矣、而不知人、則亦流俗鄉人耳、則亦禽獸草木等耳、不知人、則眞是非眞利害不明、不知修身故也、縱極天地之道、終不足參天地以立三才、

故不可以不知人、

生人之事雖萬端、約之止有利害二者、利害之實榮辱安危是也、利害所由來是非是也、是飯非毒、食則養人、非飯是毒、食則殺人、是飯之謂是、非飯之謂非、是飯食飯之謂利、非飯食毒之謂害、故明利害要在明是非、執是則偏是、執非則偏非、故明是非要在絕是非、

是飯執飯之謂榮、執毒是飯之謂辱、執飯食飯則安、執毒食毒則危、

世俗之榮安、曰富曰貴、大人之榮安、曰仁曰義、今欲破世俗、必先較輕重、明利害、欲明利害、必先辨是非、欲辨是非、必先絶是非、必是非絶、真知乃徹、必真知徹、而後是非始辨、必是非辨、而後利害始明、必利害明、而後輕重始分、必輕重分、而後世俗心始破、

非是欲破世俗明利害、然後去辨是非、此是非心、原是人自求辨、而不知其所以然而然者、人求知是非、是一片生生之機、如目見青白不辨、則目之見頓死于前、惟耳鼻舌皆然、蓋青白宮商香臭甘苦、是耳目

臭舌生生之路、見聞臭嘗無路、則耳目鼻舌自死、心之于是非、夫豈不然、祇此不知所以然而然、即是天命、故知不行、即是害、即是危辱、即是死、而欲辨是非、即是利、即是安榮、即是生生、故能致知順此生生、即是順天之命、

知是知非之謂生生、惟生生故生、惟生生故謂利、不知是非則死、頻死故謂害、

人求知是知非、即是欲求安榮、夫人一事有知、輒欣欣誇人、悠悠自得、一事無知、輒消沮生愧、局促自危、

此欣欣悠悠、豈非安榮、此消沮局促、豈非危辱、所謂明是非者、明物之是非也、目對香爐、謂香爐矣、何以定其爲香爐、目對茶碗、謂其非香爐、何以定其爲非香爐、香爐之是非、必有所以能明是非之所以始謂明物、物之是非不明、則凡一言一行、必落利害、縱凶害未及、總是罔生幸免、故必是非明、利害乃明、利害明、乃無往不利、縱行或不利、此是天命、樂天知命、總不失其爲大人、故爲大人、知天命、止在明利害、明利害、止在明是非、明萬事之是非、止在明萬物之是非、明萬物之是非、止在明一物之是非、故大人之學、止在明目前香爐之是非而已、天下無無物之事、無無事之人、故明事在物、知天地之元之謂佛、知天地之交之謂仙、知人禽之別之謂人、知天地之變化、立人道於至嘗、極大小之分、窮利害之辨之謂大人、

思知天者、思終始也、

思知人者、思別人禽、辨是非、明利害、思立人也、

思知人者、恐生無異於禽獸、死有同于草木也、

思知人者、恐生不免爲鄉人、死無稱于後世也、
知天、則死歸天、不歸天、則死歸地矣、可不懼乎、
知人、則生爲大人、不爲大人、則是小人矣、可不懼乎、
人本天命而來、人原與天同大、人人原是大人、目前
知行一不違天、則枉爲小人、生必受刑辱、死必受鬼
責、所以不能達天者、蓋此心爲事物所蔽耳、如何是
達天、曰、不爲事物所蔽、如何能不爲事物所蔽、曰正
直、如何是正直、曰、能明物之是非、則爲正直矣、所謂
明物者、知物寔、又知物類、知物偶、又知物奇、知物兩

又知物叅、知叅兩九六、乃爲知至、知至而物之眞是非乃明、物明知至、心乃正直、心正直則達天、達天斯爲大人矣、

人本自天、人生原無生死、生旣是人、人生自辨是非、自明利害、人人原是大人、人心原無不正、子原自知孝、弟原自知悌、家原自齊、國原自治、天下原自平、中人之心志、無不欲求出生死、無不欲求辨是非、求明利害、無不欲爲大人、無不欲天下人心之皆正、無不欲親其親、長其長、無不欲家齊國治而天下平、易之

爲教則專爲出生死辨是非明利害爲大人正人心親親長長齊家治國平天下而設人生固本自天非學無成知學則知周天地不學則無異禽獸有志之士可不學易乎哉

雲莊先生易學要語二集 己丑

石波學人 金貞 王鈺 同述

知眞天眞地、則知所以死、知眞精眞神、則知所以生

知眞仁眞智、則知所以參天立人、知所以參天立人

則知所以治人治家國天下之道、

知天地、則知人心所以生形象所以成知精神、則知

聲色臭味所以分合隱見、見聞嗅嘗所以散聚出入、

知仁智、則知君臣父子所以立身心意知與草木禽

獸所以異、而人所以貴、

知天地、則知形象死生之終始、知精神、則知人神情狀所由分、知仁智、則知孝弟忠信禮樂文章爲天命人性之至、

知一四二三、知眞天眞地眞精眞神而已、必知參兩九六、乃知眞陰眞陽眞柔眞剛、知眞陰眞陽眞柔眞剛、乃知雷風水火山澤所以形凡、草木禽獸男女所以生成、

知一四二三、知偏仁偏義爲我兼愛而已、必知參兩九六、乃知眞仁眞義眞禮眞樂、知眞仁眞義眞禮眞

樂、乃知家國天下所以治平、天地萬物所以位育、天地之道、分則爲塵空、交則成色虛、立我別物、乃生知能、惟別物乃能明物、惟立我乃能立人、惟生能乃能知物、惟生知乃能知我、惟知物乃能別物、惟知我乃能立我、物不別、則物毀而能偏、我不立、則人墮而知死、塵空主分、則爲偏分、色虛主交、則爲偏交、偏分偏交、墮我毁物、不可謂道、惟別物、則物明而能益精、惟立我、則人立而知益神、別物主分、立我主交、知分知交、精義入神、斯爲立人以統天地、惟此之謂道、

人與天地竝立而三曰立人人與天地竝立而大曰大人、

大人者、立乎其大者也、成位乎中之謂立、不倚一物之謂大、分天交地、惟人中立、故惟人爲大、故立人曰大人、

大人者、不倚一物自立成人者也、豈惟不倚一物、并不倚天地、不倚一物、則不倚富貴、不倚學慮、不倚天地、則統天地、惟人自立、爲能統天地、惟統天地之謂大、故曰大人、

惟不倚富貴乃能安貧賤、惟能安貧賤、乃能忘富貴爲能薄衣食佚樂功譽子孫、乃能外富貴、爲能揚大抑小、乃能薄衣食佚樂功譽子孫爲能立大役小、乃能揚大抑小、爲能知大辨小、乃能立大役小、

小者人禽所同、大者惟人所獨、小者何、耳目鼻口是、大者何、心意知能是、

大小不辨、則大者不立、大者不立則大者必爲小者所欺、爲小所欺、則耳目鼻口、必爲聲色臭味所役、心氣必爲驕吝所役、旣爲小者所役、必將昏昏甚欲於

衣食佚樂功謇子孫之中，逐富貴，患得失，昧是非，嬰利害，無所不爲矣。

無所不爲，以逐富貴，秖由求遂衣食佚樂功謇子孫之甚欲，衣食佚樂功謇子孫而甚欲，則由身心意知之偏行，身心意知而偏行，則由中心之大欲不開，中心之大欲不開，則由眞我不立，眞我不立，則由眞知不至，眞知不至，則由庶物不辨，厥本有疚，末疾焉治。惟不倚學慮，乃能辨物，惟能辨物，乃能至知，惟能至知，乃能立我，惟能立我至知，乃能精義窮理，爲能精義窮理、乃能不爲小欲所搖、而成位乎天地之中、惟能統天地、乃能位天地、天地相交、爲能生人、不能統人、惟人位乎天地之中、爲能統天地、人而不能立人以統天地、則枉其所以是人、

地兩物斯成、天參我乃立、

縱横交錯、物各自物、曰眞物、我我相對、我不兼我、曰眞我、

挾天地以獨立曰眞我、播萬物而不染曰眞知

眞知知眞物之謂正、正則不偏、眞知知眞我之謂直、

直則不曲、

不學則知浮、浮則生罔、偏學則知昏、昏則生邪、

直知乃爲人、明物方是道、

不知辨物則言不能有物、言不能有物、則行不能有恒、行不能有恒、則不能父父子子而家道正、故惟立知辨物之謂道、

不知辨物、則不能明於庶物、不能明於庶物、則不能察於人倫、不能察於人倫、則不能由仁義行、無以自別於禽獸、故惟立知辨物之謂道、

人生貴於禽獸者、此知也、不知知知以知人知天、則與禽獸何別、不知人、則生不知立人、不知天、則死不知歸天、不知立人、則生攖辱危、不知歸天、則死墮游厲、

人之異於禽獸者、此知也、大人之異於凡庶者、能直此知也、不知知、則不能直知、不能直知、則爲私曲欺蔽、爲私曲欺蔽、則不能正知、不能正知、則不知眞智、不知眞智、則不知眞仁、不知眞智眞仁、則謂之日用不知之百姓、

人之異於禽獸者、此知也、不知知、則不知能、不知能、則不能辨物、不能辨物、則爲物欺蔽、爲物欺蔽、則爲物臨役、爲物臨役、則爲人輕侮、爲人輕侮、則爲人侵奪、爲人侵奪、則爲人刑戮、爲物欺蔽之謂不智、爲人侵奪之謂不仁、爲物欺蔽、豈不謂辱、爲人侵奪、豈不謂危、

人之異於禽獸者、此知也、不知知、則不知人、不知人、則與禽獸無別、人與禽獸無別、豈不謂辱、知如禽獸、則將行如禽獸、行如禽獸、則人皆得執而戮之、豈不

謂危、
人之異於禽獸者、此知也、故立人要在知知、知知則自知人、知人則自知仁、知仁則自知義、知仁知義則自知孝知弟知忠知信、知孝弟忠信之謂立人、故知知卽是立人、
知知卽是知仁、知能卽是知智、
知人卽是立人、知天卽是達天、
知何以求立人、原知卽是人、人生也直、是人自求立人、

知何以求達天、原知本於天、天命不已是天自求達天、

易從爲從易知、知知便自知能、知從雖分易簡、終始止是一知、

能何以是智、曰知物、知何以是仁、曰知我

知我故愛我、愛我故自求安我、自求安我、故對物自求辨物、自求辨物故對物問物、我行物中、自辨自問、自求自安、此謂生知、從知我以至問物、一生知之流行、生知之流行、乃眞仁之流行、謂之眞仁之流行者、

蓋天命之流行，天命流行於人，人受天命之流行，夫豈非仁。
物我是非心，卽是立人心，本末終始心，卽是生死心生立人，則死成神，生爲大人，則死爲明神，
作人正所以作神，善生正所以善死，
知生則人生，知死則人死，生知正所以生人，惟知知之謂知生，故立知以生知，
善生則知生，生死則知死，善生正所以生知，惟生生之謂善生，故學易以善生，

雲莊程先生大易叅兩説目次

卷之一　凡八卷後嗣出

眞知
眞我
物指
我主
眞偶
眞奇

雲莊程先生大易叅兩説

震澤學人蔡二熹長明甫述

仁智

先生曰、聖人之學、仁智而已、在天曰陰陽、在地曰柔剛、聖人統天地以爲學、故其學惟仁智、惟仁惟智、而天地之能畢矣、

問者曰、聖人之學惟仁智、孔孟之言盈天下、天下莫不講之矣、究鮮能之、何也、先生曰、仁智者、德之名也、德者、人心之得也、人物之生成、在天惟知、在地惟能、

則人心者、一天地之知能也、則人心之德、一天知天能之得也、則仁智之爲名、一天知天能之得之名也、故必内得于心、外辨于言、上達于天、下通天下之情、無之不達、無之不通、無之不知、無之不能、是謂眞知眞能、乃爲眞仁眞智、夫達天之德、豈口耳習名之學所能得者哉、故知心學、則惟求我之知能、知知知能、自無往不能、

問者曰、何謂辨于言、先生曰、見諸辨物、曰、何謂辨物、先生舉文拂曰、何物、曰、文拂、曰、是謂辨物、物辨而言

辨曰知曰能、曰仁曰智舉在其中矣、
問者曰、一言拂而仁智舉可示其槪與、先生曰見拂
言拂、其中有紆曲乎、無紆曲之謂直、直者、人之本也、
無紆曲矣、有作意不言拂者乎、有故爲不見者乎、卽
不見拂、必見几、卽不見几、必見黑、旣見拂見几見黑
矣、雖口不言之、而心亦已言之、卽此不能不見不能
不言之謂親愛、親愛者、仁之實也、知拂言拂、其中有
掩蔽乎、有錯誤乎、有知之而不能言者乎、無掩蔽無
錯誤、智之本也、無不能言之謂明、明者、智之實也、

問者曰、易曰、立人之道、曰仁與義、今先生曰仁與智、智義何別、先生曰、智義皆偶、惟仁則奇、奇偶相推、惟智有三、惟義亦三、有不知奇之偶、有知奇之偶、有宜奇之偶、知仁惟智、故知奇之偶智掩義、宜仁惟義、故宜奇之偶義掩智、大易言義不言智、是爲宜奇之偶、舉義而智在其中、參兩言智不言義、是爲知奇之偶、舉智而義在其中、曰、何爲三智、曰、就偶知偶、爲不知仁之智、繇偶知奇、爲知仁之智、繇奇出偶、本奇宜偶、爲宜仁之智、故知仁、則奇偶一、奇偶一、則智卽義、則

義即智、不知仁、則奇偶二、奇偶二、則智有不義、義有不智、

物名

先生舉文拂曰、何謂物、天地與其所生焉皆物也、何謂名物曰、文拂、是謂名物、

問者曰、名何自而立、辨物何始于名、先生曰、名者、物所自立、借齊民之口以定者也、夫名、所以約形色、便言謂、繫變動、辨幾微、人道之錯綜、萬事之紛紜、非名無以定、先王以之辨親疏、序長幼、明貴賤、別男女、故

名者、人治之至重者也、天下無無名之物、無無名之人、物之未名、物必自名、物既定名、人必循名、覩目皆有名之物、循色則無名、循塵則入空、故辨物必從名物始也、

物實

先生舉文拂曰、白、是謂物實、先生曰、象形質聲色臭味之謂物實、名不循實則物不得其正、故正名在求實、問者曰、象形質聲色臭味之爲物實也、何以明之先

生曰、凡物莫不具此七者、此七者盡天地之爲物、非因名加損、名則因此七者之叅差多寡美惡而定矣、故謂物實、

問者曰、質則見于堅柔矣、形則見于員方矣、象可見乎、象不可見、何可謂象、先生曰、惟塵空焉是謂象、可見非象、不可見非象、極天地之元、塵空已耳、空則無象、以不空之塵出入其間、不得而分合焉、非塵非空是塵是空、惟此之謂象、非塵非空是塵是空之謂象、則可見之塵亦象、不可見之空亦象、是謂三象、故惟

塵空焉是謂象、

問者曰、謂象爲實矣、惟塵不可以謂象、惟空不可以謂象、必惟塵空焉之謂象、惟塵空焉之謂象、則離塵空無象、離塵空無象、則惟塵空之象不可以謂象、象三不實何可謂實、先生曰、惟塵爲實、惟空不實、惟塵惟空、惟實不實是謂真實、惟實眞實、塵空舉實、惟三實之謂眞象、惟三象之謂眞實、

問者曰、象實之實、與佛氏惟此一事實、其旨奚別、先生曰、彼義深、此義淺、彼以最上無生滅爲實、凡屬照

功皆爲不實、必出三要乃爲實、此象實則對物名而
言者也、而其旨則與佛氏不同、
問者曰、循名求實與莊生賓名之説、將毋同、先生曰、
不同、莊主實爲居虛居虛則名絶、名絶則物齊、雖萬
類森然、猶之無何有之鄉矣、此求實爲正名、名正則
萬物各得其位、正身正人、文明開而天下正矣、名實
則同、而進退出入之幾、則猶水火、
問者曰、然則循名求實、殆夫子正名之謂歟、先生曰、
然、辨實者、爲正名也、正物名者、爲正物之位也、正物

位者、爲正我之位也、故實辨則名正、名正則位正、物位正、則我之言動視聽衣服飲食之位正、小者既正、則眞知之動、眞能之從、發于人事、自得其正、人事知正、則凡君臣父子之大經大法、天下之至賾至動、自無往不辨其正、蓋知正物、則可推而正人、人物同一名、正名同一法、

兼物

先生舉文拂曰、白、是謂兼物、

先生曰、即一物而可通天下之物曰兼物、

先生問曰、白羽之白、與白雪之白、白雪之白、與白玉之白、有以異乎、曰、無異也、曰、然則孟子何爲辨告子之非、曰、辨之以羽雪玉也、曰、物之生生、蓋有定序、故同異有時、白羽之白、終異白雪之白、白雪之白、終異白玉之白、然當其同、雖孟子亦何能強之異哉、而告子執其同、故非之耳、告子蓋畫生物之兼、孟子則主立我而要其終者也、

先生曰、知物實而不知物實爲兼天下之物、則其知猶囿于一物之形質、知囿一物之形質、是爲執我之

根、知物實爲兼天下之物、則此身之形質與天下之形質通、夫執爲我者、執此形質已耳、物兼身通、則我之身、一與土石同其堅柔、我之聲、一與風籟同其音響、我之氣、一與白雲同其卷舒、我之語言、一與春鳥秋虫同其啼唱、我之是非、一與白衣蒼狗夏冰冬雷等其變幻、自咄嗟富貴、嬉遊死生矣、人可無此知量乎哉、

問者曰、何謂生生之定序、先生曰、先兼次品之謂定序、孟子之説、眞物也、告子之説、兼物也、

問者曰、白之兼羽雪玉固也、敢問白與青對、青與白以何兼、先生曰、以色兼、色與聲對、聲與色以何兼、曰、以氣土兼、氣土以何兼、曰、以空塵兼、有兼空塵者乎、曰、空塵、

問者曰、萬聲萬色、若何歸兼、先生曰、萬聲萬色、惟五聲五色、五聲五色、惟二般二色、白中有黑、黑中有白、白勝黑、卽黑歸白、黑歸而黑隱、雖萬色間雜、歸勝止二色也、

品物

先生舉文拂曰、桑白、是謂品物、

先生曰、象形質䰻色臭味、七相交錯、物各自物、曰品物、

先生曰、兼物者、原物生之初焉爾、易曰流形、有形則必有色矣、有形必有色、則有色必有形矣、形色不離則無容先後矣、一形不可以見形、一色不可以見色、曰形曰色、則非一形一色矣、形必有色、色必有形、二形二色、則不容分屬矣、不容分屬、則交錯見、故天地流形、物必有品、

先生曰、品物者、維天不已之命、而天之文明、地之成功也、夫惟有品、然後乃見風雷水火山澤之間錯、夫惟有品、然後乃有草木鳥獸男女之發育、夫惟有品、而所謂不已者、然後乃得首出庶物、乃有父子君臣長幼夫婦之文章、而成其爲人、

先生曰、夫惟知品物之爲天命、然後乃能致知以類萬物之情、夫惟知品物爲天地之成功、然後乃能撫萬物以贊天地之化、夫惟能致知以撫萬物、然後乃爲成天地之能、能成天地之能、乃可與天地參而成

其爲人、

先生曰、天地相交、天中有地、地中有天、天中有地、則非眞天、地中有天、則非眞地、非天非地、是天是地、此爲何物、此人之本也、天中有地曰天地、地中有天曰地天、天地地天、有倫有象、此品之本也、有人有品、此知物之本也、故人與天地同生、則知與天地同生、知與天地同生、而其爲學、能不知品物以致人之知以盡人之性乎、人與天地同生、則物與天地同生、物與天地同生、而其爲學、能不知品物以類物之情以盡

物之性乎、故知兼而我執空、知品而人性盡

問者曰、天地相得、人與庶物兼生、而品物流形、靈蠢若是其分殊、何也、先生曰、天命流行、必有正偏、蓋有正則有偏、無偏則無正、有正有偏、則正中有偏、偏中有正、正不能無偏、偏不能無正、故嗜欲同、有正有偏故靈蠢異、易曰、乾道變化者、必有正偏之謂也、各正性命者、偏中有正之謂也、首出庶物者、有正有偏之謂也、

眞物

先生以文拂指硯曰、硯、是謂眞物

先生曰、循硯之體、惟黑堅方、合黑堅方三、乃成其爲硯、夫三可合、則合可三、合而三、則黑不該堅方、堅方不該黑、黑不該堅方、則黑與天下之黑兼、黑與天下之黑兼、則硯離、豈惟黑不該堅方、黑且不能自黑、夫黑將以何爲體、黑不該堅、則堅與天下之堅兼、堅與天下之堅兼、黑將何以自黑、充兼之類之盡、惟黑惟堅惟方、不入于空塵不止、是黑是堅是方、皆假物也、曰硯、則黑堅方域于硯中、自莫能離、故謂眞物、先生曰、以無離物、不入空塵不止、據實成物、不至名物不成、眞不異名、即名即眞、不知無品則眞物爲浮名、既知無品、則名物是眞物、

先生曰、品則萬物條分、無則一色不分、分不分對、則見品者自是其品、見無者自是其無、分不分、是不是、往來爭勝何已、名立、而兼品之往來定矣、故謂眞物、

先生曰、無物則見歸虛空、既歸虛空、則反有以自得、品物、則萬物紛然、爲之不能、豈徒爭之、適終歸于兼已耳、名物者、蓋立品物之頂、攝無物之離、定萬物之

是非者也、名定、曰實曰兼曰品、貫以歸之矣、故謂眞物、

眞能

先生曰、眞能有二、一曰地能、一曰人能、形質聲色臭味、萬有異焉、是謂地能、曰硯、是謂人能、

先生曰、眞能者、能知也、聲色臭味耳目鼻口、皆物也、斁色物矣、不能物物、惟耳目爲能物物、尚貴言之、則惟物物者爲眞物、耳辨斁、目辨色、知辨是非、皆能也、耳目能矣、而不能能能、惟知爲能能、尚貴言之、則惟

知可當眞能、故惟能知爲眞能、
先生曰、知止于眞物足以供我之用、安我之知矣、而不知眞物之爲我能、則我用我安者、必有時不得其用、不得其安、其所以不得者、不在于物而在于能、所謂我者將奈之何、內外一也、物我一也、求內不求外、故難以我求我、知外不知內、不幾役我逐物乎、是拭鏡而不知照面也、知眞能、則天地之大、萬物之變、不出空塵之外、自囿我能之中、將眞知有門、故以眞能次眞物、而內外物我合矣、先生曰：自名物至眞物，皆謂辨物；自眞能至眞我，謂之辨我。知能者，我之知能也。物我之離合，其要則在眞能。

先生曰：辨物者，爲復我之眞知眞能也。物非眞能，莫之能名。立名者，固將以成天地之能也。名既立，則能與名親。能與名親，則實離。實離而能浮矣。實者物之始，名者物之終。辨實者能之始，辨名者能之終。終始一物，則終始一能。物不離能，能不外物，故物辨則名循實，名循實則實與能親，實與能親則即名即眞物眞能眞、則盈天地之間惟萬物、盈天地之間皆我能矣、故先之辨物者、即所以辨能、辨能即所以安我也、先生曰、非物實無以正眞物、非眞物無以正眞能、非眞能無以正眞知、故物實者、眞物之根、眞物者、眞能之景、眞能者、眞知之光、固其根、察其景、究其光、眞知知矣、

眞知

先生曰、眞知亦有二、一曰天知、一曰人知、地爲塵矣、天爲空矣、地能爲形質聲色臭味矣、曰天知、爲象乎、

爲空乎，即物見乎，離物見乎，其有形質乎，其無形質乎，其有聲色臭味乎，其無聲色臭味乎，其即在形質聲色之內乎，其離形質聲色之外乎，抑謂其離此形質聲色之外，別有形質聲色，而所別有者，其可見乎，其不可見乎，形質聲色何自而生，生矣何爲而合，風雷水火山澤何自而變化，草木鳥獸男女何自而發育，萬物何爲有生而有死，鬼神何爲倏有而倏無，人生何爲而開此耳目鼻口，何爲而具此心意知能，謂其皆一地之能乎，其猶有天知知始于其中乎，地一塵耳、何爲而有此能、天有知矣、不可謂空、何爲而無象可指、盈天地之間者惟萬物、萬物莫不皆然、又試即一物辨之、如此硯也、何爲而黑而堅而方、黑堅方三者、何爲合而不離、即離即合、又何爲不行而速、所謂天知者、其即黑耶堅耶方耶、其離黑堅方者耶、其即卽即離者耶、其非即非離者耶、所謂天知者、其究可見乎、其究不可見乎、其究可知乎、其究不可知乎其究可言乎、其究不可言者乎、如何爲天知、

問者曰、何爲人知、先生曰、知天知之知、是人知矣、天

知人知、二乎一乎、曰、不知則二、知則一、人能明物地能在人矣、人知天知、天知在人矣、無一無二、

先生曰、知止于能、自足辨物安我矣、而不知眞知、所謂能知者、則遇眞知而窮矣、不知知、焉知我、不知我焉安我、則所謂辨物者、究不知物之所以終始也、知眞知、則知與天通、知與天通、則能與天通、而所謂能者、又非地之能、一天之能矣、故必以知眞知爲究也、

眞我

先生曰、如何是眞我、少間曰、是謂眞我、

先生曰、配天地而言曰人、自一人對人人而言曰我我即人、人即我、

先生曰、原萬物之初、惟天地而人立乎其中矣、顧我曰人、則我立乎其中矣、故我者、初與天地並立而三者也、與天地並立而三之我曰眞我、

先生曰、我即人也、人即我也、不知眞我則我不立、我不立、則人不立、人不立、則人道不立、人道不立、則天地壞矣、易學主立人、故與俗學異而異者、此我也、與仙佛同而異者、此我也、

先生曰、以我與天、則天矣、以我與地、則地矣、與天與地、則我無自主矣、我無自主、則無我矣、故必立中有以自主之謂眞我、草木之植傾、草木不能主也、鳥獸之和鳴、鳥獸不能主也、惟人爲能自主、故惟人爲能立我、故與鳥獸草木異者、此我也、與天地異者、此我也、惟其異、故能兼、故能兼、天地者、此我也、而能位天地者亦此我也、故天地之間、惟立我之爲大、

問者曰、旣知知爲究矣、又曰惟立我爲大、何也、先生曰、此知也、何爲乎來哉、夫知知而不知立我、則知我

不接、知我不接、則所謂知者、非直生之知矣、我立、則我與天地並大、我與天地並大、則我知之生生、自淳然莫之能禦矣、蓋其機如此、

問者曰、知知爲究矣、曰我則非物、曰知則非究、曰知我、知之于我、若之何其知、先生曰、此我也、何爲乎其生生哉、究知知、自知我、惟知我謂究知、

問者曰、眞知與眞我、相去幾何、先生曰、如萌出果、一而二者也、何相去之云、

問者曰、眞知有二、眞能有二、眞我亦有二乎、先生曰

無二、一則一、推一則三矣、曰、何謂推一而三、曰、推我與天、則主天焉、推我與地、則主地焉、推我與人、則主人焉、雖謂三我可也、曰、如何爲天我、曰、無人、如何爲地我、曰、忘我如何爲人我、曰、有物、曰、何謂無人之我曰、以天爲我、則無人矣、然則猶有我存乎、曰、既無人、何有我、何謂忘我之我、曰、以地爲我、則忘我矣、然則猶有人存乎、曰、我尚無、何況人、何謂有物之我、曰、以天爲我、則無地物矣、以地爲我、則無人物矣、立我乎天地之間、則兼有天地、兼有天地二物、則兼有萬物

矣、

物指

先生指硯曰、硯是謂物、指茶甌曰、不是硯是謂物指

先生曰名物何爲而定哉、品物形矣、同異生矣、此彼立矣是非成矣、而名斯定、故有物必有指

先生曰、下極眞我、上極眞物、可謂極我之知能矣、然爲知縱而不知橫、則我之知能、猶囿于一縱之中、閉而不開、必知物指、而後是非舉明、是非舉明、則此彼雙立、此彼雙立之謂開、此彼旣立、然後是非非是、乃

能橫開萬變以不窮、益天地之知能本如此、故我之知能亦必如此、乃足以成天地之能、

先生曰、本我對硯之謂縱、就硯開分之謂橫、何以定其爲硯、必有不是硯者橫指之、始能定其爲硯、曰不是硯、則無一毫是硯、乃能對硯爲指、恩如夫婦、怨如讐敵、同生同死、不分不合、此受彼指、而硯之情狀始不能絲毫掩蔽、而硯之名始可以定、故物雖自名、寔有指之者、不容其不自名、而後乃自名也、

問者曰、莊尚無名、何亦言指、先生曰、夫物莫不有是

非矣、易莊雖異、見始則同、如有聞爭鬬于大門之外者、易立指、則主審辨而往救之、莊立指、則主閉門不問焉爾、從是非進以觀之、即是非變而有無矣、此佛見之始也、見硯曰硯之謂是、見筆非硯之謂非、此謂是非雙立、見硯曰筆、此謂是非雙冥、見硯是硯、是爲有硯、見筆非硯、則硯無矣、硯無是無硯矣、此謂即是非變爲有無、舉硯便喝、此謂有無雙絕、祇此指也、豈惟莊亦言之、三教憑此以立、憑此以通、憑此以分、三而一、一而三者也、

我主

先生指硯曰、此爲何物、黑耶白耶、方耶圓耶、欲知我主、于此三言求之、

先生曰、我主者、是以我爲主也、蓋惟偏天偏地不足爲主、故以我爲主、

先生曰、自與天地三立言之、惟我爲主、而天地始交、自與天地爲一言之、惟我爲主、而天地乃分、自我知我能對萬物言之、惟我爲主、而萬物乃賓、自我知我能得萬物言之、惟我爲主、而萬物乃類、以我居內、等

我知我能言之、惟我爲主、而後知能歸眞、以我居上、等我知我能言之、惟我爲主、而後知能趨從、故天地萬物與我知我能、必以我爲主也、

問者曰、惟天惟地、而我立乎其中、我主惟一矣、人之生則有五官、五官則各有知能以應萬物、五官之于外物、其有主乎、其無主乎、其即一主、出而隨萬物以變化者乎、先生曰、人之生也、則有内主焉、有外主焉、内主惟一、外主惟五、是一而三、三而五者也、一主變五、主不離位、五既自立、自不復入、故内則主居至内、

外則主居至外、從內出者莫先于我、而知而能、從外入者、亦莫先于我、而知而能、二能相交、無與于外內、而隨外物之變化、則皆五我主之矣、以五對物、即五化萬、以萬化物、即萬歸一、惟一惟萬、天地萬物莫之能測、我知我能莫之能測、何內外一萬之分乎

先生曰、知能者、我之知能也、我主者、我主知、我主能也、我主知、即知即我矣、我主能、即能即我矣、彼此惟二物、知能惟一我、我主物、即物即我矣、

問者曰、即物即我、則知能于何見、先生曰、我主知、即

知即我是即我即知也、我主能、是以我知主能矣、我主能、即能即我、是即我即能也、我主物、是以我能主物矣、二而一之、知能一我主也、一而二之、主能主物一知能也、

先生曰、是非横、開之謂闢、即物即我之謂翕、蓋非知闢、不足盡知能之變化、又非知翕、不足約萬變于一致也、

先生曰、眞我易于沉、眞知易于流、眞能易于偏、眞物易于浮、非知我主莫能正、

真偶

先生曰、方圓青白、是謂真偶、

先生曰、是非四絕、彼此子立、之謂真偶、

先生曰、偶本于形、形則必偶、能生于偶、惟偶乃能、不偶則合、合則一、一則不通、不通則不能、不偶則分、分則離、離則不資、不資則不能、惟偶乃能、故真能必偶、

先生曰、萬物變化、不外有形、翕而觀之、則惟一偶、惟我真能必偶一偶、我主真能以偶一偶、則此萬偶莫不偶偶、

眞奇

先生據几直視曰、爲何物、右爲硯耶、左爲茶甌耶、復左右顧曰、此謂眞奇、

先生曰、主不自主、左右惟主、曰眞奇、

先生曰、非偶無奇、非奇不偶、故惟我主而奇偶舉見、惟我主而奇偶見、曰奇曰偶、則所致力、亦惟一眞奇而已、

問者曰、我主既舉奇偶、而奇偶又必特舉者、何也、先生曰、非明其爲奇爲偶、則不能辨數也、曰、知奇知偶、

我主而物辨、人道明矣、必需數何也、曰、我主而物辨可謂知本矣、而不足以知易、天地之間、至賾至動者莫如人、非知易其焉能明之、志立人者、道在治人、非明易、其焉能治之、故志立人者、必學易、易者、九六相易也、學九六者、必自參兩始矣、易則數也、數則易也、故志立人者必需數也、

大易一四說目次

卷之一 凡三卷後嗣出

五中五

合十

雲莊程先生大易一四說

梅溪學人吳二含德弘甫述

眞地

何以先言地後言天也、天不可見、見之地、故言天者必先言地焉。眞地者何、地之始也、推地之始、一微塵爾、人不知微塵之始、何不以微塵之終而觀之、人不知微塵之無始、何不以微塵之無終而觀之、物之生者、無不滅也、物之成者、無不毀也、雖然、吾見天下之物滅爲微塵、而不見微塵之滅也、吾見天下之物毀爲微塵而不見微塵之毀也、若是者何哉、惟其無始是以無終焉爾、惟其無終是以無始焉爾、無始故爲物始、是以天下之物、舉微塵所積也、曰、天下之物舉微塵所積、惟火與水、亦微塵所積乎、曰、然、何以明其然也、火體雖空、然空如火、必有烟焉、火之烟、微塵也、烟一微塵、則火一微塵也、水體雖虛、然虛如水、必有沫焉、水之沫、微塵也、沫一微塵、則水一微塵也、故曰惟火與水、亦微塵所積也、微塵孰謂、謂日中之塵也、

眞天

眞天者何天之始也、推天之始、一眞空爾、然則竟以空目之可乎、曰、不可、空亦有名、是有殼也、空亦有相是有色也、有殼有色、則地也已、夫眞天者、無所不碎在塵碎塵、在空碎空、碎空、乃眞空也、空無不碎、况塵乎、故塵非眞天、空亦非眞天也、然則眞天其不可見乎、曰、可、但去眞地、別無眞天、去眞地者、天之用也、天之用、可得而舉、不可得而識也、識緣塵有、則地也已、故識天之用、即非天之用也、然則天之用奈何、曰、咄、

地四

地四何也、微塵之數、屬于四也、今夫日中之塵、非得日焉、不可見也、即得日焉、以目視之、不可辨其色也、以耳聽之、不可定其數也、色不能辨、數不能定、何從知其數乎、數不能知、何從計其四乎、今曰其數四焉、何也、以其成物知之、已成之後、四數必明、則知未成之前四數必明也、三不成方、五則無位、故四未具、則不足以成物、而四有餘、又不可以成物也、四則方、方則成、何則、謂其積之無罅隙也、不四則不方、不方則不成、何則、謂其積之有罅隙也、且物之成始必如其成終、今以一大四分爲四小四、在四小四、不異一大四也、以四小四合爲一大四、在一大四、不異四小四也、故曰、成終如其成始、成始如其成終、苟非分之以四、則成終不如成始、而非合之以四、則成始不如成終矣、成終不如成始、成始不如成終、又何以成物而不忒乎、故曰、徵塵之數、屬乎四也、雖然、此就四旁言之也、未兼上下言之也、兼以上下、其數六矣、不曰六而曰四、何也、曰、有四旁、無上下也、有四旁者、四旁寔也、無上下者、上下空也、何以徵之、今夫草木之根、皆其下空者也、草木之華、皆其上空者也、非獨草木、物莫不然、若是者何、天在中也、雖然、縣中以觀、無上下矣、縣旁以觀、猶有上下存也、亦曰無上下何也、以數考之、而知其無也、横、考之、其數四、直考之、其數一、四則可分爲前後、爲左右、一不能分其孰爲上、孰爲下也、何則、有上則無下、有下則無上、薄之至耳、然則地厚何居、曰、地之厚、地之積也、今言地始、地之未積者也、

地一

地四明矣何謂地一、曰、地四者、從天也、天無往而不碎故四、地一者、自性也、地無往而不執、故一、地若不四是無天也、地若常四、是無地也、天不可一刻無是以四也、地不可一刻無、是以一也、故地之數、忽四而忽一、忽一而忽四、一四之間、其猶呼吸乎、雖然、地貴從天、故取四不取一、

天一

天之一、不可見也、去地之四、則一也已、天之圓、不可見也、去地之方、則圓也已、四則方、方則必四、一則圓、

圓則必一、是以物本方也、而內圓焉者、天入于地之中也、于草木之心、可以見之矣、物本方也、而外圓焉者、天包于地之外也、于草木之身、可以見之矣、

天四

天一明矣、何謂天四、天不四也、因地而四者也、今析一微塵、爲四微塵焉、而此四微塵中、各各有天在也、故曰天四、天四者、天一之力無不到也、

地數五

地者塵也、地數五者、塵中有空也、塵則四塵中有空、

則四中有一也、五也、知地之四則知天下之物皆微塵已、知地之五、則知天下之物皆眞空已、物皆微塵、雖至水火、無非微塵也、物皆眞空、雖至金石、無非眞空也、

四之一

四之一者、攝四而歸一也、攝四而歸一者何也、微塵到處是爲微塵、微塵所不到處、又何物乎、

四中一

四中一者、舍四而取一也、舍四而取一者、何也、人謂

微塵、我謂眞空也、雖然、猶從塵入者也、非從空入者也、從空入者、則天數五是已、

天數五

天者空也、天數五者、空中有塵也、空則一、空中有塵、則一中有四也、五也、必斷四、然後一、斷四一矣、又胡從有四乎、曰、斷四者還用四、此天數之五也、一、眞空也、何以有用乎、一之用、必緣四而有也、緣四奈何、喝必緣敲、擊必緣杖、非敲非杖、則喝與擊亦不可得見矣、喝也、擊也、天之一也、所謂意者此也、敲也、杖也、地

之四也、所謂句者此也、是以庭前栢子、青州布衫、空諸所識、正不離緣、皆一因四有、意因句得也、匪四胡一、匪句胡意、故斷四還用四、

一之四

彼之四斷此之四來、此之四來彼之四斷、一也、此之四來、一之四也、彼之四斷則山河大地、無一不空此之四來則山河大地無一不具、山河大地有一不空則無以起用、而山河大地有一不具則無以安身、故必得意、而後可以起用、所謂空也、又必得

句、而後可以安身、所謂具也、空則一、具則四、空斯具、具斯空、無不具、斯無不空、無不空、斯無不具、則一之四也、

一中四

一中四者、意中句也、靈雲之于桃也、香嚴之于竹也、雪峰之于毬也、禾山之于鼓也、則雖四也、猶之一矣、是以四中之一、雖見眞空、體本微塵也、一中之四、雖見微塵、用本眞空也、故從地五而求之、處處空、處處塵、從天五而求之、處處塵、處處空、此天五地五之別

也、

五中四

五中四、非四也、不能辨其孰爲四、孰爲一也、四與一也、分不分也、四之所以玄也、

五中一

五中一、非一也、不能辨其孰爲一、孰爲四也、一與四也、分不分也、一之所以玄也、

用五

四與一也、一與四也、分不分也、所謂五也、然則何以

用之、用四而已、用四而一在其中、故用句不用意、是用五之法也、

五中五

五中五、非五也、不能辨其孰爲四之五、孰爲一之五也、四之五也、一之五也、分不分也、一四之所以俱玄也、

合十

四之五也、一之五也、分不分也、所謂十也、然則何以合之、合五而已、合五而十在其中、故意句之兼至、是

合十之法也、

易池研悅蕙谿易宗衍卦定序

後學金　逖祖生

弟子熊易林焦占

徐　麟振子録語

歲閼逢敦牂、縹緲峯芥庵易師在易池學舍、日躔鶉首之次、月望、五峯捊莊以素箋書長句寄師、結句遥想易池楊柳月、清光兩地一時圓、師搖扇云、輸却桴凡一半、又云、遮个月、人人共圓、若迺雲昏霧慘、妖蟇吞蝕、將誰拯之、恐五峯易池自覬自賞、未得坦懷也、值遜等請問先師祖著法、師因誦述所聞、不惜漏泄、出著草于櫝云、遮可喚草麼、若不喚草、則明明是草、若只喚草、則上古包犧氏作易開天、中古文王周公繼顯于西岐、夫子大闡于東魯、迨我先師、明天察地、示象衍卦、揔憑遮个作入易之梯級、登天之軌範也、可知著以法傳、法因著顯、著只是草、而草以顯法、草乃圓神、圓神者法、而法執法見、則法亦剩法、法仍是草、假使明目而視、傾耳而聽、捷手而操、內正于心、自謂得法、然不可通于事物、此為水中月也、庶幾免此病矣、

而存坐法邊、不知入數、以精畫前三句、猶爲水中月也、咄哉易池、未免多口、碧天明月、還得與五峯同看麼、

舉

掛一

師擊蓍三下、云、塵空空塵、色虛合和、能知交錯、三極並極、今日春雷初迅發、蟄龍早是出盤渦、乃提起四十九策、却留下一策云、遮拔不出土的根、此之謂一為甚掛他、鳳雛啄殼、體露文章、

先師易教、有數子、有蓍法、古之聖人、幽贊于神明而生蓍、揲蓍衍卦、此為大衍之數也、易曰、天一、地二、天三、地四、天五、地六、天七、地八、天九、地十、天數五、地數

五、五位相得而各有合、天數二十有五、地數三十、凡天地之數、五十有五、參天兩地而倚數、此天地變化生生之數也、大衍之數、乃爻位之數、此五十莖草、一莖屬天、一莖屬地、天地相倚、則有八卦、因而重之、則有六爻、六爻之策、則為四十有八、卻有一莖、不落遮邊、不落那邊、流行于其中、又有一莖、掛起而不用、故曰、大衍之數五十、其用四十有九、大衍之數、是聖人將此草衍出天地之變化以示人、學者就聖人之一分一掛一揲一扐、自可通天地變化生生之所以也、

從此入數子、乃有根據、數子皆根本于此、蓍法所以衍卦數子所以極數、各有定序、數子如天、蓍法猶升天之梯也、

掛一者、不用一也、一者何、天地人合而一也、此所謂一、非天一之一也、即象三之三、分二之二、揲四之四、亦非天三之三、地二地四之二四也、象兩之兩、參伍之參、亦非天參地兩之參之兩也、掛者、卦也、卦者、天地自以所變化掛以示人也、一是根矣、何為不用、易學所重者參兩耳、一則合、合則重在內交、入于二三、

不起參兩、是故掛之、一不用矣、又何為掛以示人、以示五十掛一、一便起用、一既起用、則是四十有九、而萬有一千五百二十之所以也、

掛一雖在分二之前、反是從分二追出、益一矣、其誰掛之、惟分為二、而有不分之根在、是一也、而一掛矣、掛一而用奇矣、蓍法是滿的數子是逐絲逐線的蓍法者、數子之格子、數子者、蓍法之精髓、看蓍法、須要置身蓍法之中、又要立身蓍法之外、要出入于蓍法之變化、秉變化以游變化、直要將徑寸之心攝盡大衍二

篇光芒閃爍如一顆夜光珠相似纔得心同天地不枉是个人

舉

歸奇

師云、是甚麼、兌麼、艮麼、偶非奇不偶、奇非偶不奇、奇若不歸、奇便落一、一若起用、一就是奇、究將以何為奇、遂擘分蓍草、揲為四、四上開叉、左右審視云、得甚卦、乾、此謂歸奇

有个奇、遮奇會走、會跳、且會說話、人只要認得遮奇、汝還認得麼、人與天地並生並立、人不知所以自生、所以自立、生則去禽獸不遠、死則為依草附木之游

麼須知天地生人、便是天地自扐其奇了、祇如歸奇一句作麼生道、先師有語、好座黃銅爐、遮句纔能立人、故此先師喚作大易得理句、亦喚作立人句、亦喚作立知句、知立理得、人乃成位天地之中也、追人生之元、元地元天、元則真、真則天中無地、地中無天、元則交、交則天中有地、地中有天、元則化、化則天中有地、非天非地、地中有天、即地即天、非即雙立、非即雙遣、雙遣則雙立、雙立則雙遣、遣立舉不可、纔得到頂、及至頂上翻身、原來只是遮个、汝若認得遮个、聽汝

摩娑遮爐、燒香受用、
歸奇之用、初則左右分、此分而為二以象兩、掛一以象三也、次則從二開四、此揲之以四也、又次則從四開叉、審視叉上所得之策、有一莖不落偶者、稱之為奇、此歸奇于扐也、奇只一見、亦有再見、三見、乃至七見者、以無對之奇為真奇、如真奇得乾、則是扐奇在乾、乾乃奇之歸也、奇無對者、以其本于二、透于四、而極于八、若此奇不根本分二、止從揲四枝葉上來、非真奇也、揲之為言、一以喻乎葉之芃芃也、一以喻乎蝶之翩翩也、扐者、執轡控馬之義、扐只有一下扐、然一扐却是兩个、故云再扐而後掛、一扐却是再扐、再扐只是一扐、扐了就掛、掛了又扐、刻刻掛、刻刻扐、刻刻扐、刻刻掛、故此掛是後的、

天地以人為奇、地以天為奇、天以陽為奇、天知也、地能也、主知能者、意也、人以意為奇、意又以何為奇、奇與一何以辨乎、奇亢入一、一乃潛、一見出奇、奇乃飛、一主合、奇主分、從合而言曰一、奇從分而言曰奇一、天地不合、有一焉以合之、天地不分、有奇焉以分

之、一則何分何合、奇則分合合分、奇分天地、而不分于天地、則流行天地之間、而生生變化矣、故用奇不用一、必扐奇者、奇不扐則亢上、上亢、則橫、分為四一、分于四一、則九六毀、參兩息、故必扐而歸之、雖然、奇亢用十、十悔反一、一掛、二分、分兩奇參、則天地亦豈有終窮焉、

奇歸而後成卦、卦成而後分八、歸奇雖在卦上看、却是扐了纔八、不是八了纔扐也、要看清、

舉

參伍

師云、團之不員、擘之不破、一絲紅、一絲白、往來玉女之梭、紅掩白、白掩紅、閃爍天孫之錦、鶻眼失真、龍睛莫辨、周四宇、馳八表、全得他力、如何參以變、取蓍草分作〢象、云夜半軍門傳令箭、鐵衣滿野動寒光、如何伍以變、揲作〤象、云玉殿曉烟籠碧草、鑾方處處太平歌、

此將擘成卦、而補明揲四、以見歸奇之所以也、分二

之‖、二元也、揲四之㐅、四象也、扐奇之∴、八卦也、二不變四、變四者、參以變四、四不變八、變八者、伍以變八、象有二、有象數之象、有尚象之象、尚象之象、象也者像也之象也、象數之象亦二、曰三象、曰四象、參者三象而奇參、伍者、四象而奇伍、參變伍變、莫非奇也、而不言奇者、以此時奇之面目未可得而顯也、參如車之有驂、伍如伍之有長、

何謂三象、參兩說云、惟塵空焉是謂象、可見非象、不可見非象、極天地之元、塵空已耳、空則無象、以不空

之塵出入其間不得而分合焉、非塵非空、是塵是空、
惟此之謂象、非塵非空是塵是空之謂象、則可見之
塵亦象、不可見之空亦象、是謂三象、故惟塵空焉是
謂象、
何謂四象、大易雜録云、天不得地不得之謂象不可
明指之謂象、不可明指之象、是為四象、象之根、惟天
地二物、其究也、掛于風雷水火山澤、辟若兩條藤、一
為紅花、一為白花、其根可辨、其千枝萬葉盤旋紐結
處不可辨、必待開花、此是紅花、那是白花、是紅白白

紅的四條花、乃可得而明指也、花上根上、兩頭可辨中間盤旋鈕結處不可辨、所謂四象、謂中間鈕結者也、

揲四裏面、參伍交結、有兩層摺疊、參之頂、就是伍之根也、象如楼板、從楼下看遮板是參、從楼上看遮板是伍、伍之末在八、參之本在二、

奇歸在五爻、則九也六也、亢于上、則五也、五便合十、十便悔于下、故須掛一、這裏所謂一、則下五也、舉一而不舉五、不用五也、舉一者、將起用于三也、起用于

三、則不用一、不用一、而用掛一、故掛一以象三也、一是合的、三也是合的、一起用于三、則奇行于分二、而三變爲參也、三之變參者、以分二象兩、二兩了、則參在其中、兩如車兩、參如驂馬、馬是四的、四却是參、則儼然有个御馬的人了、故變伍也、

舉

錯綜

師揲蓍草、三重総作✕象、云錯、思如夫婦、毒若寃讐交互結糾、相勝相負、迨夫春蠶死而絲盡、蠟燭灰而淚乾、仍復蒼自蒼、黄自黄、楊柳垂金縷、風光賽剪刀斯亦錯綜之盡態矣、然雖道出、猶自欠他一著、天交地而錯地、地交天而錯于天、錯地、錯、錯于天、錯、參變伍變、錯錯、木根春氣枝頭發、向曉桃花滿樹開、遮方是頂上放光、徹巔徹底、電閃星流、擘瞬之間、六九覿

露、復以蓍草從又上劈分直下、盡作丨象六、向遮處看綜、

此又補明叅伍之未盡、以見歸奇之所以也、錯有二義、一者如亂絲之不可理、一者摩鑢也、惟天錯地、從下錯上、錯盡了地、天乃特綜矣、綜、猶宗也、大宗立而小宗宗大宗、昭穆有序、若機絲之有總而不可亂也、綜者、天之線索、實則天之錯刀縫爾、數、攴婁也、婁者、象也、米也、㐅也、米天數之象、㐅地數之象、手攴天地而數之之義、數者何、四一二三五十

參兩九六七八也、四、真地之數、四非地、地乃是四耳、凡數、皆以是例觀之、一、真天之數、真天非數、因地之四、得天之一也、數惟四一為元、餘數皆無自體、無自體者、四一之變化也、四下而交于一、則二、一上而交于四、則三、三、真白之數、二、真虛之數也、五者、數之互也、有四一之五、有二三之五、二三之五居下、四一之五居上、上五下五、此爲真五、單五曰五、五潛下而不掛、則五之真露、而與上五合、五上亢而不扐、則五之真露、而與下五合、合則爲十、十者、數之悔也、海者水之悔、晦者月之悔、悔乎上者反下也、參者、一參于四兩者、四兩于一、兩本三來、參本二來、四三起兩、一二起參、兩、真偶之數、偶、真能之數也、參、真奇之數、奇、真知之數也、九、參兩之數也、六、兩參之數也、參兩起于二爻、上至五爻、則用九用六也、偶不拱奇、其數八、八者、數之分也、奇不統偶、其數七、七者、數之偏也、參兩不用四、為其賤也、不用五十、為其亢也、不用二三、為其否也、不用七八、為其非至極也、而必用九六者、九六下根于一、上通于十、通十而不亢于十、則半十也、惟半十爲能成變化也、錯綜在数上見、在九六之数上見也、欲知天地之数、然不先知天地、何從知其数、天非蒼蒼之謂、天有真天、地非水土之謂、地有真地、真天不可見、從真地而見、数是天道、學天道者、若沾帶一毫人道之語言、人道之思想、則不入進矣、必將胸中舊聞宿習、掃除淨盡、如一無知識者、然後看如何是地、如何是天、識得真地真天、然後知地数是四、天数是一、此為数學入門第一法

舉

十有八變

師云、二十四橋明月夜、玉人何處教吹簫、如何是簫
鼓、虖哥鳥、從之則一唱而奏成三疊、橫之則雙鼓而
而調分六律、三男三女、階前彩色斑衣、親父親母、堂
上童顏鶴髮、看遮四十九莖是許多偶、許多奇、許多
地、許多天、許多變、許多不變、變是奇在那那裏變、奇是
一片交、遮四十九策都是一片交、有許多交、便自有
許多變、許多奇、會得者、不妨抵面数出、那个是一、那

个是變、那个是真奇、少間云庭前紅日正中天、遮一句、先師喚作大易通變句、是香爐那邊事、雖得前句、若不通變、則不能翻身用九、遮是成卦頂上句、成卦是十有八變頂上事、卦成、然後奇有所歸、奇自家成卦、奇復歸于卦、如鳥自做窠、鳥歸于窠之義、到遮裏會得、纔許聽徹簫鼓、鐘喚作鐘、磬喚作磬、變、即參伍以變之變、凡兩策當一畫、一畫當一變、變是軟的、天地是个硬東西、叫他如何變、除六不變為乾坤之畫、餘六卦十八畫、計十有八變也、

變、則非天地之元矣、元者不變、而變者不自變、有變
變者、惟不變為能變變、其元不變、其變則其交也、天
地之交、始于風雷、中于水火、終于山澤、在天成象、風
雷日月也、在地成形、水火山澤也、日月者、在天之水
火、水火者、在地之日月、日月是全象、水火是半象、水
火二物、在形象之間、六卦齊生並立、有絲毫之風雷、
則有絲毫之山澤、有尋丈之風雷、則有尋丈之山澤、
雷火山、一體也、風水澤、一體也、水火日月、一體也、天
與堅地相通而成雷、有雷必有風、風又因雷而成、雷

上則風亦上矣、火者、雷之光、水者、風之潤、地本平也、
而或高或陷者、地隨天上升為山、順天下降為澤也、
雷、聲之始也、風、臭之生也、火、色之光也、水、味之滋也、
山澤、形之成也、形有堅柔者、質也、天地不得者、象也、
象形、質、聲、臭、味、色、七者、所以成物也、物必七者而後
成、則夫天地之間、大如天地、細如塵沙、顯如天下、微
如意知、莫非物、莫非卦也、雖一沙而有十八變具焉、
一畫之謂畫、二畫之謂象、三畫之謂卦、象不可定、定
之于卦、卦者、掛也、若畫圖之可掛而觀也、天地風雷

水火山澤者、天地自成之卦也、聖人之所仰觀而俯察也、乾坤震巽坎離兑艮者、聖人成畫之卦也、君子之所觀象而極數也、卦者、圭也、卜也、卜者、半十也、圭、諸侯所執以見天子、圭從土、土者、十一也、天道惟象數、人道惟仁義、古聖人作八卦以通神明之德、謂仁義禮樂也、仁義禮樂之謂明德、神莫神于明德也、仁者、義之始、義者、仁之終、一者、始之數、十者、終之數、知終知始、知天知人、知一知十之謂士、天子所命命此、諸侯所執執此、從圭從卜、取其達誠致敬、而執而不失

乎半十也、

已畫之謂卦爻、畫前之謂象數、九六之謂數、奇偶一四二三五十七八參兩者、九六之所變化、變是數在那裏變、變就是數、數字實、變字虚、

只是个天地、只是个天地交變、以其分不得、故一、故三、以其合不得、故二、故兩、故四、以其分合俱不得、故參、故伍、故錯、錯極乎頂必分、故綜、綜乃卦矣、一錯一綜、故十有八變而成卦、

舉

乾策坤策

師云、撒夜光、錯落玉盤、舞劍器、渾身白雪、乾坤生出六卦、六卦兼盡乾坤、⚊⚋兼盡九六、九六兼盡八卦、若謂九是首、六是尾、則六又是首、九又是尾、若謂九是面、六是背、則九又是背、六又是面、若謂九是右、亦是左、則六又是左、又是右、若謂六是前、亦是後、則九又是後、又是前、菱角尖尖◈似鏡、楊花滾滾❋如毬、拈起兩策云、遮是一變、是九六夾在那裏的手握

四十九、乾坤從此立、九六数相夾、三百有六十、所以成卦者、變也、所以成變者、数也、九六之謂数、数之謂乾坤、乾坤相倚相夾、互為表裏、此之表、彼之裏也、彼之表、此之裏也、

⚊之畫、奇也、奇☰則乾九也、⚋之畫、偶也、偶☷則坤六也、乾策十二、夾于坤十二、通二十四策、以九計之、則二百一十有六也、坤策十二、夾于乾十二、通二十四策、以六計之、則百四十有四也、通乾策坤策、則三百有六十也、

舉

引伸

師取蓍草作張弓勢云下面有个掣入的勇似孟賁、深根不拔、釘定銕橛、上面有个掣出的猛若項羽、叱咤風雲、其力拔山、迸得中間个白玉連環、不解而解、始終兩截、遮攏侗冬瓜、纔見玲瓏面目、如何是玲瓏處、曰、九天閶闔開宮殿、萬國衣冠拜冕旒、借問那一國最親、曰、高帝還過沛中、悲歌泣下、為甚泣下、曰、桑梓之地、為甚不肯留、曰、漢家事繁、須知遮奇、在下是始在上乃終、因而重之、時成六位、下根不拔之一、上極透頂之奇、騂騂角引、引如滿月、屈無不伸矣、此以位言之、以明卦重爲爻、奇之歸、歸在五位、而又以明綜之未盡也、位有六、六位者、初也、二也、三也、四也、五也、上也、位是虚位、位是虚矣、虚又憑何以立、憑于天地之交也、初位者、從二追之、則有初也、上位者、從五極之、則有上也、爻畫之義、非始于一、終于六者、故于位言初不言一、言上不言六也、二三四五、正位也、五二、正中也、初上、旁邪也、未畫謂之數、已畫謂之畫、三畫謂之卦，重為六畫謂之爻、六爻亦謂之卦，卦亦謂之彖、三畫屈也、六畫伸也、屈如萌之勾、伸如勾之達、一畫伸為兩畫、故曰重也、其伸而重、有引之者也、誰引之、奇引之也、

剛柔陰陽俱從數見卦、可謂之陰陽者、止是乾坤二卦、餘六十二卦、皆剛柔所變化也、否泰二卦、畧可見陰陽之義、爻有三種、有純剛爻、有純柔爻、有剛柔相雜爻、乾卦雖曰奇、六爻當以參觀、坤卦雖曰偶、六爻當以兩觀、雜卦、剛爻則止于奇、柔爻則止于偶、乾

坤如夾衣、雜卦偏有奇偶、如單衣、
禮曰、男子生、設弧于門左、三日負子、以桑弧蓬矢六
射天地四方、又曰、天子大射、謂之射侯、射中則得為
諸侯、侯者、大人也、人立于四爻之頂、而用九于五爻、
此謂大人、夫與齊民並立、而衆建以為侯、為其能用
九于天下也、古之天子、一諸侯耳、天子命侯曰諸侯、
諸侯尊侯曰天子、其義一也、天地四方者、六位也、射、
引伸之象也、然則先王制禮天地變化、聖人則之也、
在天之謂數、在人之謂禮、故禮曰禮數、秦人不法先

王、井田廢、封建滅、地之變化絕矣、上無禮、下無學、天之變化息矣、變化絕息、而人類猶存者、天地之心不已也、天地之心如此其不已、而天之所生、顧不通變化以復命于天、其可以為大人乎、其可以為人乎、不可以為大人、其將為小人乎、不可以為人、其將為禽獸乎

舉

觸長

師唱牧牛歌云、牧牛牧牛事奇特、牯牛牸牛一个黑黃牛銅頭、黑牛鐵額、無用将他鼻孔穿、任伊頭角四蹄晝夜相鬪格、相鬪格、不負不勝直入雲、黑牛橫身與天只一碧、撒撒、六八四十八、列蓍草作右天左地相觸象云、須會遮一觸

此以爻言之、以明奇歸五爻、而用九用六也、而又一以明引而伸之之所以、一以明錯其数之未盡也、觸

者、兩物相觸一天一地、各欲爭先、如兩牛相觸、因其觸之不止、一直而上、故見其長、長者、相觸而長、以其下有根在引字右傍一丨、是弓上之弦、即在下之根也、兩手開弓、從前引去、中間偪直自見、六爻、如弓之引而直也、觸長、實在引伸之前、而先舉引伸者、益因其已然也、觸長、是指出引伸之故、

地左天右、天地惟類、類則異、異則觸、相交相觸、一闔一闢、奇行直上、而雷風日月、亦無非直上而升者矣、奇極于上則橫、橫則地分于天矣、天在地之上、亦在

地之下而真上下真左右以定者惟人立在平土而上下之位以定也位定者人定位于中而天乃位上地乃位下也山澤有升降雷有出入北為天根南為地華日月運行于東西矣長者觸之所長伸者長之所伸長有長人之義

觸就是交也遮一觸裏面有始有終既有始終則必有中矣既有始中終則必有始之始始之中始之終焉矣則必有終之始終之中終之終焉矣始之中二爻也追其始之始非初乎要其始之終非三乎終之

中、五爻也、追其終之始、非四乎、要其終之終、非上乎、此六位所自長也、爻則有十二、爻有十二者、以九六相觸于初位、則有初九初六之兩爻、初言九者、不是初就是九、言是九的初耳、惟六亦然、二三四五上爻、也都如此看、以九六相觸于二、則有九二六二之兩爻、以九六相觸于三、則有九三六三之兩爻、相觸于四、于五、于上、亦然、此十二爻所自長也、只這个奇、始則從、終則横、從則天地齊起、横則天尊地卑、此以天有天之小始、天之大始、地有地之小終、地之大終、而大明終始者包犧氏故為能始作八卦也、易有天之道焉、有地之道焉、有人之道焉、易道只是一闔一闢、闢闔闢不已、便分升降、有升降、便起運行、易有歸藏之易、有連山之易、連山主運行、歸藏主升降、衍卦到了觸長、是九六的世界了、九六世界、是連山以後事、然連山歸藏、雖是易之所統、實不足以當易、既不足以當易、則非聖人天地之盛德大業、亦不足以當道矣、

引對綜、但綜者、自上綜下、引者、自下引上、觸對錯、但

錯者、面目不辨觸者、頭角覿露、長就是伸、但伸者、横腰迸開、長者、一直生長、伸長之象、象竹筍出地、初則密節相連、漸則節節開分矣、引是奇引偶伸、觸是偶觸奇長、引伸言其大、觸長悉其微也、然綜字之義、到四營頂上纔盡、到二篇纔滿、歸藏連山、則坤篇之斷章隻句也、

舉

四營

師以著草列錯綜象、復變引觸象云、遮是半營、知遮半、可知那半矣、知一營、可知四營矣、到遮時候、著草頭上開花、大家子細看看、一是白花、一是紅花、一是紅白花、一是白紅花、此花重臺並蒂、四面同榮、就四花之聚分一花而觀、亦復重臺並蒂、四四齊開開出一十有六、通四花而觀、各各重臺並蒂、八八齊開開出六十有四、任是朔風吹不徹、生生花朵日鮮新、此

為四營成易的象數、

問何謂生生成易、師舉東華錄云萬物本天地、無生而長生長資無以始無知長以生、亦共亦不共亦因亦不因兼三以分二、是故說生生、然且先師以為此道理邊事、嗟夫、先師垂語、細如牛毛、冷若秋霜、猶置作道理、豈非所重在得句乎、句、是人日用事、惟能得句、乃為得用、今人開口便說生生謂易、恰似從幼書本上讀過、註疏訓詁上講得、有甚不明白、殊不知幾曾明白、只今開目對物、還道得一句麼、先師第三句云看茶來、遮喚作用九句、即此為大易生生句、惟用九、為能生生相成也、第一句立本、第二句通變、又必精第三句、乃可利用安身、然雖道得一句、設有人進云意旨如何、你又將何祇對、假若對答不得、將何成遮師恩、你看曾子養曾晳、必有酒肉、將徹必請所與、問有餘必曰有、四營頂上翻身、纔見生生成易、四營裏面正是九六經營交易的所在、如四个員毬、四開四合、翻飛不定的奇天地、三合而生生、畫前易、三句而變化、易卦奇四十有九而得用、是同是異、總起看、則豈有許多分、差别看、則元來不待合、要且不得亂統、只遮幾莖草上、得个線脉、嗣續先師的骨血去、此舉奇歸五爻、用九用六、而參兩成列、天地生生相成也、營字、從榮從吕、與律相和曰吕、草木之華曰榮、吕者鼓也、榮者色也、方營曰周、負營曰營、言聲色大成、若三軍然、震巽一營、坎離一營、艮兑一營、乾坤一營、故謂四營、六爻之謂易、三百八十四爻之謂易、易則爻、爻則易也、易從日月、觀日月之所以運行、則知易矣、在日月見易者、在象数見易也、既在象数見易

則知當初羲文周孔、未嘗畫卦繫爻、今日田夫牧豎、樵叟漁翁、日日在那裏畫卦繫爻、

天地之道、用九用六、則是開花結果處、四爻、花也、五爻、果也、上亢、果未熟而先落也、初潛、芽不出土也、二爻、本也、三爻、枝葉也、聖人不過法天而已、用九者、所以法天立人道、二爻、仁之始、五爻、義之終也、

參兩相倚相觸、交結而上、如人登樓、脚踏人頭頂上、再上則飛空遊行、脚不履地、亢上、則從樓上飛出、將後人踢倒、在上三爻變化從橫、此之謂九六、兼下三

爻、則成乾坤矣、中間四爻、是九六變化、九六變化、終始在五二、而三四分兩截者、以在下者不動、而在上者動也、然在上雖動、亦如人行地上、與地相離、不與地隔、動而如鳥之飛、不着乎地、是為大元、故于此必扐奇焉、前必斬斷二三、不使內交、此掛一也、後必止于九六、不使放出、此扐奇也、

九六之謂易、九六之所以神于易者、蓋以五數神于中也、試將此五數、縱其直上而不扐、則真五透出、是為一四矣、九六者、五入居參兩之中也、一四者、五透出

參兩之外也、五之成一四其塗路必由二三、然此時恍然而過、非如下二三之相交、下二三實原本一四、然但見其相交、非如上一四之移換也、一四二三參兩者、止一天地耳、天地移換、則成一四天地相交、則成二三、天地相成、則成參兩、天地生生相成、則成九六、

得參兩、則為得易簡之始、得九六、則爲得易簡之終、參兩之易簡、猶有險阻、直至九六、則見一物、遇一事首尾俱知、八面玲瓏、蓋事有八邊、未通九六、豈能八

面皆透、知一邊、固偏于一邊、知兩邊、猶偏于兩邊、縱有爲天下之志、必不能得天下之理、易曰、易簡而天下之理得、謂九六之易簡也、

學易須向簡上入、師舉參兩雜録、師祖顧問者曰、如何是至易、對曰、見硯是硯、曰、知其爲硯、是從學問中來、當時已費盡艱難矣、何云易、如何是至簡、對曰、是硯非筆、曰、有是有非、有硯有筆、亦繁冗極矣、何云簡、問者曰、如何是至易、祖指硯曰、此是何物、曰、如何是至簡、祖曰、硯、又問易與易如何分、祖曰、易者、不易之

謂也、易祇是易之一字、惟易乃簡、惟易惟簡乃能易、簡有簡約簡擇二義、惟約乃能擇、惟擇乃能約、有相須之義、問如何是簡擇之簡、祖指筆曰、不是硯、弟子林進云、如何是易池今日事、師云、猶憶白鶴堂前、

舉

二篇

師拈起四十九策云、直透四重、横開八面、翻翻奇行不速而徧、遂收蓍草云、一拳芭蕉剥不盡、兩點梅花看有餘、湜湜澄潭、三百八十四龍、縱鱗戲水、瑩瑩蓮蕋、萬有一千五百二十瓣、貫竅通香、會麼、恰好原來五十莖、即此蓍草會、離此蓍草會、納蓍草于櫝、便起、二篇、就是四營、奇至此、而流行之變至矣、二篇者、四營之成列也、開而列之、則有二篇、約之仍是乾坤、乾坤之策是夾的四營都是夾的二篇也是夾的二篇者、乾一篇、坤一篇也、萬有一千五百二十者、舉四營裡面、九六經營所得之全数也、一營兼有十六卦、計四个三百六十、是一營之策也、一篇兼有四營、計四个一千四百四十、是一篇之策也、通二篇計之、則萬有一千五百二十策也、二篇之策、衹據三畫卦看者、以初上兩爻、非象数所到、而三四兩爻無位也、篇從扁、扁從冊、偏徧皆從扁、言扁、則必有二扁、不知二扁、則落偏矣、徧從行、二扁俱知、知而行、行而明、明則偏也、策從朿、簡從間、一冊謂之間、間者、言間不容髮也、自二三冊以至千萬冊、皆謂之朿、朿者、言一朿之中、非止一冊也、一冊之謂簡、有二有三之謂策、衆冊鋪張、首尾開合之謂篇

今之數學皆本邵康節、然康節所謂數、一生二、二生三、三生十百千萬、從少至多、無有結煞、雖變化繁侈、其實是个死數、非天地生生之所以也、天地生生相成、是從二而生的、二亦不能生、惟兩物一交、中間自生、二乃生一、參生四、伍生八、奇生參伍、八生十百千

萬、十百千萬、統在兩物一交之中、兩物者、天地相交、中間遮一交、則奇也、天地奇三合生生、此為天地之數、變化之道、

天地間惟遮著卦最奇、萬物之變化、聖人象之于畫、約之于篇、遮篇、只有方寸多大、而萬物不能逃其變化、不能出其範圍、學者據篇而觀、憑畫而求、可即篇以明萬物、又可收萬物之變化于篇、藏在方寸之內、與天地同其變化、與變化同其快樂、故此莫奇于著卦、今人全不知有篇、他不過自欺、以為我能文章、我

成功名，我得富貴，二篇之知乎，何益二篇之不知乎，何損，殊不知遯二篇，乃古人自求洗心，欲求成位乎中，為人道立人，為天道立天，為地道立地也，後之學者亦能以此洗心，則亦能立天立地立人，如古人矣，不然，生則裾馬襟牛，行尸走肉，死則草木同腐，不亦悲乎，故有志之士，不可不學易，以明天立人者以此雪團晤次，問如何是二篇，師云，看院只留雙白鶴入門惟見一青松，團云，其意如何，師云，松下問童子，言師采藥去，只在此山中，雲深不知處，深于奇偶生生

之學者、自能辨之、

雪圃云、如何是遮一篇、師云、深山是處行應遍、如何是那一篇、師云、一月看花到幾峯、圃揖退、師送圃云、一篇只恁地看、要且舉奇不得落偶、凡道如何是二篇、圃纔欲酬語、師左顧云、咦、欲得吾宗旨、識取第一句、

初夜、同雪圃翫月、圃云、正月圓時、此奇如何看、師便休、圃云、老老大大、雖然識得前句、且未識後句在、師聞、明日謂圃云、凡不肯易池麼、圃拂袖便行、師謂門

弟子云雪凡光彩非常只是月三日而成肚怎生發付

己酉仲夏朔越二日

弟子朱榦子立重録

雨窗偶筆

五十、偶也、起用、則從偶入奇矣、其用、則四十有九也、從奇入偶、故再扐而後掛也、

四十九、奇也、此奇將何所歸乎、起用則便掛一、這掛一是不消說起的、聖人必要說掛一者、只為要講分二、恐怕人悞將掛一之一、與分二之二、相對而看為三也、故此扵分二之下、補个掛一、又說破象三、

一就是三、他自己是三、不是朱文公所謂一與二為

三也、
三者、天地奇三合也、一者、天地合也、奇者、天不得地
不得、天地分合俱不得也、
一即奇、：即一、而一與奇不同者、起用之謂奇、不用
之謂一、其用四十有九、故不用一、不用三也、
奇與一、是不相見的一與奇、：與一、兩俱相見、則便
合十、便五十了、大衍之數、雖是五十、他又斷：不肯
五十的、故此其用四十有九也、
一與奇、是離一下的、最要際是這一下離、

分二着實天、實地也、
揲四有兩層面目、參以變是一、伍以變是一、
如何參變道理、實天實地、非天非地、即天即地也、
如何伍變道理、實天、實地、非天非地、即天即地、非々
天非地、即天即地、非即天即地、非天非地、即非天非
地、即天即地、即々天即地、非天非地也、
卦是奇之所做、不是个卦在、又有个奇在八卦頂上
跳也、非奇則不成卦、非卦亦何由見奇、
卦是奇自做的卦、做成了、奇便得所歸了、八卦是一

時俱做成、不是做了這卦又去做那卦
歸亦不定所歸但究他歸處、則落在一个卦上、
奇歸到乾、何由而知其為乾、反是因兑卦照見的、雖
是非乾無由知兑、然非兑亦無由見乾、
歸有葉落歸根之象、不是鳥之歸窠、只在樹頭頂上
飛來翻去、要看清
乾兑相照、則又從奇入偶、是為成用、而天下之能事
過半矣、
掛一歸奇、不要只在草上看、要向目前一件事一个

物上看、纔不落虛空道理、纔有實証處、于今且就茶碗上看去、如何是一、如何是奇、指茶碗云、如何是一、師直視無言、

如何是掛一、曰、是甚麼、

如何是奇、曰、是甚麼、

如何是歸奇、曰、茶碗、

汪文柏摛藻堂藏書

雲莊大易師蒲亭語録

雲莊大易師蒲亭語録定本

易學弟子俞一田錄

論語詳説

子曰學而時習之不亦說乎有朋自遠方来不亦樂乎人不知而不愠不亦君子乎

諸位立志求學以巫人為先知多聞相聚于此欲得詳說論語巫人固不惜語言然不知巫人所學所志之所在即聽而有解亦成道聽塗說故且先明所學所志諸位知此乃能得所適從而所志因之益以興起巫人非務舉業置

詞章在相知者明見之矣然有與世之論學為志相類而絶非大約有五第一不言理學理學本自程朱程朱以主敬正心誠意為教本朝莫盛于陽明陽明以良知為教我這裏不言主敬不言良知則知所學不從程朱來與當今道學家不類第二不言秦漢以後之經濟生平未嘗多看史書不明秦漢以後治亂與夫當今刑政户口錢粮兵革有似避秦之人不知漢魏故亦不抗言道學自闢門户如陳同甫所云拓開萬世之胸襟者不類第三不言氣節生長布衣之中志尚道德惟知學問非學問之人不交惟以

學問為志而已以事父母而已猶如太古之民耕食鑿飲
何知帝力不閱朝報不喜新聞毁譽是非不入于心亦不
聽世言之是而喜亦不聞世事之非而怒嘗讀東漢史書
不勝衰世之慟故所以布衣為志學道絕與此等不類第
四不言術數少年畧讀邵子之書知其本于連山所謂河
圖洛書此連山之謂也其學不出于五行五行生剋二四
推長極其所為用以驅役鬼神則可與大易立人之道無
與故置而不學至于鬼谷陰符六壬太乙又不足言矣第
五不雜仙佛仙之為道本于長生佛之為道本于無生雖

其出世入世皆以為人度世為志然為人于悪世之中非偏于為我即偏于平等其為道正與大易生〻之道懸絶其為教正與人道親〻尊賢等列隆殺相反將以三代而下聖學滅絶人欲横行非此平等為我二説少矯枉之人類自為不存天地幾為毁壞三代而下人心寔必賴此不主其道而用其教以矯人欲之偏寔為孔孟之助然自漢以来三教攪亂混而無辨人不知所輕重不知所趨學有宋諸大正人君子志稽千古而學問之道不能大明或亦因之為累吾少年雖兼學仙佛志在辨明以歸之聖學以

著明孔孟之道耳故今茲論學言仙則仙言佛則佛言儒則儒言禪則禪言玄則玄言易則易非故畢之寔欲辨之非故貶之寔欲兼行之蓋亦與從來言三教一家混同莫辨者不類至若一生力學所在一口發揮祗在大易一書所奉者天地而已所論者方圓內外奇偶之象一四二三參兩九六之數而已若所志則平昔可以無言自甲申之變意切居山蓋以志學求友近三十年未遇同志真友而日月遷逝血氣既衰志欲于山中作著述之地將一家之學以傳于後世不意同志云亡恒產未立山中無田可耕

歸農莫能又以老母淹病求醫因挈家入城生平非學問之友寔未嘗投刺輕謁一人非束修贄儀寔未嘗別路輕取一錢志不喻利同志所贈隨手即盡故歷年四十全無恒業今復應諸友開講論語一者以居山則已既在城中求友之念不忘于心二者亦借此為供膳計耳此則目前之意也今諸位聚此亟人所論雖非舉業比然亦非唱學問搘世道正人心如今世所謂道學即聚友講書本諸孔孟至于言一家之言猶如禪僧說法受贄儀收束修猶如訓蒙開館言志而必欲詳及此者蓋目前諸位皆為有志

之士人生非富即貧非貴即賤何定之有諸位或他日宗廟明堂或時運不齊處身山林亦是常事孔孟言志言達必言窮言富貴必言貧賤竊欲聞吾論學者知吾處貧賤而志不淺心中定一安貧樂賤之意此學庶有託以不壞矣祗這論語一書首篇論學而末章云未若貧而樂富而好者禮首章云學而時習之不亦悅乎予觀此書有動于中故一將己身之事發書外之意焉

論語者孔門論道之書也出言如綸之謂論言吾之言之謂語大易書詩學庸論孟俱為孔門言道之書雖有史詩

辭論之不同原無上下精粗之分異至于論語尤為達上達下之書何也論語所言孝弟忠信所謂行也見于行之謂行見于行則著于所同見某孝某不孝某忠某不忠其可以掩人乎既不忠矣不孝矣豈不忠不孝之中有精微之蘊乎忠矣孝矣即心雖不知而行一上達于天鬼神尚佑之豈可以由之〻民以其心粗而下之蓋行己悉矣舉心于行其念已微矣行曰顯行德曰顯德惟此為顯故著于孝弟忠信而即顯即微矣論語言仁義禮智此上達語所謂德也德者得于心人誰知之德本于天之命發于人

之性上通性命則上達乎天人誰知之故凡言孝弟忠信雖三尺童子愚夫愚婦可與同聞可與同知言仁義道德雖以子貢之賢不可得而聞也今在坐有久學有初學有童子寔惟此書為宜此書多記夫子之言要為夫子平生所說不次之言既為夫子平生不次之言夫子之言自不止于此但此書祇須記此耳嘗見先儒惜秦火之焚以予觀之為學祇在求知聖賢之意原不在徒惜書冊之缺堯舜授受湯武征誅君臣朋友夫婦父子兄弟大綱大法已備于尚書已備于此書聖人為人倫之至已見于此書寔

寔止此為足古人著書以傳後世求簡練之恐不足其意已不在多豈必如史記而下諸書搜考無用之遺事為備足耶即三百五篇閨房朝會賓客之儀男女朋友樂怨之情亦已備足故熟讀一冊不明不如深明一章多看一章不明不如深明一字人不為學尚不能明聖賢一字之意雖秦火不焚又何益乎大易幸有六十四卦以統其辭不然後儒亦將疑其有所缺失而恨其辭之不足矣故在夫子所言自百倍于論語所記而記者序此一書以意完辭足雖聖人言言如珠猶如天之生人五官四肢既完不取

枝指駢足三目二口矣故論語一書雖斷章分篇其中首尾開合儼如人身首足五官完具增減不得錯亂不得即夫子猶有善言亦祇得忍去不用增入其有夫子之言不能補合或即用門人之語他書之文或記者自補如邦君之妻一節之類蓋記者惟貴明夫子之道傳夫子之意不在于所記之多少所言之先後彼此之出入間也此書專以為子思子所記何也聖門學問莫尚于顏曾而顏曾之死見于此書其次如子游子夏之徒寔皆足以言聖人之言然生平事迹多見于此書其自為顏曾游夏以後之人

所記而諸賢之門人若樂正子春公明高之流其學不足以當之後于論語者爲孟子見孟子所稱服顏曾而下惟子思子凡稽古人于戰國之後之書如史記孔叢子俱不足證孟秦火之後以不知學之文人烏足以述聖言而樂正公明之流不足以當者以記事之文即史遷可獨擅其長若聖賢論道之書惟知道乃能述道惟知聖人乃能言聖人故讀孟子之言意惟子思子足以當之也凡此皆以事求考証據而已講論語亦不重此即非子思子所記正亦不妨

論語雖総為論道之書然篇章各有所主首章為論學立人之道所重惟一學字人不學則不知道矣所學者何事先儒所嘗疑而未明然因學問無本不知學易不能離書自見所學何事故于聖賢之言隨章斷章隨句斷句又因後世二氏之學横行說玄說妙說空說虛說道說器說上說下未免求之太過不知聖賢之立言故不能達耳所學者何禮義是也何以知其為學禮義也于此書全書之旨知之于此篇後文知之即此章之三段知之即此句之學字知之又離此書本大易以觀天地人之際于人字知之

全書及此篇後講自見郎今彼此相對豈不是人天地之
間何為而有此人未有人物以前天地之間更有何物山
澤草木鳥獸此所謂物未有山澤草木鳥獸以前更何物
也惟天地而已是以人物莫不本始于天地天地既生人
物之後人莫不受生于父母中庸曰天地之道其為物不
貳不貳者言惟一天一地也言物而人舉在其中其為不
貳則人者一天地之所為也人莫不受生于父母則今日
相對之人之形一父母之所為也明其為天地父母之所
為則人之有身有目能視有耳能聽有手能持有心能思

此豈人在胎中學而能之乎又豈有生以後目不能視耳不能聽耳于世懷中教而學之學而能之乎此之謂不學而能不惟赤子有所不知追及父母父母又焉能知之此皆天之所為也其在赤子不惟不學而能抑且不知而生既生然後知我知我然後交物交物始可以教入學天之為人如此父母之為子如此知我則自知有人矣知人則自知為人矣故赤子既知我為人則天地父母不能相遠蓋天地之為人為人之形即命以為人之性赤子立我為人而人必須為者以其有是性必踐是形以其有目能視

有耳能聽，有手能持，有心能思。既有視聽動思于天地之間，獨立一身，將何以為？徒立空廓之中，一無所事，則此人之生亦不如死，天地亦無用生人矣。故人之生總總林林，彼有耳目，則此亦有耳目；彼有心思，則此亦有心思。各有耳目身心，則不能無交；不能無交，則有是非美惡。自人道言之，千人萬人相生相死；自生物言之，山澤草木鳥獸癡蠢變化于天地之中，一皆天之所生也。夫人既具耳目心思矣，對此千人萬人，視此草木禽獸，豈一無所為乎？風吹日炙，飢食渴飲，豈一無所為乎？非類之侵，禽獸之偪，又豈一無所為乎故古之聖人為天地為民物如禹平水土益焚山澤皆所謂為也然此猶泛言之豈水土既平禽獸既驅後之生人得以飽食煖衣則一無所為乎所謂為人者就此人之身而言也天生我目豈僅命之以視色天生我耳豈僅命之以聞聲天生我心豈僅命之以思衣食富貴哉我何為而有此耳目有此心思生于根者視其蒂人生根于天故耳目必聞天視天之為貴人生根于父母故耳目必聞父母見父母之為貴心思必知天得天思父母得父母之為貴非天地則無人豈有為人而違天地者非父母

則無繼生之人豈有為人而遺父母者追人之初惟有天地就人之身亦惟有天地追子之先惟有父母就子之身亦惟有父母故知天地父母生人人自立我必知自立為人矣知天地父母生人人自立為人必不能遺天地遺父母矣不能以求其能之謂學目對人所視不能宜于人耳對人所聽不能宜于人心對人所思不能得于人是故用學視聽心思雖未得于人然其能視能聽能思固已得于天得于天者之謂不學今求得于人其將用不得乎人者求之乎抑將用已得于天者求之乎其將用不學而未能

者求之乎抑將用不學而已能者求之乎盖人之有能非其本能則斷不可以學能目既能視自能視以求得于人耳既能聽自能聽以求得于人心既能思自能思以求得于人凡此皆謂不學而能是在孩提之童見之孝弟忠信四字惟忠信云學忠信云學者惟忠信合于義也若夫忠信之根本不用學至于孝弟則聖賢從不云學孝弟云學者孝弟之儀文大孝之終始也孝弟何為不言學學者未得于心以求學得于心也孝弟者仁之發也孝弟遺仁不遠無有離合去就寸行寸得于心忠信為文孝弟為質不

用集義不用會禮孩提之童去天不遠皆不學不慮而能若孝弟云學則是人斷不可以入忠信蓋惟有質然後可以成文惟有仁然後可以精義惟有天生之孝弟然後可以主忠信行禮義禮義云學者以仁不用學也知仁不用學則知學禮義必本于仁矣不惟耳目之于聞見不用學愛親敬長在孩提之初亦不用學所以失其孩提之心者此身不能無耳目此心不能無亢潛一身立于天地之間不能無國人交對此心則耳目之欲奪之對國人則流俗汙世之人情奪之事君交友名利之薰蒸皆足以奪之豈

惟孝弟即忠信亦天生之能當君友之際或耳目奪之或妻子之私奪之或宗族之黨奪之對君或朋好奪之對友或君恩奪之凡此皆足以奪天生而能之忠信甚者孝弟奪乎忠信甚者忠信奪乎孝弟天生直民或偏忠信或偏孝弟一不知學忠孝必不能兩全故人不知學言忠信斷不足以教忠信言孝弟斷不足以教孝弟孝弟忠信皆行也聖賢非以孝弟不足教忠信不足教以行上不足教人也即云主忠信亦教人主忠信以合于義非竟教人忠信也

觀聖賢之書冝先知旨脉旨者如大易云其旨遠其辭文是也脉者如大易序卦是也旨有有字之旨有無字之旨脉亦有有文之脉有無文之脉旨如人身之五臟脉如人身之血脉人身五臟無主血脉紊亂則不能以全其生豈有聖賢立言旨無所指篇章漫無次序而足為千古教言以垂後世乎論語一書從来見記者漫録夫子之言分章斷句逐文隨字非惟失記者作書之心亦并亂聖人旨脉所在故從来祇成達下之書將聖人入德要言如三家村中老人好說話看過就此書旨字之寔則性命道德學教

仁義諸字是也如上句言仁下即承之以仁又或承之以義此為有字之旨上言仁而下忽言天言性亦為有字之旨上言仁而下文全不言仁或竟言事言物此為無字之旨無字之旨如龍閃別峯團雖尋其跡而人無入地三尺之目亦莫知龍行之所在以有字之旨承有字之旨此為有文之脉以無字之旨承有字之旨此為無文之脉至無文之脉即有入地之目亦不能觀故自非達天知天地之變化能虛空望氣者必不知聖言旨脉之所在此書垂二千年士子講論不知旨脉講論不知旨脉則士子之心不通

旨脉士子之心不通旨脉則聖言之精神不得上達于天矣今日講此書不在尋行数句貴在知旨脉所在論語通冊祗有學字為旨在全冊則統全冊之脉在一篇則統一篇之脉在一章一句則統一章一句之脉其次為仁義禮三字人其次為孝弟忠信四字此篇為二十篇之冠故託者以此篇發明此八字之綱要所學者何學之寔仁義禮是也學為仁義禮之綱仁義禮為學之目而所謂孝弟忠信又三目中之小目學不外知行然知行各有攸分行之寔仁義禮是也仁義禮之寔孝弟忠信是也知者何知之

寔天地之變化是也　天地變化之寔萬物之屈伸消長是也吾心之知能是也學分仁義禮又列孝弟忠信又大分知行知中又列天地萬物人我豈不散漫而無歸約若撮章句之文渾一學字雖仁義禮諸字可以牽引至于天地萬物知能豈非篇外之言學者于此可會旨脉之說矣所謂學以仁義禮爲寔者學必本于不學也本于不學者本于仁也本不學以學豈非本仁以學義學禮乎仁爲不學前既言之何以見義禮之爲學仁爲奇義爲偶仁爲天恩義以人合如渴思飲茶茶至便飲爲仁水有清濁味有濃

淡亦有甘苦不辨則或飲而反傷于渴疑必問問乃辨辨乃能飲甘苦清濁者義也疑者誰舌自疑也其誰問之舌自問也辨者舌自辨也學者舌自學也必疑必問能辨能學而後能飲能飲而後乃能咸渴思之意由此觀之舌不思辨學以飲茶則傷渴人不學禮義則必傷仁矣嗟之渴舌之知辨甘苦此亦學而後能之者乎于此知仁之不學而義之為學義之為學又必本于仁之不學矣所謂本于不學者蓋欲以鼻嘗甘苦以舌聞宮商必不能也孝弟忠信為仁義禮之寔者舉孟子之言足以明之孟子曰仁之

寔事親是也義之寔從兄是也未有仁而遺其親者也未有義而後其君者也知之寔為天地之變化者蓋天下之事未有不知而能行者知行合一此為學之極功大言之為為學之極功小言之僅耳聞目見手指足行之能事舉此以明學者生知之能則可非聖人教人入學之序次故知行有攸分及其至也然後乃能合一能宜于仁之謂義能知于義之謂禮心得于天之謂德總一行也何以鄉黨之人行之祇為鄉黨自好之士總一忠信也何以不入堯舜之門祇為鄉愿何以十室之忠信聖人傷其不學總一

孝弟也何以僅為硜硜之小人而終不足以為士蓋為祇在孝弟忠信上學而不知行之出于德也聖言一舉德則不言行而行自在其中孝弟忠信皆天生之良非惟不學抑不用學且不能加學不知學則或失之雖學亦無以加之不過完其初而已不知學者謂其不知義禮必知義禮者正恐其失之也蓋四者惟仁乃能守之惟義乃能宜之惟禮乃能節之此如人之生耳目四肢一出父母胎自備足完具既生之後非惟不能加明加聰使少有所加即為害目害耳之物耳目手足上用不得學惟有外無戕損于

耳目內調和其氣血而已調和氣血者腎中之氣無用于
調且不能調惟有調和心肝脾肺然調和心肝脾肺又必
本腎中之氣得腎中之氣則自足以固我聰明能調和心
肝脾肺之氣則自足以宜我聰明即我聰明見諸行之謂
行于行上言學自在事親從兄之間德者得于行也得于
行也得于行必先得于心得于心必先得于知行忠行孝
則可言行仁行義則不可言行仁行義是謂求之外孟子
所謂行仁義是也王霸之分祇在力行仁義與德行仁義
之間而已故仁義祇言知中庸云知斯三者則知所以修

身大學之道祇重一个致知能善事其親之謂孝仁為何物若云仁即是孝則聖言不必多立仁字仁不是孝則離孝又不足言仁將此身如何奉以行之其在他人又能于何處見以知之德曰天德下學者祇言上達德祇言得于心于此言知祇有一个天如何知天之能知我蓋惟有我知天乃知天之知我也孝弟忠信既為仁義禮之寔仁義禮既為孝弟忠信之德則仁義禮與孝弟忠信不可二矣知義禮之必本于仁則知仁義禮非三矣知仁義禮之為德知德之達諸天則知仁義禮與天地不可二矣且吾心

之知能其何所自来乎天地之變化其何所終極乎究天地變化之終究吾人知能之始則知天地之變化與吾心之知能非二矣豈非吾行之孝弟忠信即吾心之德吾心之德即吾心之知能吾心之知能即天地之變化乎行上既不可以見禮義則于知上又何處以學禮義禮者實主酬酢之間朋友君臣相交之際猶有迹可見又有禮記之儀文可求義為何物向何書以求義聖賢最重者仁義究無迹可指然則所謂學義者據何物學之欲向事事物物上學義豈知正惟在事事物物上不能得一軌則故須用

學正惟于事物之變化紛更雜亂無恒故須用學人于事物上偶或宜于心中于節者有之此不過于此一事恰好若執此一事之恰好少移他方少遷時代便不宜節且所謂宜節者又不過目前之恰當效驗上見少移他事或不恰當效驗其中寔無所主寔無所凭此盖就事操事就禮學禮就義學義之通病如百萬亂兵雖有能者身非大将未嘗登壇以受君命耳目之聞見不高居身士卒之中與士卒均齊平等或聞東方之金鼓或見西面之虎旗同奔同趋同驚同喜在耳之能者聞遠三里目之能者見先一

刻而已故就事學事斷不能得事之軌則以經綸天下之大經以則是天則雖有小聰小明過于凡愚亦僅與士卒等先聞先見三里半刻而已即所謂學此身原無異于百萬亂兵但知不了事上求事不用小聰小明獨于亂兵之中獲天子之命致天子拜于庭下已身立于將壇之上君命在躬即劍在手聞通四方見視萬里指揮如意生作縱横無不皆有法度蓋操全勝之局于胸中聰明自足以御百萬之衆故兵出無敵耳學字如是喻離事求學豈事外有學乎孟子曰心必有事何言事外求學蓋事有知邊之

事有行邊之事既行上不可求學則重在知上求學乃吾所言離事求學者為離行邊事求知邊事也身事其事之謂行心事其事之謂知心能離事者心寔能于行上離事豈惟心哉身亦離事今日吾輩居林下寔離朝廷之事歸家對父母寔離朋友之事身既可離心之離不必言禮曰官先事士先志志者心事其事之謂也夫子曰不在其位不謀其政不謀其政者心不事其事之謂也然心却不能離知邊之事既有耳目則聞見入于心中聞見能入則有黑白宮商美惡是非此皆事之影也黑白宮商影入于心美

悪是非即動于意〻之所尚之謂志心離黒白除非睡着除非付氣除此二者人心斷不能離事黒白宮商聲色是也有黒有白有宮有商之謂偶知黒白宮商之謂奇〻偶者象數是也黒白宮商是為事之迹奇偶是為事之数即此為士人之真事天下之事有離黒白宮商奇偶者乎此事之本也事之文何義乎執本末是也本末者何物也物者何形聲色臭味也黒白宮商也士之文何義始一終十是也一十為何物非數乎數何自起天地之数莫不本于奇偶故士之為義謂其心之不離奇偶也謂其能知始一

終十也事之為義謂其能手執本末也謂其能不舍黑白宮商也士事二字文雖别而意則通志之為義則謂心必有事耳在聲色為宮商黑白在數為一十奇偶在行為孝弟忠信在天地為陰陽剛柔在人心之德為仁義禮其所在異名寔一奇偶之流行惟在人上下以達之心既不能離事雖欲舍此不學有所不能故天下之人未嘗不學雖獨居之際夢寐之中人豈能忘事不能忘事又豈能忘思不能忘思又豈能忘知在行曰學在知曰思思者心之知還之學由此言之人莫不憑黑白奇偶以為學憑黑白奇

偶以思學矣此章為何不出智字學正所謂智也中庸云好學近乎智聖賢之學以智為入門非智不能成仁非智不能精義非智不能中禮最重智字論語全書所以獨重學字夫子曰習相遠也非學為習故曰惟上智與下愚不移而下文承以學道蓋惟知學之為上智聖人講書研究字義處莫謂是訓詁之學又句〻說上達開口要人知那一邊亦與二氏有別須知雖言上達那一邊卻處〻求學之寔求仁義之寔而直求寔于孝弟忠信吾這裏所謂易學所謂寔學所謂達上達下之學上達者達天也要知那

一邊者要人達天要人知天地之交也天地之交之謂文要人知文也論語之學本于天地而已論語之學〻文而已夫子之教傳文而已夫子之自任任文而已不知那一邊則心偏邪偏邪之謂小人聖人之為教〻人學為大人而已心不文則不能上達不能上達于天則下沉于地聖人之為教教人學以達天而已今人畧學禪學者稍聞上達一邊說話疑為近于禪則彼學佛之僧雖持梵呪入中國而不離中國語言何不疑僧為學中國聖人之言乎此皆秦漢以下士子惟務功名利祿不知上達衹求聖人于

形迹及二氏之言行于天下便以語上達類于二氏遠嫌避跡禁而不學閒有具上達之志者亦惟知求于二氏聖人之學一壞至此豈不哀哉豈不哀哉

問者曰如何為聖學之門師曰今人果如飢人乞食無門未免遇井上之李甬畐食而甘之或少充飢然非飲食之正須知能恒食飽人而又無病者莫如五穀五穀既見信于人何不覓太倉之門而求之太倉之門先知之門是也秦漢以下塞此門不開今果欲求門亟人這裏雖不敢云太倉之門却有一門是為易學門何不向此門求之舉拂

子云須知此門在這拂子上能信以求之否這東西是什麼做的這東西在天地之内乎在天地之外乎中間有天地否曰見不定師曰見物不定猶如門拴未開見得清如何是天如何是地此門開矣此之謂物開大易之學祇有一個開物物不開則此物爲混沌即手持揮用身遊其中而事不成故惟開物乃能成務知天之爲天地之爲地則乾坤立乾坤立則八卦成列八卦之謂易乾坤之謂門故曰乾坤其易之門耶聖學三門奇偶是也奇偶者物之奇偶也不見真物則不見真奇偶不先知物寔則無由知真

物以拂子指茶碗云如此物喚為茶碗此物之名耳如何為物之寔憑何喚為茶碗又指香爐云此可喚作茶碗麼曰不是碗師曰何以見其不是曰此不能無疑師曰正要在這裡疑目見茶碗心辨茶碗心何據以是非茶碗要這個東西做主心憑意意憑知知在物人心無格惟物有格故大易之數本于地聖學之門本于物

黑白奇偶以何者為憑須知奇偶憑物黑白憑色物色又何所憑追究至此惟有天地之象數非本天地則無象數非本象數則無色物黑白奇偶等本天地以學奇偶是本

天地以學易推天地之象數縱橫交易而辭象變占生焉然變化之中有爻有位爻何自生在天為圓圓則奇在地為方方則偶奇偶相交之謂爻奇偶一交則二而一一而二二一相生三位存乎其中有三則成六以六成二之變橫而為六十四以六十四之六合而有三百八十四六也六十四也三百八十四也此之謂位然雖縱橫分列有三百八十四位究其本祇一奇一偶然則位者爻之變化耳以奇統偶之謂陽以偶順奇之謂陰陽即剛即仁陰即柔即義然有從陽之陰有從陰之陽究其初之出入陰自從

陽至統陰之後並列而立儼如從陰從陰者陽就陰以成變化也只此在人之謂仁義故陰陽之交在易為爻即是在易之義禮本于位此在易相交之位即是在易之禮故爻位者在天之禮義也陽曰仁陰曰義何為六爻皆謂之義仁主奇義主偶陽統陰之謂奇〻統偶之謂陽言統則兼本末首尾統本末首尾而言故元與利對祇是一個仁祇是與義對待之仁曰大哉乾元乃統天豈不統亨利貞俱在其中矣故于統上看祇一個仁而義主偶如白對黑故謂之義黄統白黑可謂之仁甘統辛酸亦謂之仁以黄

統白黑取偶甘統辛酸則兩仁俱謂之義又何況黃統白黑與不統之白黑相偶而不謂義乎故至于分陰分陽則陰陽並列屈陽下陰而為偶故六爻皆謂之義文言曰旁通情也以陽統陰何有乾之六爻正所謂分而列之旁以見之二元説有先後不得説無先後亦不得惟聖人知其合知其分故能旁通曲盡陰陽之情以立仁義之道雖旁行而不流矣禮記一書存禮之迹仁不待學義則必俟傳學何以古無義記春秋者人道精義之書也雖謂春秋為義記亦可春秋下記人事上必冠以天時而人事之是非

以歲月祥異證之此非精于天地之義爲能集人道之義乎春秋治人其上必冠之以天而大易繫辭所繫者天其下必附之以人附之以人此不待文辭出入雜言人事也如彖言元亨言利貞下必申言卦德其言卦德處正附人事之謂也夫子之教門子惟曰學詩學禮夫子之爲學書詩則稱雅言惟易稱學可見夫子一生注力于易大易之象數乃聖人終身之學此非書有難易以義有淺深故須終身學之易即是天地人之學天地一刻不學即與天地一刻不通至死豈有休時不惟夫子爲然伏羲堯舜文周

于天地又孰非終身之學哉易曰發揮于剛柔而生爻剛柔相交之謂德剛柔變化之謂道和順于道德者和順于爻之相交變化也理于義者理于爻之義也義如錦之花理如錦之絲花有淆亂以絲之未理絲理則花明故理義而義明矣所謂聖人終身學易學易者何物豈如今日觀象觀數淹貫年月猶無自得乎豈如止于一四二三以爲足了吾生死生于參兩以爲自得自樂乎觀數是大易入門之學聖人終身之學蓋在爻位易曰精義入神又曰知至〻之可與幾也知終〻之可與存義也又曰觀其會通

以行其典禮此則聖人之所云學也在爻畫上觀易此為
離人學易屬知邊事下學上達言仁義無分于陰陽此乃
為行上學易學必先知而後行學而時習之義理此重于
知事親之仁從兄之義親族之信鄉邑之志其在庶人尚
可以言行學至于事君臨民達天下之禮行天下之義經
綸天下之大經大法此在以身事君而非其官守者且不
能出位言學故曰士先志而子路使子羔為費宰子曰賊
夫人之子大學曰未有學養子而後嫁言不惟不能學且
不用學也禮曰知禮樂之道舉而措之天下無難矣易曰

精義以致用亦誠患知之不足也知之既足則耳目之交廟堂之上吁咈賡歌不過二十二人朝覲臨民之際不過一個篤敬豈在事舉身行一節一行皆有可稱一事一法皆能精到如後世之言身行之學哉且人事猶可言身行古人之學以位天地育萬物為極至位育將如何行到故中庸惟言知天地之化育古人學問徹始徹終祇一知字知之透徹而行自在其中不用身行而知自行于其中此為聖人時習之學學言習者正兼行而言人之一身知命于天氣血則受之地知矣而氣不習不習則不行不習將

如之何惟習之而已將如何習學用不學以學之習亦惟用不習以習之易曰不習無不利則不疑其所行也疑則不行明見不習則不疑不疑其所行則不習矣學有個不學習又求個不習則習學猶成兩橛須知氣知雖二物所主惟一知字能用不學以學則不習之習自從而習矣易曰易則易知簡則易從簡不言能者氣無能也知至而氣自從之之謂能謂之能者以其能從也故坤云後得主而有常言其得所遵從也時習無工夫衹有一個學時學即是時習時者不息之義與時因時蓋惟時々乃能與因人

惟日〻穿衣知寒知煖乃能因時易裘改葛不知寒煖之人豈能因時若外還見人衣葛我便衣葛此為逐時已落後千萬層裘葛所以為寒煖已身不知寒煖何用易裘改葛為哉事親從兄蓋惟時〻事親從兄乃諭父兄之志學義學禮學文學位〻惟時〻在文位義禮之中正所謂渾身裡許乃能因時變化故時習不言功驗能時習即是功驗能時習之功驗不在于迹而在于心聖門所重者德〻者得于心也豈在人之稱仁稱義稱孝稱弟哉故聖門言為學之功祇講說于朋友之來惟重樂其不重朋友之來

者于人不知三字可見人不知雖無一人知可矣其言為學之驗祇言不慍正如陶淵明云天運苟如此且進杯中物前云仁義禮孝弟忠信為全書之目于此一篇獨見而于此一章尤為明著完足記者取此章作一書之綱領有以也聖人之為學志于道據于德而已仁本于德義至于道求仁必始于孝弟從義必主于忠信為德非仁則不得行道非義則不達故必克明峻德然後能親九族君子有大道必忠信乃得之此章分三段首段言學〻必本于仁本于仁者本于孝弟也次段言朋來朋來則交以義交以

義者必主于信也末段言人則非達天不能統人然非知郊社之禮則不足以達天言郊社之禮則主于忠矣三段約之祇一學字學而至于不愠此則代天工以主斯民乃聖人成天地之能處聖人學天至此纔終纔可以語成功然而人不知徒一不愠耳何成功之有蓋以學至此聖人無責矣其所以不成者天也學至此纔可言達天纔可言受命于天纔可如孔孟一委之于天命以德字貫之則首段為仁次為義末為禮以寔行貫則首段為本孝弟次為主信末為主忠詩事應心之謂悦悦見于面曰喜喜

見于言笑舞蹈曰樂樂存諸心曰悅悅從兑兑對艮艮德止止者止于文也止于文者止于義止于禮也止者止于至善也至善者義也禮也惟外止于至善而內乃應之于心蓋惟此心時存于文位之中横亘天地直徹千古天地事物之變化身心家國人我君臣父子之交錯宜于義節于禮不必見之于行祇須知之于心無不各有經綸措置正所謂治天下猶示諸掌徹日徹夜心與天通雖籌策數來無非下學上達知已有天天下之悅豈有過此者乎易曰能悅諸心蓋言觀文玩象之悅心也與此正同義

同類曰朋遠方何為而有此朋此朋何為而來哉遠方或有人爲其志同矣彼此未得相通何能得其突如而來盖言遠方則近方可知言近方則鄉黨宗族可知言遠方之來則近方之悦可知得近方之悦則其悦鄉黨宗族悦親悦兄可知所學者為禮為義矣何以謂之義仁為天恩義與人易須知義與仁反仁為天恩止有父子義屬人合其所學既為義自來交于門外之人人之生也父生之兄弟從之又何用學交門外之人盖宗族稱孝鄉黨稱弟不足以謂之士人為父生父為祖生祖為天生惟孝父故孝祖

惟孝祖故孝天孝天非仁外求義也等而上之自仁而義矣至于孝天則天之所生豈僅爾祖爾父乎孝于父者愛及兄弟孝于祖者愛及宗族孝于天自愛及天下之人此從內而及天下非從外得也以義為外者僅知己身對物之義不知等而上之之義也以一身對物言義天下之人與我全無相交然天既生生矣出門不能無交而各親其親不能以及人之親各長其長不能以及人之長道路之行田疇之接物貨之交豈能免其爭奪哉此本一父而言之也至于母之生則受自坤乾坤不別則不交交而不別

何為而有父有母無男無女舉天下一混沌世界又何為而有此身故必陰陽分乾坤別乃能生〻而男女之別本自乾坤斷不可亂人之大倫存焉別族遠嫌正為此也男女不能無交此人道之大者男女之交為義合之至嚴為禮合之至重知嚴重則人道治不別則人道亂故聖人于此尤不能踈義禮以無學天下之大兆民之衆一本于兄弟兄弟為義之始兆民為義之終知弟兄不知兆民則天下止有三人婚姻之求死喪之助緩急之通疾病之扶持其誰賴之于此不知長幼之序推及于兆民非惟無異父

異姓之助將有力者攘奪之爾父爾兄何以安其家故欲保父母兄弟則必學義知義知禮則天下治矣不知學禮義則天下亂矣故既知學義學禮而重于學義學禮雖隻身獨室處于深山之內而志之所求在于天下則身之所行言之所發自及于天下君子言行之所存有如樞机言行存之禮義而道有不違者乎言行存之孝弟而孝弟豈國人吐棄之物乎蓋達友者仁信國人者孝弟孟子曰無他達之天下也言達天下則知天下之人無不有此心有此仁有此孝弟既有此仁有此孝弟則皆有此學故此在

東方本孝弟以學則知有彼在西方本孝弟以學彼在西方本孝弟以學則知有此在東方本孝弟以學惟時習者為先達先達者先悅于親先悅于近則自先致朋之來後達者聞此孝弟聞此學則自遠方來矣樂者樂也惟樂作則人皆悅獨樂之謂悅同悅之謂樂〻者此本此此學此彼本此彼學此四目相視莫逆于心各不知其手之舞之足之蹈之也惟同樂乃可言朋同志曰友言朋者以其自遠來猶未知其志之同與否也悅不見于面者蓋仁為固有之德孝弟為當然之事滑于心不過還所當然何樂之

有志之小者受此已足故不知學終身不知有朋來之樂吾志在天下彼志在天下二人同心以文相會以義相從將天下之事天地之能可期于有成則自不知其然而然此之謂樂義夫子終身求樂惟求樂此耳為學須先辨志須自家看清假如為學要學何等樣人人之志自見不清如石不知自家有火石中火猶是無中生有人之志此則灰中火種自見不清枉而埋沒吾謂人人有為學之志要學為人要學天學地今人目前學做文章也不暇學天學地做什麼若說學為人他說我已是人了豈不自是家埋

汝吾替諸位掀撥灰中之火出来所謂人〻皆有為學之志者以人〻皆有為大人之心也

孝字從戴爻學字從效爻剛柔二畫父母也其相交產子也非二畫之交則無爻非父母之交則無子人之所以不學而孝者以其受生本二畫之父也故孝字從子戴爻無二畫則已有二畫則必交二畫之初交無用于學既交而二而三而六便三百八十四爻縱横變化生焉是中出入進退皆有一定之則雖周流不居反覆横斜無絲毫之錯亂所以風雷水火山澤草木鳥獸千狀萬態無一或同無

一或異以其衹惟二元更無混雜為物不貳故能變化整齊如此萬物俱其所始俱其所生無有能少變損差忒之者惟有一物天地寔倚之以成亦或因之而壞人是也天地二物為人之始生生不已人為二物之終三角犄立力匹天地故天地之成壞由人二元變化無差者以雖二元天為地主故也人稟天地亦有二元真天不違倚地為主此則未有不迷一身則壞一身有家則壞一家有國則壞一國有天下則壞天下天下壞則天地壞故為學之原非法天效天不可孝弟者人之無用效天而自合天者也置

身于父母之中則父母為元子身為極置身于父母之下則父母為乾坤子身為六子置身于八卦重列兄或為震弟或為艮尊父母于上則父母為極子復為乾坤父之愛子如奇之統偶子之事父如偶之承奇兄弟和樂如兩偶之相抱此皆天然之則父母不用學以抱子子無用學以孝父兄弟無用學以相弟長不用學者以其離天不遠故赤子之心純一不雜耳目未知慕聲色無聲色雜于赤子之心也子之生本于夫婦之好合此陰陽之求天地之性人生一切俱假祇夫妻之私這一點再無有假者當其交

而為子有一絲外物混雜于其中否惟赤惟白父母之真精真血即父母之真性真情祇此一點乃夫妻之真性情真相好而成者也豈惟離天不遠即此便是真天故父母之愛子乃天地之真知能何學之有故子于父母容有好色慕君之遷變父母于子生死不遷及其死也猶不了愛于顧命䰟魄猶必左右于家寢此皆天地之初交不學之良能所謂初交者三合之謂也三合者二元一交也子于父母則父母為二元子為交父母于子則父母為交所生之子為二元總之一初交人受于天祇此初交為不學而

能祇此初交能保不變然在子有好色慕君之變而父母愛子至死不變何也子者二元之交之終二三變化之始終則如果將離木始則如萌將再發後發者多忘前本父母者二元之分相交之終相交既終如秋果既成春氣不復再生惟有反根通根身之精神惟有一果天下亢流受聲色之圍如樹木不能于花上大透香光祇結一氣稟之果是猶初爻不能透出以神變化然二爻既各有分位則六自列界限此皆天命非真知天命不已原不能于界限上輕易透出凡此皆為學之原也子效爻者蓋非效爻則

必先迷莫知所學不知效爻以學自皆人欲之學譬如彈琴唱曲不知音律雖手指吟詠喉音宛轉祇成野調無腔低曲效爻者效爻之變化也效爻之變化即知爻之縱橫于六位知爻之縱橫于六位之中即知仁義出入于礼法之內故言學知其必本六爻以學知其本六爻以學則知古人之學義學禮一本于學易也仁為不學而能禮義則必由學而知蓋仁為初交禮義為變化仁無格則則所行必迷故必效天行以為則效天行之謂學禮義必由學而知則天下之人自皆不知仁為不學而能則天下之人自

莫不皆能故能仁天下人之所同知義知禮為仁人君子學者之所獨我知學矣彼亦知學是謂同類之朋天生我為人僅受天之所以命我者而不知學是謂凡民衆人人不知者以其不知學而時習之人也既曰人矣則自不知學者之所存彼尚自不知學何況知他人之學之所存其所不以知人者由自不知學也曰人不知而不愠則知君子為學原不望人之知而非朋不樂非朋不樂者以其無有助我之成也故君子之學是望同類之知堯一生求舜舜一生求禹孔一生求顔顔死則慟孟子無徒則道絶使

堯舜無禹臯必無以致唐虞之盛故君子求朋憂寀以之而君子于不知之人惟存教誨之心焉慍與悅對不與樂對不忘諸心曰慍君子所存諸心者惟有一個學則惟有一個悅所謂不知寔當面無知則必有訕訕侮慢于我當其訕訕侮慢時非謂學者不覺不好訕訕侮慢訕訕侮慢而不覺除非無耳目肺肝則可夫子曰抑亦先覺者是賢乎堅牢于仁義之謂賢惟堅牢于仁義故覺惟賢為能覺賢為能覺者惟以我如此而彼乃不如此故衆人忽忽惟賢最易見最先見既見矣見人之不知我而不動者又非

賢見不知而不動謂之非賢者以其不能堅牢也謂之不能堅牢者以其不知惡〻也不惡〻謂之不能堅牢者以其好善之不甚也然于不知我者既見矣又既動矣則是非人我橫于胸臆何以為君子學者之心惟有一個學惟有一個好橫一不知于胸臆即與天不類與學字有礙而變化沾阻橫一人不知于胸臆是橫一惡字于胸臆子曰苟志于仁矣無惡也中庸曰無惡于志是仁者無惡子曰惡之欲其死是惑也是智者無惡易曰天下之至賾而不可惡也一有惡于胸臆則便變化不來變化不來與六爻

不似何足言時習之學愠從心昷昷猶温故之温不受外物惟效天地之謂温雜一外物横于胸臆之謂愠愠則不温温則不愠如明鏡祇有一明明則不塵塵則不明愠生則悦忘愠入則悦出悦忘悦出即非時習悦生則愠忘悦入則愠出無驅愠之法惟有一個時習此如花光不受塵磨鏡是驅塵法鮮花無驅塵法祇有生生法生生者時習之謂也樂則行憂則違是謂潛龍知已則樂不知已則愠是謂執義是謂貴善非義之終善之至也義曰善我我即善矣然尚落于偶落于偶者以其有一我在有我在則不

能變化以從天易曰尚賢而上文曰思乎順中庸曰義者宜也而下文曰不獲乎上民不可得而治知所順則自天佑之獲乎上民乃得而治有我則有人在有人在則不能統人不能統人則不能合天天降生民作之君作之師雖有德位攸分其代天工一也君師者天之所降故不違天則不足以為君師和義者禮也不知禮則不足以和義不知天則不足以合禮普天下之人為天之所生則普天下之人為君師之所統惟能達天可為生民之君師是天下之人皆天之生則皆君之民皆天之生則皆師之徒以我

對人于天地之間是外一人于天地之間也天下之人罹于罪皆君之過天下之人失于學皆師之過法天以學者其自過自責之不暇又可以愠人乎時習之學自省自改自忘原無愠之可存又何愠之有如溪流之水中受塵污但有原泉非惟無塵污可停且共流並送以納之大海子者不失赤子之心之謂古人稱君子者謙詞也大人不失赤子之心是君德也但成位乎下不敢僭言君王君公故凡為學不失其初者著人之美稱皆曰君子學而時習之學何學大學大人之學也時習之學君子之學也今日讀

書舉子志不在君則私家矣豈可哉故為學不求為君子亦成私家小人而已君子二字學者之任非僭也君者任也子者謙詞也天子之元士視子男士即子子即士士可稱則子非僭不稱子則是失赤子之心之小人又豈可以君名哉乾九二曰時舍而文言贊之以君德蓋能為師然後能為長能為長然後能為君夫子之語門弟子每曰使民于仲弓則曰可使南面為學之志不在南面使民即是閨房對面私妻子凡有土者皆謂之君使事于有土之人皆謂之臣故古人自稱每稱臣尊人每稱君家臣者大夫

選為臣僕此大夫之臣也自天子以至于庶人皆以修身為本皆以修身為本則皆以正心誠意致知為本皆以致知為本則皆以知天達天為本位者有土之所獨學者庶人之所同故有位者學而時習則為天下君無位者學而時習則為天下師君雖有土位之尊學而配天為天下師土位莫之能與也故學而至于不愠有位者為天子謂之天子者以惟天為能統天下之人為天之子謂其統一天下以統天下之人也無位者為天下之師亦以其能統一天下之人之心也故中庸以配天贊仲尼古今無異辭而

有位者惟能郊天乃可以當天子之尊蓋亦惟堯舜禹湯文武足以當之郊者交也天下之人一人不交于我則我不足以郊天秦漢以後之郊天百姓為之嗟怨天下因之騷亂殆非其德矣此承上段之文君子二字屬辰辭君子之任在君惟政在師惟教畧如上段之文可曰人不知而政教之不慍者不失其恡也不亦君子句可曰不亦不失其初乎不失其初者不失其初學也學而至不慍則天下之人皆其任自一身以及一家在天下而天下平書曰四方有罪惟予之辜子曰老者安之朋友信之少者懷之同

一時習之學耳此章雖分三段寔一學字貫到底始于人子極于人君本始于孝弟極終于為君子二十篇徹始徹終不出此旨堯曰篇首之以堯舜終之以夫子夫子時習之學見于尊五美屏四惡二語而結之以無以言無以立無以為君子無以言則不知人矣無以立則不能無愠矣不知言不知禮祇為不知命不知命祇為不知天為學不知天則不足以為君子是二十篇首尾照應之旨此篇時習章為一書之冒為人章至吾必謂之學矣為一大支君子不重以後為一大支

學從文自在文上學了言學非但離行上之義理且離知上之義理非但離知上之義理且離知上之文位真學祇有一個我祇有一個天地三物而已天地上知見既足則自見文位之變化文位變化上知見既足則自見人道之義理蓋祇有一個天地天地又不在仰觀俯察上在此起疑則可若言仰觀俯察而目前一碗一爐亦會通不來非無用其為學矣故大易說个仰觀俯察下則繼以近取諸身遠取諸物然論疑遠而天地近而已身何處不是起疑處論學必且遠置天地近舍己身祇須目前一碗一爐上

觀察碗爐既是天地內之物既是天地不貳之為則一碗
一爐即是天地之所存即是天地之變化觀察者何物一
己身之知能而已故祇須觀察一爐一碗而天地人三者
已聚其中物非風雷水火山澤則無以成物人非身心意
知則莫能觀察故曰學以聚之真為學者祇在一件物上
看故古人祇重格物不必俟仰觀俯察若必待仰觀俯察
為天地豈此碗中無天地乎豈此碗非天地之為乎
文向何處看文是何物聖人教人學易祇有一句曰博文
子以四教曰文行孝行弟行忠行信曰行在孝弟忠信上

能得于仁宜于義節于禮曰文仁爲文之始禮爲文之終此首尾起結處惟義爲開股故文則单指義看教人博文者教人學義也教人必言學義者以仁不俟學也約之于禮即是約之于天文于人爲義于易爲爻博學于文者博學于文也約之以禮者約之以位也博文不約禮博爻不約位即或宜于此必不宜于彼如棋子可取小勝于一着而或反傷全局言位即是六位即是三百八十四位言爻雖有三百八十四爻滿于三百八十四位然究其本祇有剛柔二畫爻位豈是二物天下有無爻之位乎三百八十

四位皆二爻之變化知擴充則不着于邊宜此又宜彼宜彼又宜此則四位成不知二爻之為四位是為知爻而不知位知義而不知禮是為不能盡二爻之變化宜此不宜彼祇因不知那邊擴充變化故義之傷禮即是義之自傷所謂知禮知盡義之變化也二爻之宜為義全局之宜為禮知全局之宜以節二爻之宜是為以禮行義故曰義以為質禮以行之論語一書祇須字眼清楚字眼原無兩個如彈丸之圓八面照見後世不惟不能見之于行尚且不能見之于文試觀秦漢以後之文少說仁義便腐爛不堪

讀不成文章者只爲字眼不清不能圓轉照應也
學而章先言學而後稱君子可見不學則不得稱君子矣
不稱君子則是小人爲小人則陷刑戮不學謂之小人者
人之閒居以小人居小人之位以小人事小人之事也且
爲小人而不陷刑戮者多矣以小人居小人之位事小人
之事固是其分何刑戮之有孟子曰充實之謂美充實者
充事親從兄之實也充實而有光輝之謂大可知充實而
未有光輝俱謂之小人充實于事親從兄之間聖賢不明
指爲小人者以其有大人之根孝弟者爲大人之根也至

于偏有忠信則聖賢直謂之鄉愿直謂之小人居之似忠信謂之似者以其不本于孝弟堯舜之道孝弟而已故曰不可入堯舜之道宗族稱孝鄉黨稱弟則稱其次無所品目言必信行必果則謂之硜硜小人蓋人不知學必不知所以充寔必不能守其知能一家之中私其妻溺其子事父則或偏母事母則或偏父至于兄弟又不足言矣謂之小人謂其小于一家于宗族鄉黨而國天下無所事事也孝弟則鄉隣或為之指不孝不弟則鄉隣亦為之指不知而為孝為弟此不知彼亦不知同合于世俗自不覺

其為小人然是人也處家居田則醜行不見寔不幸而居上位當國家重事且無論其欺友欺君但以小器而秉大任儼如窮子初睹異寶舉目不知措付橫心不知布算無不醜態畢出鮮不敗者雖居鄉之孝弟不失處友事君之忠信無欺又何益焉至于利害生死之際顧左自失右承上自失下失左則右之人莫不欲誅之失右則左之人莫不欲誅之好惡一辟自為天下之戮則此不學之小人豈不自墮刑戮其不戮者幸不居上位而免耳非惟此也人有天生一行一節者有天生性情能甘貧賤者有天生器

量能當富貴者有天生忠雖不動者有天生閒居持重者但不知學少易一位則成兩橛能此不能改不可大受或能富貴不能貧賤或能安閒不能顛沛豈不是能一邊不能一邊全為大偏為小豈不謂之小人秦漢以下又有天生名將名相出處朝野身兼內外儼為全能者允此稱為以後之大人則可不可以語古之大人秦漢之天下異三代之天下其疆界日月果無所別而人道之全偏經綸之大小寔若天淵秦漢以下之大人不知立人則不知人道之大不知經綸則不知大禮大經之大全不知大禮大經

祇為不知天不知立人祇為不知人知之所至人道上有所缺陷有缺陷則不全不全則不大不大者不能如天之大也此在秦漢以後則取之在聖學雖取之而不深取之不深取者蓋聖人重學聖人成天地之能操天地之運故不取天生天生者不可必若必取天生天下生將奈何若論天生人〻天生聖賢加之以學則人〻可學曰義曰禮亦欲似其天生此何可得故不知學雖以管仲之才夫子録其功小其器孟子言王道則并卑其功又况不如管仲者乎設使聖學有傳則克而舜文而武孔而顔得位為王

者不得位為王者師纔可為萬世倚賴且天生者如管仲
孔明止矣此五百年而一人生民亦何所賴學則可人〻
顏曾人〻顏曾則可人〻王師此古人重學不取天生也
心不與天下相通不知天下之經綸便是小人人于一事
一物上不能致便是知之缺處知之于事物猶氣之于體
一寸不到便缺便小今人不求學祇為無國家天下于心
中故安于不學即此之謂無天下之志即此之謂小人

八千卷樓藏書

中庸旨說

中庸旨說

天都程智子尚甫著　歙下吳聞詩子含甫述

中庸

中庸何以昉乎虞書曰人心惟危道心惟微惟精惟一允執厥中〻〻之所託始也無稽之言勿聽弗詢之謀勿庸〻〻之所託始也本諸人道攷三王而不謬矣夫子繫乾之九二曰龍德而正中者也則是中說也庸言之信庸行之謹則是庸說也本諸天道建天地而不悖矣然則中者孰謂心之中也庸者孰謂中之

用也觀之六爻于初曰下以知九二之中矣于初曰勿用以知九二之用矣則中庸之防也

天命之謂性率性之謂道脩道之謂教

今夫有聲臭者皆地也而有無聲臭者存天則然也命者令也孟子曰孩提之童無不知愛其親也使之愛者誰乎夫愛其親而不知為之者則天之令焉耳是以仁者天命之始親〻是也義者天命之至賢〻是也仁義無間蓋心之生〻性之謂矣然人資天以始而資地以生得天者無不全而得地者不必全也

如北方則已剛南方則已弱地勢然也不獨是也而西有無生之學東多不死之人亦若是而已矣是以知仁而不知義將後其君知義而不知仁將遺其親無以統之何以達于天下乎率者統也如將帥之統其徒衆也故言率焉率之何以不離也則修之也脩之者以有毀之者也天無不全而地或毀之心無不正而身或毀之所謂身者五耳目也口鼻也四肢也五者無節于中而聲色也臭味也安佚也五者日引于外人欲鬭進而天性之存焉者鮮矣不獨其身有

害也心亦有之心化于地之偏而或失則潛矣或失則亢矣大之則為穉老之空虛小之則為人道之驕吝君子脩之居仁由義以求中和之道焉而性率焉而敎立焉矣敎者何攴不孝以至于孝也以孝自脩謂之學以孝自脩而又以敎人謂之敎

道也者不可須臾離也可離非道也是故君子戒慎乎其所不睹恐懼乎其所不聞

道有内外猶其有天地也于天之交地也而見仁焉于地之承天也而見義焉天地不能無二則知内外

之不能無二也辟則一卦而上下分譬則一律而鐘呂判告子不知合之而遺其外之半伯者不知合之而遺其内之半道且為天下離矣離則不違可謂道乎不可離者何非不能也須史不脩道則離矣君子畏天之命有不可耳如道自不離又安以戒慎恐懼為哉君子虞其離也脩之得無慎乎不覩不聞其在大學即知意也維知與意以目治之不可得而覩也以耳治之不可得而聞也微人不得覩聞而已已孰從而覩聞之君子之脩道也有本者必于是

莫見乎隱莫顯乎微故君子慎其獨也

雖然道之離也君子脩之由仁義行所以達也其曰戒慎不覩恐懼不聞何也曰隱者知也見者行也微者意也顯者德也知之隱者必見諸行意之微者必顯諸德如木之有根如泉之有出也君子于顯見而見仁義之至于隱微而見顯見之至是以不覩不聞而勿之有忽焉耳隱微顯見其序若何蓋莫先于微也隱其次也見又其次也顯則其究焉者矣此隱微顯見之序也

喜怒哀樂之未發謂之中

中者意之中也意之中者心之中也其不言心何也天有初上故心亦不皆正中也君子用其中焉而心有不言矣今夫獨樂者悦也同樂者樂也嘉樂者喜也拂其樂者怒也失其樂者哀也喜怒哀樂四者孰爲来哉其未發以前者好惡也好從子女子女之義猶天地之交也天地之交猶子女之義也則是天地之交〻好焉爾故人有好乃生而無好則死矣人生于好匪好曷安也推好之所以然則天之命焉爾是

以喜怒哀樂有未發也而好無未發好則未發之中焉爾何好乎好仁也有不仁斯惡之矣夫惡以成好也故好好也者人之中心也

發而皆中節謂之和中也者天下之大本也和也者天下之達道也

得其好而樂〻而喜不得其好而惡〻而怒〻而哀則喜怒哀樂四者發焉矣惟君子之未發也好仁而好義好禮而好樂也故謂之中而為天下之大本則君子之發也合仁而合義合禮而合樂也故謂之和

而為天下之達道

致中和天地位焉萬物育焉

中為天下之大本和為天下之達道則致和者致中焉爾中致而和乃致矣中和既致而仁義禮樂皆得其道則在家而家齊在國而國治在天下而天下平矣夫天下平而人道位人道位而天地位焉天地何以位也易曰天地定位山澤通氣雷風相薄水火不相射天地之位山澤雷風水火而已天地之生物也先之以雷風次之以水火又次之以山澤然後生人

則天地之粗者在于山澤雷風水火而天地之精者在于人矣故人者天地之心也人不好仁則天心將爲之毀壞而山澤雷風水火皆不得其情矣故必好仁而天地之位定天地相好以定位也山澤雷風水火皆位于天地則草木鳥獸魚鱉咸育于上下矣故君子必致中以致和而成位于其中也人何以位人之位君臣父子而已

仲尼曰君子中庸小人反中庸

言中不言和者以中之用無弗和焉爾夫君子而既

中矣又知中之用焉故曰中庸中之用者何仁義禮樂是也反中之用者何反乎仁義禮樂者也

君子之中庸也君子而時中小人之中庸也小人

而無忌憚也

有中庸者而後有反中庸者焉故有君子之中庸而亦有小人之中庸以見受命于天人〻有此中庸也無忌憚焉故失之耳君子戒慎恐懼須臾不離是謂時中

子曰中庸其至矣乎民鮮能久矣

致中而及于位育此中庸之至也民者孰謂古者君師之位俱起于民苟能中庸則成位乎其中而君師之位定矣故中庸之道則自民始也

子曰道之不行也我知之矣知者過之愚者不及也道之不明也我知之矣賢者過之不肖者不及也人莫不飲食也鮮能知味也

智者何以過也謂知過于行也愚者則不知也賢者何以過也謂行過于明也不肖者則不行也明如日月之代賢者執其中而無權将孝不可為忠而忠不

可為孝如水之不可為火而火之不可為水也則有明焉有不明焉者矣夫明非知也知在行之前明在行之後獨知曰知共見曰明故學以明成而以知入鮮能知味謂夫不知者也

子曰道其不行矣夫

不知者愚也知之者智也知之而不肖于所行者不肖也知之而肖于所行者賢也賢而能得一善者仁也仁而自强不息者聖也然則道之不行則智者之過也大智如舜而道有不行乎

子曰舜其大知也與舜好問而好察邇言隱惡而揚善執其兩端用其中于民其斯以為舜乎述唐虞之言行而詩書無聞者古之聖人豈無據而云爾哉述其意變其文也舜之言行載于虞書蓋其詳矣而好問好察之文未嘗槩見何哉蓋原于虞書之意矣虞書曰人心惟危道心惟微惟精惟一允執厥中執中者何執其兩端用其中于民也聖人以道心之微也而自用則已偏故有詢焉虞書之所謂詢謀中庸之所謂好問也聖人又以道心之微也而用

人則已狥故有稽焉虞書之所謂稽聽中庸之所謂好察也詢于衆故惟一稽于一故惟精乾之初九曰隱而未見則天之陽隱于重陰之下猶人之心隱于耳目口體之內也天不能無地心不能去耳目口體也天動而地自從心動而耳目口體自為之用如火之掩于薪火烈則不見薪而見火矣隱惡揚善其先自隱自揚善與人同則與民同隱同揚矣執者執此也用者用此也人之中心好善而已好善者斯惡不善也故曰兩端惡不善者以其好善也故曰中用其

中于親〻之謂仁用其中于民之謂智其斯為舜就舜之大智言之也

子曰人皆曰予知驅而納諸罟擭陷阱之中而莫之知辟也人皆曰予知擇乎中庸而不能期月守也

一則曰予智知之而不能行專言智者也既已知之而聲色誘于外驕吝生于中罟擭陷阱驅納而莫之辟矣再則曰予智知之而亦能行兼言賢者也節非不高行非不美擇焉不精而未得乎一善是苦節矯

行也易曰苦節不可貞此之謂矣
子曰回之為人也擇乎中庸得一善則拳拳服膺
而弗失之矣
為人者將求以為人之道也求為人之道者將求以
為人子為人臣為人弟為人友之道明焉也四者之
明于人孰為甚得于心歟獲乎上矣信乎友矣而不
知求順乎親則雖得之終必有動焉者矣一善者仁
焉耳古之君子得乎此故王天下焉而勿之與即為
匹夫焉而勿之悔論語曰知及之仁能守之惟仁能

勿失矣故君子于大智也而見中之用于民于仁人也而見中之用于親

子曰天下國家可均也爵禄可辭也白刃可蹈也中庸不可能也

天下可均智者之學也爵禄可辭仁者之守也白刃可蹈勇者之氣也推智者之學而好問好察則可以均國家推仁者之守而不處不去則可以辭爵禄推勇者之氣而舍生取義則可以蹈白刃勇以成仁故仁者必有勇也智且仁〻且勇矣而仁者之勇猶血

氣之所扶曰自强則未也此中庸不可能也

子路問强子曰南方之强與北方之强與抑而强與寬柔以教不報無道南方之强也君子居之衽金革死而不厭北方之强也而强者居之

北方者質也南方者文也北方之强君子而未成者也故曰强者居之南方之强君子而既成者也故曰君子居之人之初也質焉而已既則文之以禮義焉義則曲成禮則退讓故不知義不足以容民不知禮不足以為國是以質者君子之所成始而文者君子

之所成終也
故君子和而不流強哉矯中立而不倚強哉矯國有道不變塞焉強哉矯國無道至死不變強哉矯南方之強曰君子而中庸之強亦曰君子何也南方之強本諸地者也中庸之強本諸天者也然天不可見々之于地中庸之強不可見々之于南方和者柔也所以和者強也強不可見々之于柔々益見其強也和者孰謂々喜怒也中者孰謂々好惡也好惡虞其倚喜怒則防其流矣謂夫能發而不能收也大學

曰好而知其惡惡而知其美知其好惡而無辟焉不流不倚其諸見于此歟今夫内則父子此生而屬者也外則君臣非生而屬者也相屬則通不相屬則塞矣不變塞者何曰不信乎友不獲乎上謂夫君臣之義始諸朋友先以德交後以賢尊也雖國有道而敢越信以求獲乎論語曰吾斯之未能信此之謂也然國而有道矣始雖塞終必通國無道焉則是終不見知也依乎中庸遯世而無悔焉此至死不變者也可謂至矣

子曰素隱行怪後世有述焉吾弗為之矣
以素富貴者素之如貧賤以素貧賤者素之如富貴
以素夷狄患難者素之如富貴貧賤而素隱矣則以
行富貴者行之于貧賤以行貧賤者行之于富貴以
行夷狄患難者行之于富貴貧賤而行怪矣素隱行
怪皆其智焉者也是以見之當世而天下有知之者
矣聞之後世而天下有傳之者矣雖然小智也大智
之士將用中于民焉故弗為也世者何也為天下主
者天也繼天者君也君之所曆者曆也曆之所運者

世也故世世者君之世也

君子遵道而行半塗而廢吾弗能已矣

仁義禮樂君子之道也而仁義禮樂之道必有所以然者知其所以然而行之有得于中者也不知其所以然而行之遵道于外者也其曰遵道見不由諸中也其曰遵道而行見不由諸中以行也然則惟其遵之是以廢之也已君子擇中庸得一善非不已也有弗能已者矣

君子依乎中庸遯世不見知而不悔唯聖者能之

人心之有中庸也猶身之有衣也知身之不可以無衣則知心之不可以無中庸也乃君子佩仁而服義矣不見知于亂世焉不妨懷君子之道而與農工商賈同跡而天下之人終莫知其異于農工商賈也依乎中庸又何悔焉易曰遯世無悶此龍德而隱者也中庸曰遯世不見知而不悔此龍德正中而庸言庸行者也夫依中庸以遯世故善世之道在焉遯世而不依中庸則隱者也又安所稱君子哉孟子曰不得志則修身見于世不見知而不悔者其脩大矣非夷

惠之聖孰能當此者乎

君子之道費而隱夫婦之愚可以與知焉及其至也雖聖人亦有所不知焉夫婦之不肖可以能行焉及其至也雖聖人亦有所不能焉天地之大也人猶有所憾故君子語大天下莫能載焉語小天下莫能破焉詩云鳶飛戾天魚躍于淵言其上下察也君子之道造端乎夫婦及其至也察乎天地隱者知也見者行也日行乎天下者費也君子費其所隱而道達之天下矣故天下之達道一君子之隱

所費而成者也易曰有夫婦然後有父子有父子然後有君臣則夫婦者不可不重也夫婦之義則子女之義也與知者與知其好焉耳與能者與能其好焉耳詩曰妻子好合此之謂也推而致之古之聖人或失之隘或失之不恭而君子之道不至則天地之化育有未知能者也然生之者天地而成之者君子則天地亦能生之而不能成之也君子成天地之能故位乎天地莫之載也育乎萬物莫之破也詩不云乎鳶飛戾天而物育于上矣魚躍于淵而物育于下矣

非君子之至精其孰能察于此哉然君子之道不自鳶魚始也其造端也則存乎夫婦矣自于家邦迄于四海而天地由之以察焉一君子之隱所費而成者也意之初動如草之初生然故曰端一以言其微也一以言其正也

子曰道不遠人人之為道而遠人不可以為道詩云伐柯伐柯其則不遠執柯以伐柯睨而視之猶以為遠故君子以人治人改而止忠恕違道不遠施諸己而不願亦勿施於人君子之道四丘未能

一焉所求乎子以事父未能也所求乎臣以事君未能也所求乎弟以事兄未能也所求乎朋友先施之未能也庸德之行庸言之謹有所不足不敢不勉有餘不敢盡言顧行行々顧言君子胡不慥々爾

其曰道者君臣父子之道也其曰人者君臣父子之人也舍是人焉而求所謂道者遠矣但天能生人不能治人而君子能治人非有加于人也忠以言乎其公也恕以言乎其平也雖然君子之公也而有親疎厚薄焉君子之平也而有上下尊卑焉有親疎厚薄

而忠以立義矣有上下尊卑而恕以行禮矣合義禮言之者君子之忠恕也去義禮言之者異流之忠恕也故忠恕者君子所以造端夫婦而達于子臣弟友者也德之行者禮之明也禮之明者恕之施也夫惟庸德之行是以庸言之謹耳慥々即造端也心乎造端謂之慥々

君子素其位而行不願乎其外素富貴行乎富貴素貧賤行乎貧賤素夷狄行乎夷狄素患難行乎患難君子無入而不自得焉

素位而行者安其義也不願乎外者敦其仁也素位而行者四富貴貧賤夷狄患難也是義之安也不願乎外者一自得也是仁之敦也安其義故能遷敦其仁故能守然則素位而行何以能自得也天下無生而貴者也是以天下之人謂之齊民有士焉明仁義以道之而人願為之養則士貴矣士安受人之養則士富矣所謂貴者每進則所為富者益加是以貧起于賤而富生于貴則富貴者自仁義始也君子知有仁義而已何不自得之有夷狄患難者何夷狄患難

有難于富貴貧賤者矣
在上位不陵下在下位不援上正己而不求於人
則無怨上不怨天下不尤人
陵其下者以有富貴在也援其上者以有貧賤存也
富貴貧賤豈有定哉故不陵不援者素位也正己無
求者自得也
故君子居易以俟命小人行險以儌幸
惟不陵不援焉而居者易矣富貴貧賤日徙于前而
不留于心所謂易也易則與天命合矣曰行險者何

也位者人之所甚欲也求之義則安求之位則險矣
則雖得之亦儌幸也書曰天命有德惟有德者能俟
天之正命焉耳

子曰射有似乎君子失諸正鵠反求諸其身

獲上者信友者也信友者順親者也順親者誠身者
也然則不得于君友者不求于親身者也正己之君
子有反求諸身而已行遠登高可以觀之

君子之道辟如行遠必自邇辟如登高必自卑詩
曰妻子好合如鼓瑟琴兄弟既翕和樂且耽宜爾

室家樂爾妻帑子曰父母其順矣乎

高者遠者天下之謂也謂君友也卑者邇者一家之謂也謂父母也謂妻子兄弟也然妻子而既好合矣兄弟而既和樂矣好合和樂猶二之也有二之者而後合之有二之者而後和之也子之于父母也豈有二哉未嘗二之則好合和樂亦不得而言矣故曰順雖然順也非孝也孝子成父之美不成父之惡以順為孝將有陷親于惡而不知者矣是以貴明其善以誠其身也故繼之以誠焉

子曰鬼神之為德其盛矣乎

人藏其意不可覩聞雖親無以必之于其子而君無以必之于其臣故言誠者必于鬼神鬼神之道天之道也知鬼神則知天矣有所私焉之謂鬼無所私焉之謂神然則私者有不正乎曰正人之生也而惟私其父母猶人之死也而惟私其子孫然則私者天之命也而私之者所以受天之命也

視之而弗見聽之而弗聞體物而不可遺

我託於不見不聞之地而鬼神者亦莫之見聞也則

我之不見不聞存于不得遁矣有在者焉即有不在者焉不見不聞則是無在也其體物也又何遺乎使天下之人齊明盛服以承祭祀洋〻乎如在其上如在其左右

惟體物不遺是以天下之人皆見使于鬼神而鬼神者實有以使乎天下之人也祭祀者何義也祭祀者禮樂之本也先王之經國本之于禮樂先王之禮樂本之于祭祀也三代以下諱言鬼神先王經國之本不明于天下矣人之死也猶執一氣以為生先王知

鬼神之情狀而為主以依之因所依而有知又因所依而有見聞故雖形色不得而交物之氣可得而食也物之聲可得而聽也倚陽以為生而依火以為安是以事鬼神者上食而揚其氣作樂而和其聲晨昏有火以為之依而豈徒曰盡孝子之心哉鬼神情狀固如是也是以祭則受福祭則受福者二神安則氣和焉至和之氣上與天通如人受帝王之命山川鬼神皆將隨之而福其生人矣此一說也事親誠則德明德明則禮明主者禮之本也不敬其父不統乎兄

弟矣不敬其祖不統乎從兄弟矣由此推之不知敬其高祖何以統乎族不知敬其始祖何以統乎姓也故主者禮之本也明禮則家齊而國治矣家齊國治所謂福也此一說也自祭禮之不明而禍福皆司于塋禮曰人死魄没于地魂氣升于天今魂氣失生人之依而從魄以没于地鬼神情狀有大不得已者矣先王知之故立主于寢室而又時以祭之晨昏以奠之故得婦以主蘋蘩謂之內助五世而祧謂夫鬼神之道五世而後散也今從魄以没于地焉而又不得

地之生氣則遊厲隨之以禍其生人矣凡地之氣必應于天是以山川之光上映于星辰也光之小者映于天者小光之大者映于天者大而鬼氣者即隨地氣以上通于星辰亦如人得帝王之命山川鬼神皆將隨之以福其生人矣然塋之術不通于道謂非禮樂之本也故不可以治天下國家寃依鬼以通天如因小人而得君也依生人之誠以通天猶登明堂而對天子也古者墓無祭謂魂氣之不依于魄也

詩曰神之格思不可度思矧可射思

如在者不遺也不可度者如在也曰在上乎曰在左右乎而不可度矣不可射者齊明盛服也惟不可度是以不可射耳

夫微之顯誠之不可揜如此夫

不可射者微也齊明盛服者顯也夫齊明盛服所以成其不可射也誠也夫以不可射之誠而至于齊明盛服焉其不可掩有如此者齊明盛服見于鬼神鬼神而諱言之也則明善誠身皆不得其實矣故中庸之經國本之于禮樂中庸之禮樂本之于祭祀也

子曰舜其大孝也與德為聖人尊為天子富有四海之内宗廟饗之子孫保之故大德必得其位必得其祿必得其名必得其壽故天之生物必因其材而篤焉故栽者培之傾者覆之詩曰嘉樂君子憲憲令德宜民宜人受祿于天保佑命之自天申之故大德者必受命

繇孝推之致乎先公孝之大也孝之大者其德亦大而為聖人夫德至于聖人則尊富饗保備矣蓋宗廟者禮樂之本也然達禮于宗廟必達仁于子孫友于

兄弟而後有以孝父母睦子宗族而後有以孝先公
子孫不得而保則宗廟不得而饗也觀天之生物與
令德之申命于天則大德之所受可知已
子曰無憂者其惟文王乎以王季為父以武王為
子父作之子述之武王纘大王王季文王之緒壹
戎衣而有天下身不失天下之顯名尊為天子富
有四海之內宗廟饗之子孫保之武王末受命周
公成文武之德追王大王王季上祀先公以天子
之禮斯禮也達乎諸侯大夫及士庶人父為大夫

子爲士塟以大夫祭以士父爲士子爲大夫塟以士祭以大夫期之喪達乎大夫三年之喪達乎天子父母之喪無貴賤一也

將言武周之達孝而先言文王者周之規模定于文矣武王周公則纘緒承德耳武之戎衣也武之未盡善也身不失乎顯名則其爲德必有未至者矣有上祀者則有旁達者焉禮之達也自諸侯始蓋自兄弟始矣故曰尊爲天子必有父也貴爲諸侯必有兄也夫天子者諸侯之兄也諸侯者天子之弟也敬兄者

義之始尊賢者義之終是以周之頒爵先親々而次尊賢也禮本于祭々本于喪三年之喪兄弟一也可以知頒爵之義矣

子曰武王周公其達孝矣乎夫孝者善繼人之志善述人之事者也春秋脩其祖廟陳其宗器設其裳衣薦其時食宗廟之禮所以序昭穆也序爵所以辨貴賤也序事所以辨賢也旅酬下為上所以逮賤也燕毛所以序齒也

達其孝者達其禮也達其禮者達其義也先王之志

存乎所愛先王之事存乎所尊不愛其親何以繼乃志不尊其賢何以述乃事也夫事非賢不述故辨賢以序事也然則善繼善述在宗廟之禮矣脩之者安之也陳之設之薦之者盡所以安之也而昭穆以之序則親〻也爵以之序則貴〻也事以之序則賢〻也賤以之逮則幼〻也齒以之序則長〻也貴〻者親〻之推也賢〻者親〻之維也幼〻長〻者親〻之盡也善繼善述在宗廟之禮矣

踐其位行其禮奏其樂敬其所尊愛其所親事死

如事生事亡如事存孝之至也

夫踐宗廟之位者乃行宗廟之禮而行宗廟之禮者又必奏宗廟之樂也然禮已定于宗廟而義則起于尊親無愛親之實者則禮不可得而行無尊賢之實者則親不可得而愛是以亡学校之制與封建而並行敬尊之義與愛親而並著惟賢可輔其親故敬必先于愛也

郊社之禮所以事上帝也宗廟之禮所以事乎其先也明乎郊社之禮禘嘗之義治國其如示諸掌

乎

宗廟之禮止于禘下而為嘗禘之禮配乎郊下而為社禮之有禘嘗也所以統乎其宗也其有社也所以統乎其國也其有郊也所以統乎其天下也郊社曰禮禘嘗曰義何也事上帝者古今一也至于祀先而夏則追鯀矣商則追契矣周則追稷矣等而上之不得紊也等而下之各有序也故天子為王支庶為侯仁至義盡不得以私厚薄也是以禮行于宗廟而政達于天下知政之本于禮于治國也又何有乎郊之

事上帝也兼天地言之也郊者天地相交之義故古者無分祭天地之分祭也非古也社之事上帝也就地言之也郊止于天子而社及于庶人庶人之有社也亦天子事上帝之義也

哀公問政子曰文武之政布在方策其人存則其政舉其人亡則其政息人道敏政地道敏樹夫政也者蒲盧也故為政在人取人以身脩身以道脩道以仁

人道敏政者何謂以人治人也以人治人則為政在

人矣取人以身引而近之也脩身以道推而達之也然無所謂道也德焉而已德之達者三而所行者一一者仁也然則中庸之道一仁而已

仁者人也親親爲大義者宜也尊賢爲大親親之殺尊賢之等禮所生也在下位不獲乎上民不可得而治矣故君子不可以不脩身思脩身不可以不事親思事親不可以不知人思知人不可以不知天

知天

覆乎上者天也載乎下者地也參乎中者人也天之

象雖有萬殊一天而已地之形雖有萬殊一地而已人之類雖有萬殊一人而已故人執其一己而不通乎天下謂之不仁以其與天地不似也故曰仁者人也然黎民之時雍必由九族之既睦係辭曰有親可大則非親〻不能大矣宜于仁者義也宜于親〻者尊賢也知親〻之為大則知宜于親〻之為大矣禮行于宗廟而政達于天下親〻者愛所親也此宗廟之仁達于政者也尊賢者敬所尊也此宗廟之義達于政者也親〻之殺昭穆之序也尊賢之等事之序

也此宗廟之禮達于政者也然禮重于宗廟而配于郊社者本其禮于天也故天子必得乎天乃可以為天下諸侯必得乎天子乃可以為國臣下必得乎君上乃可以治民得君上者得天也然則不獲乎上則不知乎天矣是以明宗廟之義而又明郊社之禮也故曰不可以不事親謂親々也不可以不知人謂尊賢也不可以不知天謂獲上也

天下之達道五所以行之者三曰君臣也父子也夫婦也昆弟也朋友之交也五者天下之達道也

知仁勇三者天下之達德也所以行之者一也父子也兄弟也夫婦也仁也夫婦之為仁者何也有夫婦而後有父子是從義而仁者也是以知夫婦之為仁也有父子而後有兄弟是從仁而義者也是以知兄弟之為仁也朋友起于義君臣則起于義而定于天矣故朋友者義也而君臣者天也本仁以立義立義以申天五者之道生矣道之行者德之行也德之行者仁之行也行之者一一仁而已易曰仁以行之此之謂也

或生而知之或學而知之或困而知之及其知之一也或安而行之或利而行之或勉强而行之及其成功一也

然則知之者知仁也生而知仁之謂仁學而知仁之謂智困而知仁之謂勇知者三而知仁一也行之者行仁也安而行仁之謂仁利而行仁之謂智勉而行仁之謂勇行者三而行仁一也故曰行之者一此文武之政必本于仁也夫子之告哀公者止此公之所問者政而夫子之所告者仁何也知仁則知義知義

則知天知天則知人道矣人道敏政故不言政而可以為政也

子曰好學近乎知力行近乎仁知耻近乎勇

好學者何亦學夫仁而已學仁者智故曰好學近乎智也力行者何亦行夫仁而已行仁者仁故曰力行近乎仁也先仁而後智者性也先智而後仁者敎也中庸言敎則以智先之也人之喪其仁也其仁日喪而有不可喪者存焉不可喪者則其勇也

知斯三者則知所以脩身知所以脩身則知所以

治人知所以治人則知所以治天下國家矣身何以脩夫人之身非以耳目口體也以其仁也以其義也仁則親〻義則賢〻親〻賢〻所以脩也今夫不親其親不賢其賢是之謂亂親〻而人莫不親賢〻而人莫不賢是之謂治豈惟人哉達之國家達之天下矣治人者親賢也治天下國家者兼乎獲上者也

凡為天下國家有九經曰脩身也尊賢也親〻也敬大臣也體群臣也子庶民也來百工也柔遠人

也懷諸侯也脩身則道立尊賢則不惑親〻則諸
父昆弟不怨敬大臣則不眩體羣臣則士之報禮
重子庶民則百姓勸來百工則財用足柔遠人則
四方歸之懷諸侯則天下畏之齊明盛服非禮不
動所以脩身也去讒遠色賤貨而貴德所以勸賢
也尊其位重其祿同其好惡所以勸親〻也官盛
任使所以勸大臣也忠信重祿所以勸士也時使
薄斂所以勸百姓也日省月試既稟稱事所以勸
百工也送往迎來嘉善而矜不能所以柔遠人也

繼絶世舉廢國治亂持危朝聘以時厚往而薄来所以懷諸侯也凡為天下國家有九經所以行之者一也

序賢于大臣之上者何也賢非臣也服職之謂臣論道之謂賢故賢非臣也君臣父子者道也對君臣父子者身也故身脩而道立矣經之九也即道之五也道立而經綂焉矣

凡事豫則立不豫則廢言前定則不跲事前定則不困行前定則不疚道前定則不窮在下位不獲

乎上民不可得而治矣獲乎上有道不信乎朋友不獲乎上矣信乎朋友有道不順乎親不信乎朋友矣順乎親有道反諸身不誠不順乎親矣誠身有道不明乎善不誠乎身矣

明善誠身道前定矣由于順親至于獲上又何窮乎夫誠身者自誠意始意誠矣而視聽言動無不誠焉是謂誠身禮曰有和氣者必有愉色有愉色者必有婉容則非誠身而親不順也已然欲誠之必將明之非明而誠何以論親于道乎明統知行者也知則行

行則明
誠者天之道也誠之者人之道也誠者不勉而中不思而得從容中道聖人也誠之者擇善而固執之者也
誠者誠之已至者也誠之者誠之未至者也已至乎誠則由之以天矣故曰天道未至于誠尚藉之以人也故曰人道不思者則思之盡焉耳不勉者則勉之盡焉耳擇善者何學問思是已固執者何明行是已
博學之審問之愼思之明辨之篤行之

博從甫又從十也今夫一者仁也不學而知者也十者義也學而知之者也學十者則自叅兩起矣蓋由仁以至義博之謂也因學有問因問有思々何以慎叅兩相倚以至于十而事乃克終焉少有他岐則終不能進矣故加慎焉惟固執之而行明矣君子之道知而行々而明矣又明而行々而知也何以見其然也知從天行從地々得天而地行矣地得天而行則地明矣明則其行不息夫行而不息矣又何行之有哉則惟一知之流而已故曰乾以易知聖人不速而

行則一易知焉耳故君子而既明矣又次篤行于明辨之後也書曰克明峻德明之謂也以親九族行之謂也平章百姓協和萬邦篤行之謂也

有弗學々之弗能弗措也有弗問々之弗知弗措也有弗思々之弗得弗措也有弗辨々之弗明弗措也有弗行々之弗篤弗措也人一能之己百之人十能之己千之果能此道矣雖愚必明雖柔必强自誠明謂之性自明誠謂之教誠則明矣明則誠矣

學統乎問思能統乎知得果能此道以問知思得而
學果能矣愚必明者辨之明也柔必強者行之篤也
自誠明者謂誠乎身者也自明誠者謂明乎善者也
不誠胡明不明胡誠明善誠身一也
惟天下至誠為能盡其性能盡其性則能盡人之
性能盡人之性則能盡物之性能盡物之性則可
以贊天地之化育可以贊天地之化育則可以與
天地參矣
有一家之至誠焉有一國之至誠焉有天下之至誠

焉天下至誠則性盡矣不曰已性而曰其性何也已與人無可分也諭親于道而孝之性盡諭君于道而忠之性盡故盡其性者盡人之性也君臣父子皆諭于道而萬物育焉矣而天地位焉矣人之小于天地也以其有我在也有我則小而與天地不相似矣盡物之性則與萬物為一也與萬物為一則與天地為一也故天地也人也雖曰三也實叅之而為一也

其次致曲〻能有誠〻則形〻則著〻則明〻則動〻則變〻則化唯天下至誠為能化

次者非次于至誠而至誠贊化之次其序盖如是也惟仁之謂直而義禮之謂曲則由父母而推之皆其曲焉者矣直則虞其不達也故曰致曲〻則虞其或偏也故曰有誠易曰曲成而不遺此之謂矣視聽言動皆其形也著明動變無漸至之候而有相因之機行者著也行之而共見者明也共見之而相感者動也變則我變乎物猶天之變乎地也化則物化于我猶地之化于天也此至誠贊化之次也

至誠之道可以前知國家将興必有禎祥國家将

亡必有妖孽見乎蓍龜動乎四體禍福將至善必先知之不善必先知之故至誠如神

前知者知善也知善者知仁而知義知義而知禮也知仁義禮焉而四體之善不善可得而知矣知仁之所從來而義禮之所由生焉則蓍龜之善不善可得而知矣故知人則知四體知天則知蓍龜知四體蓍龜則知興亡禍福至誠之道豈不如神乎神者何莫神于仁義禮也

誠者自成也而道自道也誠者物之終始不誠無

物是故君子誠之為貴
天無不覆地無不載而人祭之者雖曰自成豈不以
成物哉故一曰誠者言自成也再曰誠者言成物也
三曰誠者言自成以成物也欲成乎物々之始也既
成乎物々之終也夫人之情易于始難于終故曰終
始先之以終也務于末遺于本故曰本末先之以本
也誠之為貴謂所成者賤而誠之者貴也是以養民
者君則君貴矣立君者天則天貴矣是以屈民而伸
君屈君而伸天

誠者非自成己而已也所以成物也成己仁也成物知也性之德也合内外之道也故時措之宜也仁者敦本故成己智者博濟故成物敦本為德而性之德非成物不已也博濟為道而合内外之道又非成己則離也成己成物而仁宜矣由成己以成物則時措之而仁宜矣宜諸仁之謂義

故至誠無息不息則久々則徵々則悠遠悠遠則博厚博厚則高明博厚所以載物也高明所以覆物也悠久所以成物也博厚配地高明配天悠久

無疆如此者不見而章不動而變無為而成成物則無息矣謂一家成而一國成一國成而天下成也曰至誠者言天下至誠也我成乎物之謂久物成于我之謂徵成家而及于國成國而及于天下久也成家國而家國成成天下而天下成徵也家國天下以漸而遠故曰悠遠人之一身亦何薄也成其家者厚其身也成其國者厚其家也至于天下謂之博厚明從日月知乎已不通乎人謂之不明雖然明矣而明乎家者或不明乎國明乎國者或不明乎天下

于明則已卑焉夫日月之中也照于四方以其高也故不博厚則有二于物焉不能載物矣不高明則有遺于物焉不能覆物矣不悠久而博厚高明將不克終焉又何以成物乎惟久乃遠久者遠之本也合天地而三之曰參分天地而並之曰配〻則參也由仁至義之謂章不見而章即上好義而民莫不服也不動而變即上好禮而民莫不勸也無為而成即恭己正南面而天下莫不治也

天地之道可一言而盡也其為物不貳則其生物

不測天地之道博也厚也高也明也悠也久也今夫天斯昭々之多及其無窮也日月星辰繫焉萬物覆焉今夫地一撮土之多及其廣厚載華嶽而不重振河海而不洩萬物載焉今夫山一卷石之多及其廣大草木生之禽獸居之寶藏興焉今夫水一勺之多及其不測黿鼉蛟龍魚鱉生焉貨財殖焉

貳者副也萬物去天而無所始則物々皆天矣萬物去地而無所成則物々皆地矣物々皆天則無貳天

者以副其所為也物〻皆地則無貳地者以副其所為也無副天之所為者而天無間矣無副地之所為者而地無間矣然則其生物也以為屬天而地存焉以為屬地而天存焉安能測其孰為天孰為地哉何以一言而盡也博厚高明悠久是已日月星辰者明也繫者高也萬物覆者不貳也華嶽之載河海之振者廣厚也載又其不貳者矣惟博斯廣故　廣厚振者天振之也惟天振地〻斯振水焉日出東方者亦天之振也故振從辰即此義也山何以廣于山之麓

見其廣也于山之巔見其廣者凡地之高懸屬于山
矣其曰大者于禽獸草木焉見其大也地雖萬尋可
謂厚矣地雖四遠可謂廣矣以語大則未也地之大
者以其順天也地不順天雖廣博而小也夫地而與
天通則指其一草木一禽獸而曰大也無不可也故
乾曰大生坤曰廣生坤之六二何以亦言大也爲其
直以動也動本諸天則能出方之上而與天通矣有
通之者必有間之者焉地未嘗有間于天也言通何
也曰通者非地與天通而天與天通也天動于地之

下而出于地之上是之謂通然則略日月星辰而言山水者何也在天則為日月星辰在地則為山水在天為日月星辰者以地順天于上也天不得地則無日月星辰之象矣在地為山水者以天成地于下也地不得天則無山水之形矣故略日月星辰而言山水非專言地也兼天地言之者也然日月星辰山水者天地之為物也草木禽獸天地之生物也日月星辰山水無息則無生故曰為物草木禽獸有息則有生故曰生物日月星辰山水雖無生息然天地之頑

冥也草木禽獸雖有生息然天地之靈秀也故生息
者天地之至動也惟至動故生々生々而博厚高明
悠久矣天地初交則有風雷風雷未明而高于日月
中庸不言風雷就可見言之也
詩云維天之命於穆不已蓋曰天之所以為天也
於乎不顯文王之德之純蓋曰文王之所以為文
也純亦不已
夫人之德天之命也維天之命既生物矣又生人焉
以至于命有德此命之不已也維聖之德既盡人矣

又盡物焉以至于位天地此德之純也終始如一之謂純無蔽曰昭茂對曰穆德在下曰玄德施人曰顯

大哉聖人之道洋洋乎發育萬物峻極于天優優大哉禮儀三百威儀三千待其人而後行故曰苟不至德至道不凝焉

不曰文王之道而曰文王之德何也明者厚者天地之德也明矣而高厚矣而博高矣博矣而悠久天地之道也天地之道本諸天地之德故聖人之道一本諸聖人之德也是以先言德而後言道禽獸之謂盲

草木之謂發華嶽河海日月星辰亦謂之發萬物何以發育發育何以峻極也惟禮中則樂和樂和則氣和氣和則物育物育則日月星辰皆得其明而峻極于天矣此聖道之大所洋溢者也豈遽大哉由身而家由家而國益優優以大者矣大則洋洋漸以大則優優禮行于身者威儀也禮行于宗廟朝廷者禮儀也非禮儀不足以經國非威儀不足以明身易言兩儀在天曰陰陽在人曰仁義故儀從人又從義也是以禮不虛行待人而行人者仁義之人也德者仁義

之德也道者發育峻極之道也

故君子尊德性而道問學

仁本乎身畢顯也義通乎君達乎天高遠也故稱尊焉尊則進于義矣德依于仁道存諸義故德在我而道在天下也道在天下不能皆通是以學問生焉則道問學者一尊德性而已德者性之所生也然君子而既德矣則性又生于德故曰德性

致廣大而盡精微

廣者配地大者配天致廣大者致德之廣大也德通

天下故曰廣大盡精微者盡道之精微也道在曲成
故曰精微

極高明而道中庸

論語曰中庸之為德也不言德中庸而言道中庸何
也極德之高明而天下之道皆吾之德矣故不徒曰
德中庸而曰道中庸也故道中庸一極高明也

温故而知新

愛親故也何以温之友是也君是也天是也孟子曰
故者以利為本利以和義則以利為本者以義為温

也天者何世也時也可以知新之道矣

敦厚以崇禮

厚者厚于下猶未厚于上也而敦則如山然故凡地之高者悉謂之墩敦厚于地則上通于天矣故不親親者薄也睦九族者厚也協萬邦者敦也敦則德載天下矣德載天下而禮自崇于天下焉故敦厚者配地也高明者配天也廣大者配天地也溫故者無疆也而廣大則洋洋矣溫故則優優矣高明則發育而峻極矣敦厚則三千而三百矣

是故居上不驕為下不倍國有道其言足以興國無道其默足以容詩曰既明且哲以保其身其此之謂與

夫人受命自天受生自地驕倍之習亦遂因之明者或失則亢而驕之所繇生厚者或失則吝而倍之所自起則驕者亦生于明而倍者亦起于厚也居上不驕必其高明者矣高明則無不覆故不驕為下不倍必其博厚者矣博厚則無不載故不倍有道足興無道足容知新者也苟不知新無道不足以容身而有

道亦何足以興德哉謂其不知世也謂其不知時也是以明者則明乎人哲者則明乎天矣不明乎人不可以為明〻乎人矣不明乎天不可以為哲明哲之道豈徒保其身哉保其身則保家矣保其家則保國矣保其國則保天下矣德位時之備至而王天下焉

一聖人保身之道也

子曰愚而好自用賤而好自專生乎今之世反古之道如此者烖及其身者也非天子不議禮不制度不考文今天下車同軌書同文行同倫雖有其

位苟無其德不敢作禮樂焉雖有其德苟無其位亦不敢作禮樂焉子曰吾說夏禮杞不足徵也吾學殷禮有宋存焉吾學周禮今用之吾從周

德位時之備至而王天下焉則為天之子矣然有一身之天焉有天下之天焉有古今之天焉一身之天德是也天下之天位是也古今之天時是也故不知德則不知一身之天不知位則不知天下之天不知時則不知古今之天時者何今焉耳禹之制度夏之今也湯之制度商之今也文武之制度周之今也

王天下有三重焉其寡過矣乎上焉者雖善無徵無徵不信不信民弗從下焉者雖善不尊不尊不信不信民弗從故君子之道本諸身徵諸庶民考諸三王而不謬建諸天地而不悖質諸鬼神而無疑百世以俟聖人而不惑質諸鬼神而無疑知天也百世以俟聖人而不惑知人也是故君子動而世為天下道行而世為天下法言而世為天下則遠之則有望近之則不厭詩曰在彼無惡在此無射庶幾夙夜以永終譽君子未有不如此而蚤有

譽於天下者也
動也言也行也是謂三重三者不合于天則無譽而有過矣上者位也下者德也無徵者不德也不尊者無位也本身而徵民者則修身治人而人化焉者也考三王俟後聖則其德矣建天地質鬼神則其位矣時矣知家而不知天下則所建設必將倍于君知天下而不知古今則所建設必將倍于天地矣惟鬼神者為能知天故驗天者莫如鬼神是以古之王者必重著龜非重著龜也所以敬天之道也前言王者而

後言君子何也以師之道配乎君也君子有此三重以蚤譽于天下雖不得位而其為德則可王矣故承之以仲尼

仲尼祖述堯舜憲章文武上律天時下襲水土祖述者述其德也是謂知人考三王而不謬者也憲章者憲其道也是謂知天建天地而不悖者也世有古今則禮有損益故堯舜之道不可以行于文武行堯舜之道于文武之世非惟有倍于人抑且有倍于天矣律者和也襲者温也水土不齊極博厚之道以

通于天下則有以襲之矣天時不同極高明之道以
通乎古今而化成天下則有以律之矣故人情驕于
上則陽或為之亢人情吝于下則陰或為之凝高明
如天而後上律也博厚如地而後下襲也律則日月
星辰皆得其明矣襲則艸木禽獸皆遂其生矣故祖
述憲章中和也上律下襲位育也

辟如天地之無不持載無不覆幬辟如四時之錯
行如日月之代明萬物並育而不相害道並行而
不相悖小德川流大德敦化此天地之所以為大

也

日月四時言天時也言天時而水土舉之矣艸木之氣常相反也禽獸之性嘗相食也此萬物之害也君道本于天下父道本于一家故忠孝或不能以俱全君親或不能以並事此道之悖也自家而國自國而天下川流焉而勿之息則道不悖矣自人而物自物而物々敦化焉以通于天則萬物不害矣德無大小育萬物之為大則道並行之謂小

惟天下至聖為能聰明睿智足以有臨也

聽德曰聰視遠曰明心通天下曰睿書曰睿作聖故睿者聖之始聖者睿之終也知周萬物曰智足以有臨者何予以匹夫上承王者故曰足以也

寬裕溫柔足以有容也

容者聰也聲來耳中則耳容聲矣故曰容執者明也目徃色際則目執色矣故曰執伯夷不聽惡聲則君子以為隘舜之問察也善固吾聽之惡亦吾聽之也聽其善而揚焉聽其惡而隱焉所謂寬以居之者也寬則裕矣是以受于中而不煩物之冷者陰氣凝也

物之温者陽氣通也通以受陽則能通以受人矣故人之難近者其性冷也人之易親者其性温也冷則堅而易折温則柔而曲成

發强剛毅足以有執也

中則發矣發于天不絀于地曰强本末不撓曰剛幡勃不已曰毅苟非剛毅則心之所欲物將奪之矣雖然剛毅而非發强有蹈白刃而不足以成仁者矣故有執者必如是

齊莊中正足以有敬也

齊心曰齋盛服曰莊好仁曰中動禮曰正

文理密察足以有別也

博通之謂文有文可循之謂理文理無間之謂密文理無間而天下莫不至焉之謂察敬者睿也別者智也誠以通之則自齊莊而中正矣中以用之則自發強而剛毅矣強見于南方則自寬裕而溫柔矣溫有以知新則自文理而密察矣故睿乃明々乃聰々乃智

溥博淵泉而時出之溥博如天淵泉如淵見而民

莫不敬言而民莫不信行而民莫不説是以聲名洋溢乎中國施及蠻貊舟車所至人力所通天之所覆地之所載日月所照霜露所隊凡有血氣者莫不尊親故曰配天

溥博淵泉而時出者言中而發々而柔々而察々而不失其中以至于聖如天而如淵也敬信悦者夫子之三重也洋溢而施及者夫子之蜚譽也萬物莫不尊天而親地聖人爲萬物之尊親則聖人一天地矣故曰配天惟王者配天仲尼不有天下而言配天何

也德者位之所以本也位失其德信不可矣故輕予位而重予德焉雖然君師之位一也則夫子未嘗無位也

惟天下至誠為能經綸天下之大經立天下之大本知天地之化育夫焉有所倚

大經者九經也何以經綸之也禮明則經明矣故曰明乎郊禘之禮治國其如視諸掌乎大本者中焉耳故誠其意則一身之本立矣服其仁則親〻之本立矣由其義則朋友之本立矣明其禮則君臣之本立

矣君臣之本立而天下之本立故明禮以平好惡斯明禮以經國家始于家邦終于四海被于上下草木禽獸魚鱉咸若而天地之化育知矣然則其為德也中焉耳中立而不倚矣

肫肫其仁淵淵其淵浩浩其天

夫惟不倚則其經綸也一仁之肫々而已其立本也一淵之淵々而已其化育也一天之浩々而已何所倚哉水流無岸曰浩

苟不固聰明聖知達天德者其孰能知之

中則立本本則能固故惟誠于中者守之固也今夫志之小者身家已耳推而至于一國則無與也一國已耳推而至于天下則無與也至天地之化育其孰從而志之志之益難其人其孰從而知之日月何為而晦蝕乎山川何為而崩竭乎禽獸草木何為而不茂殖乎聖人因人事之失以推天道之變因天道之變以究人事之失故仲尼之作春秋也配天道以言人事此知天地之化育也論語曰下學而上達上達者達天德也故曰知我者其天乎

詩曰衣錦尚絅惡其文之著也故君子之道闇然而日章小人之道的然而日亡君子之道淡而不厭簡而文溫而理知遠之近知風之自知微之顯可與入德矣

文生于義者也義則何惡所惡于義為其著也志在著義而小之則為鄉愿大之則為管仲矣二者學雖不同其著義一也君子之所求者友也君也君子之求友與君者求上達于天也是以知我其天人不知無愠也故君子之道能達于天而不能知于人不知

于人者闇然之謂也達于天者日章之謂也的者人所共見求知于人則道無本而日亡矣淡配天簡配地温配悠久中之發故淡耳目口體從中之發故簡好仁而好義好義而好禮故不厭從其好仁則從其好義從其好義則從其好禮故文惟簡受淡而温也已惟文循乎不厭而理也已然君子之淡簡温者則自知入矣微屬意而顯屬身也自屬身而風屬家國也近屬家國而遠屬天下也遠屬天下而即屬乎天地屬乎萬物也

詩云潛雖伏矣亦孔之昭故君子内省不疚無惡於志君子之所不可及者其唯人之所不見乎魚之伏于淵也猶微之潛乎身也伏者孔昭故微者必顯君子于微可不慎哉君子之于志也好仁而已其惡不仁者一好仁也何惡于志哉得所好而樂々而喜也拂所好而怒々而哀也一好仁也其内省何疚哉藏怒宿怨曰疚

詩云相在爾室尚不愧于屋漏故君子不動而敬不言而信

稱相在爾室之詩者言閒居也稱奏假無言之詩者言宗廟也稱不顯惟德之詩者言朝廷也稱子懷明德之詩者言天也言閒居者謂身之于家也言宗廟者謂家之于國也言朝廷者謂國之于天下也言天者謂化民之于天也其曰不動而敬即禮之無不敬矣其曰不言而信即禮之儼若思矣夫思而無邪焉是不言之信者也

詩曰奏假無言時靡有爭是故君子不賞而民勸不怒而民威於鈇鉞

君子知化國之道本于家也故踐宗廟之位行宗廟之禮焉昭穆之序以親々也爵事之序以賢々也我親々而人莫不親我賢々而人莫不賢其勸也又何賞乎我親々而人莫敢不親我賢々而人莫敢不賢其威也又何怒乎

詩曰不顯惟德百辟其刑之是故君子篤恭而天下平

德本于玄百辟其刑則終義如仁而德顯矣敬其身曰恭敬其身者必敬其親敬其親者必敬其國曰篤

恭篤恭則天下平矣書曰欽明文思安〻顯德之謂也允恭克讓篤恭之謂也光被四表百辟其刑之謂也格于上下天下平之謂也詩曰予懷明德不大聲以色子曰聲色之於以化民末也詩曰德輶如毛毛猶有倫上天之載無聲無臭至矣

聲色者何喜怒哀樂之聲色也有喜怒哀樂之聲色則有政刑矣政刑皆本于德則喜怒哀樂一發于天矣其曰如毛何也維德達于天下天子庶人鮮力不

任者故曰如毛有倫謂有色也夫地無不載矣而地孰載之哉蓋載地者天也故曰上天之載使天而有色也則又有載天者矣天無色也并無臭天無臭也并無聲〻色臭味同受于天地然色有質本諸地也味因質以成故味近地焉臭離質為多故臭近天焉惟聲無質達諸天者也故通神明者必以聲若夫上天之載并聲不得而有之矣夫惟無有故能載天下之有受命自天亦必如天載焉乃能知化以位育也聖之至者此也誠之至者此也道德之至者此也故

曰中庸其至矣乎

中庸旨説終

程智集
（二）

（明）程智 撰

趙廣明 編

社會科學文獻出版社

目録

（一）

（二）

清立人堂刻本

程氏叢書

程氏叢書 乾

河圖辨
太極辯
易學要語
同二集
大易一四說
大易泰兩說
東華語錄

易教門

天都程智子尚甫立

易教

知天　知地　知人

易門

真天　真地

真精　真神

真仁　真智

易象

眞圓　眞方

眞內　眞外

眞奇　眞偶

易數

天象圓圓數一　地象方方數四

精位內內數二　神位外外數三

仁德奇奇數參　智德偶偶數兩

易要

眞空　眞塵

一四五圖

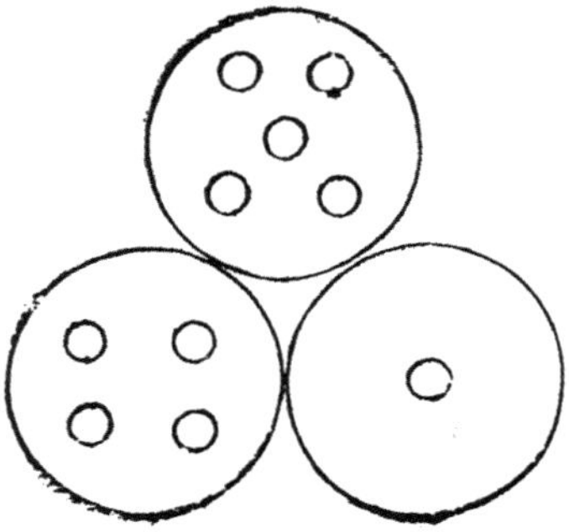

方圓合十圖

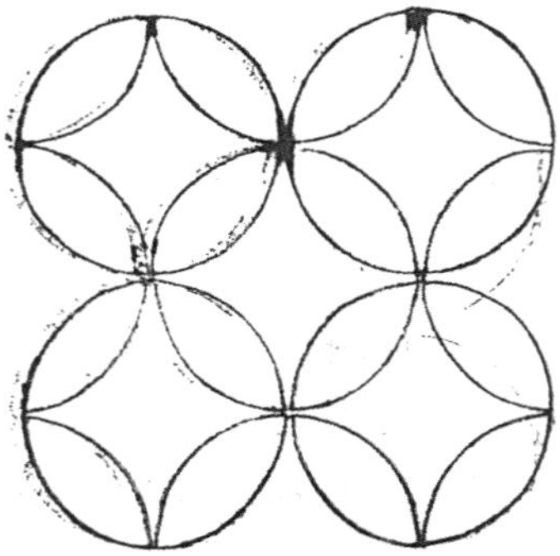

一

立人堂

二三五圖

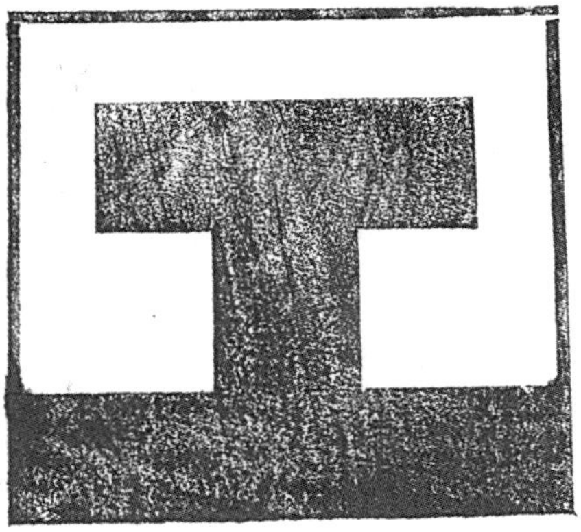

內外合十圖

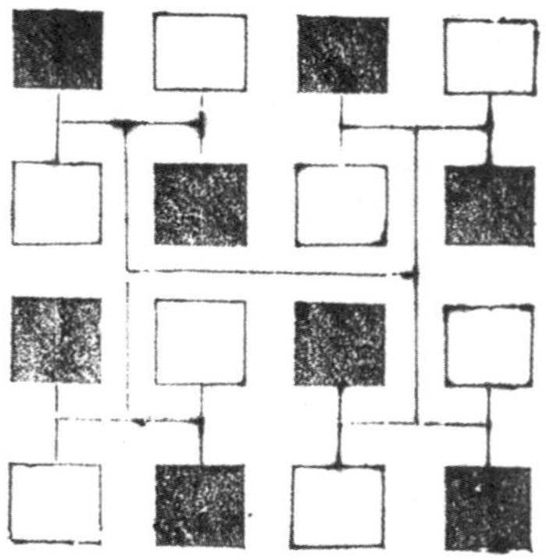

大衍

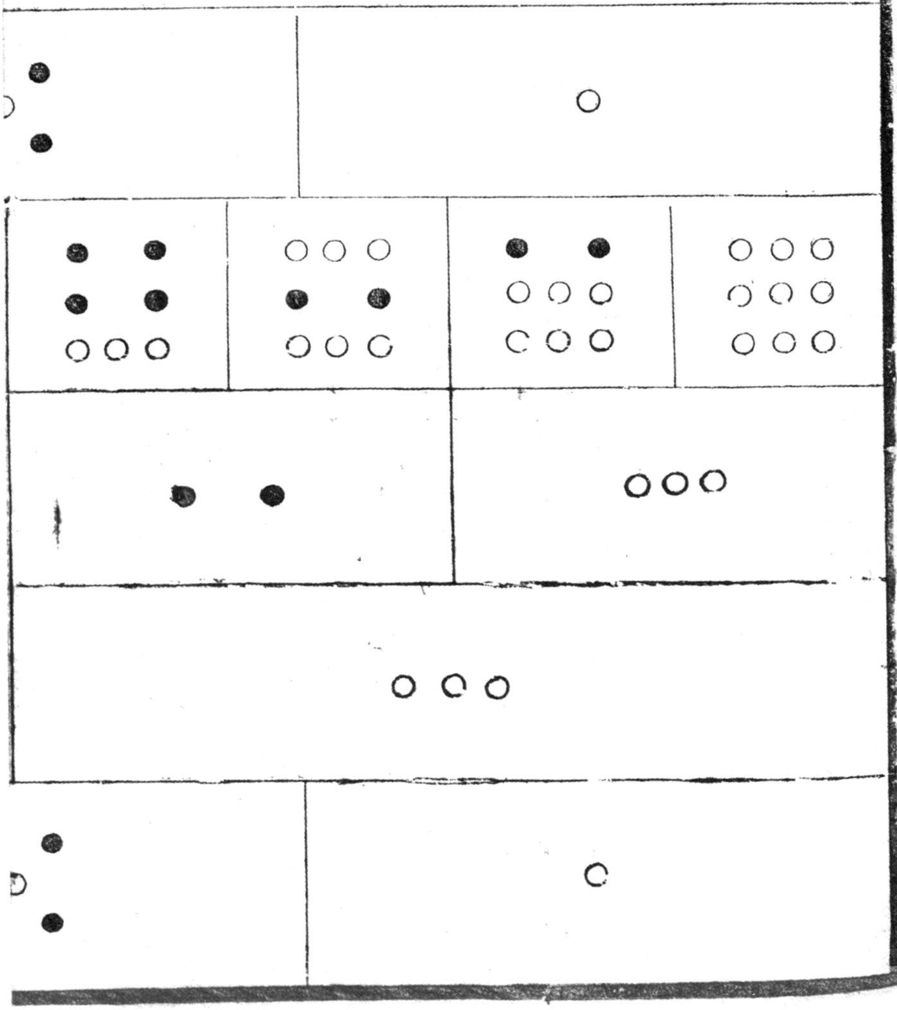

定序

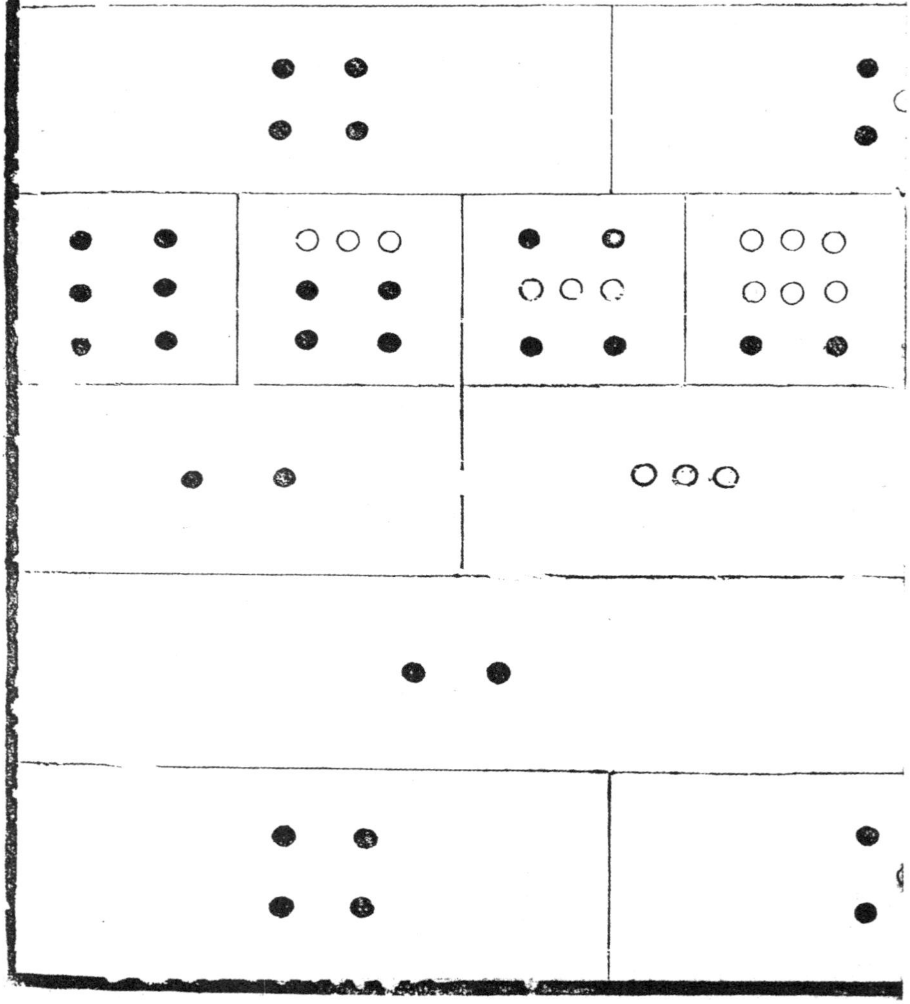

連山圖

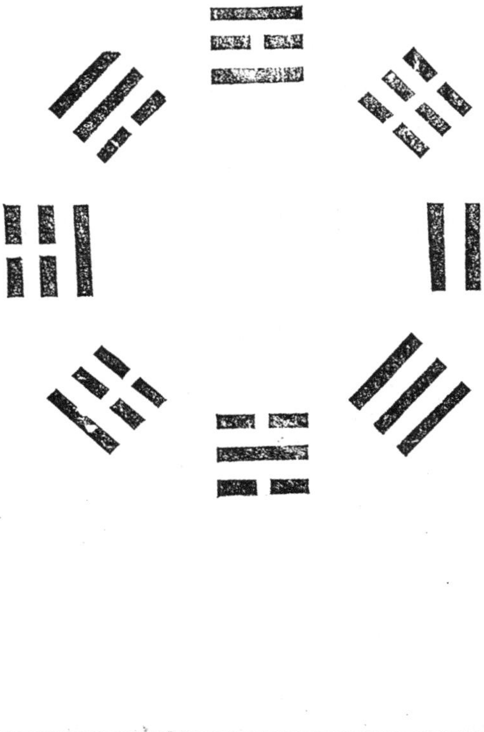

歸藏圖

三

大衍

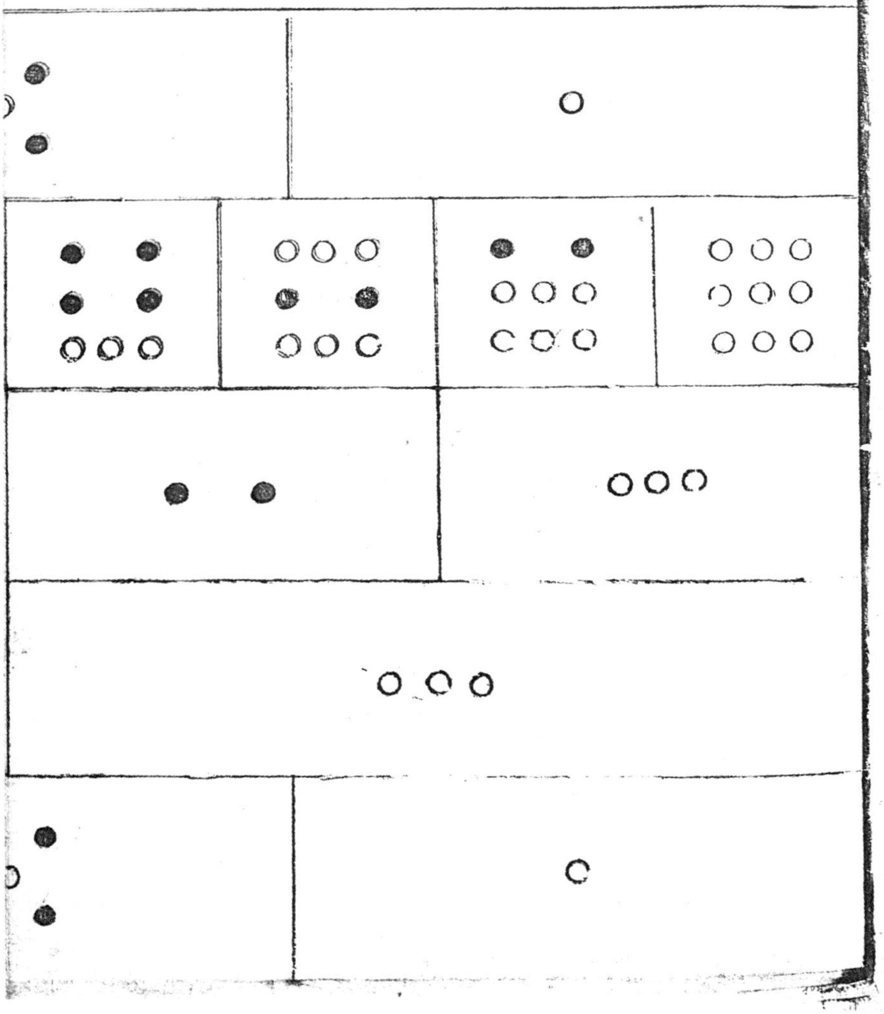

定序

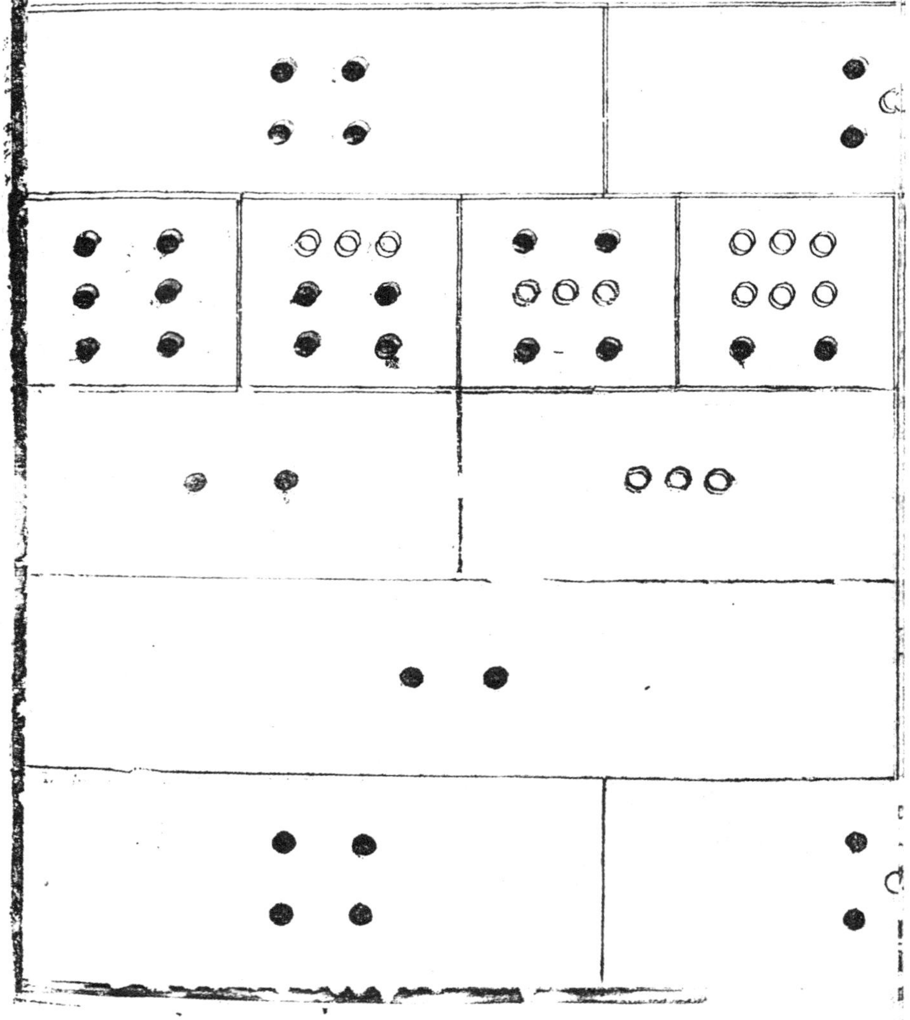

雲莊大易師河圖辨

易學弟子　湯二祐　何二渠　袁二徵　俞二粲　録

祐問先儒言易必根據圖書且河出圖洛出書聖人則之大易之文也今　師說易獨不取河圖洛書敢求詳說以示後學

師曰君子之於物用無必取也無必棄也期於合象適用而已苟不合象適用雖降之自天垂之典冊不取也果有以合象適用雖來自四荒出自小數不棄

也。況仁人智士。立承先開後之志其於器物之用眞有以見夫合天地之象可爲後世之則苟避嫌而不之取眞有以見夫無益於學問徒惑亂乎人心苟避嫌而不之棄其何以承先聖而爲法於後世哉。河圖洛書自宋儒弁於大易之首。爲學者所宗已六七百年亟入弱冠學易曾因河圖。向慕邵子不遠數千里拜謁祠像以河圖縫綴於內衣者。累年終不合於自心。不通於巳志久之。然後棄去。其終不合者。約有四說。請得詳之。易卦言乾天坤地。則自原本天地明矣如必據圖學易則是致人之心知於圖象縱於圖象盤旋有合終不足以見眞天眞地之變化使圖象果爲爻畫根本則眞天眞地豈不又爲圖象根本若云就河圖以見天地則何不就爻畫以見天地若仍離河圖以見天地則河圖何可云爲作易根本且人既見眞天眞地之變化得之於心自能象之於畫固無所俟於河圖若云得之於心仍必作圖乃能畫卦則是河圖所繫大於乾坤之畫縱伏羲另爲二圖不與六十四卦並傳而文周繫辭亦無一字言及豈文周

遺其大者乎。何夫子贊易亦止僅出河圖二字。此一說也」抑聖人作易其必須河圖乃能作易也耶。若必須河圖何以爲聖人。止龍馬之背爲能見天地之變化耶。而天地之間如風雷、如山澤、如禽獸、如草木、而男而女、悉冥頑之物。皆不足以見天地之變化耶。而此種種冥頑之物。皆非天地之變化所生成者耶。若云萬物皆備此變化。如馬背旋毛亦呈此理。龜殼有紋亦呈此理。則是物物皆具此理。又無所俟於河圖矣。易傳明言聖人仰觀俯察。觀鳥獸之文與地之宜。

始作八卦並未一及河圖卽云聖人則之上文且言蓍言龜言變化言垂象亦未嘗專指河圖此二說也又有圖卦相配以八配十而棄其中者以六十四配五十五而去八卦仍欠一卦以爲無首尾者又有以一二三四爲序如母生子者則此只爲直生與生生之說不通有以一二爲上下三四爲左右爲四數並生者四數並生則不足以見天地之元四開對待又不足以見天地之交不立二元不成交合則不能分合二三一四以成參兩且其爲圖內四數爲生外四

數爲成參兩不立則不能相倚以至九六爲內外不接且一二相得一六相合之說是以數爲位只可謂數之位五與天數五地數五之文不合牽配多端徒貽笑柄此三說也又有天一生水坎北震東之說不知五行爲形方已成之運行八卦爲風雷生生之變化以已成者配生生豈風雷山澤從金木水火而生者耶且震巽爲天地初交易有明文何云天一生水水爲有象雷爲無象豈有象先無象而生者耶天地不交則萬物不生所生之水是一與二相交而生者

耶又豈一獨生者耶若云與二相交而生何又云一生二此如夫先生一妻又與妻相生子耶此四說也一說則致人心於圖象使人心與天地不通爲妨心學二說則眩天地之怪異墮俯仰之觀取爲妨知化三說則妄配數位掩蔽象數爲絕參兩於不傳四說則謬著生成淆亂連山爲致方術以無本舉河圖則洛書又不足言矣夫河圖洛書之爲數不過術士占卜推算運行生尅之學宋儒求爻畫之原而不可得以聖人言象言數因知爻畫之前有一象數而不能

研思以求真知其說偶遇術士此圖則茫然以爲原本今觀邵子之學不過主於五行生剋干支相推猶之太乙六壬之類比之京焦管郭少知理學理數相配撰成一家之說耳其皇極爲書以日月星辰水火土木仁義禮智帝皇王霸春夏秋冬宮商角徵種種配合卽以童蒙對句觀之亦多不確正與占卜家分家宅井竈疾病行人等耳因其書繁重學者雖少通義理而多不知象數術家雖習小數又多不通義理故讀其書驚怖其言又以其與二程切磋少知心學

有一念不起、鬼神莫知之得。又與司馬呂范往來。爲公卿尊重。故名盛一時。術傳後世。天下仰之、如神如聖。不敢少測其學。及至朱子、麤疎相承。虛名相邀。竟取其圖、以冠大易之首。此實易學增一障蔽、學者之大不幸也。邵子不足言矣。若大易、尚書、禮記、論語、俱有河圖之文。既爲先儒嘗所援引。今當詳爲説之。夫禮記雜易緯諸書、其文可以無辨。若尚書云天球河圖在東序。未審此圖爲方冊繪畫之圖耶。則凡天地之祥瑞。俱當圖繪以傳、與書冊並藏。何得與大貝天球同列。據云龍馬負圖，豈龍馬背上負一方册耶？豈卽指馬背之旋爲河圖耶？若卽指背旋爲河圖，其傳於成周，寶於東序者，爲死馬耶？爲生馬耶？故不惟易緯諸書不足信，卽尚書亦多僞篇。如顧命一章，以成康之朝，召畢爲政，周公之制，未及五世，而卽有短喪忍親之舉，是斷無之事。此蓋漢儒傅會文帝短喪而僞爲之書。孟子云，盡信書，則不如無書。故嘗删正此篇，止存王崩而止。論語，河不出圖，卽與鳳鳥不至並看。若大易河出圖，洛出書之文，此其意旨自有輕重原委若云易本河圖而作，則見河圖之章，其意旨必專爲河圖發揮，何其通章語氣，不過偶帶而非專主，則不得援此爲據矣。蓋君子觀象、玩辭、觀變、玩占，爲上傳篇中四柱，大衍天一而下，至所以斷也四章，是爲觀變玩占，大衍天一二章，是爲觀變，易有聖人之道四焉一章，上承觀變，而要重於玩占，開物成務一章，則盡玩占之道，君子將有爲也一段，是爲尚辭，參伍以變一段，是爲尚變尚象，易無思也至不行而至是爲尚占，朕占有二道，有心占，有卜筮之占，無思也三段。是謂心占。心占是聖人一人心內事。卜筮之占。是與民同之之事。必至卜筮之占。而占道乃盡。開物一章。是尚發卜筮之占。心占所以成天下之事。而不極深。不研幾。則不足以成天下之事。然不立卜筮之道。以與民咸用。則不足以與民共成天下之事。凡民遇人事之變。疑不能決之時。蓋幾幾乎與天通矣。故聖人於此。前以道之使其由之。以自通於天。所謂通志者。本此以通志也。所謂成務者。本此以成務也。不此道以占矣。若爲其所斷者。不能約之以恒於德。而徒以是非利害得失是斷。猶今之卜筮。則所與感者。適所以成斯民中心之欲而已。非所謂本此通志成務之道矣。故必開物焉。物者何。自天地之變化以至一草一木。兆民萬國。皆謂之物。開物者開天地之蒙也。剛柔不分。青白莫辨。則天地蒙矣。成務者成斯民之事也。斯民之事。孝弟而已。孟子云。當務之爲急。孟子其知此務矣。大傳曰。惟湥也故能通天下之志。斯民之志。何以能使其湥。惟蓍乎。蓍之德圓而神。此聖人與民湥而通志之具也。卦之德方以知。此聖人與民定業之具也。六爻之義易以貢。此聖人與民斷疑之具也。凡所以定業斷疑。此聖人與斯民成天下之務之用也、是以明於天之道。至民咸用之謂之神。是所謂通志。所謂圓神。易有太極。至吉凶生大業。是所謂定業。所謂方知。法象莫大乎天地。至莫大乎蓍龜。是所謂斷疑所謂易貢。天生神物以下。又是蓍龜不盡之意、總結上章。因以總結全章。天生神物所謂蓍龜。所謂圓而神也。天地變化。所謂四象八卦。所謂方以知也。天垂象•見吉凶。所謂六爻。所謂易以貢也。章明蓍象卦爻以結定業斷疑因尾之以繫辭河出圖洛出書此所謂繫辭也下云易有四象所以示即是象天地之變化也繫辭焉所以告即是則河之圖洛之書也定之以吉凶所以斷即是象天地之垂象也天生神物是上頂莫大乎蓍龜則從下反上因足以天地變化三句又以四象三句申釋變化三句以結全文定業斷疑此之謂與民咸用與民同游之德占通章爲明占道占道以德爲盡民恒德占乃可與成天下之事也竊意圖書之爲物聖王之世地平天成

祥瑞時見或河水波紋暫結山川星辰之象或洛濱日影偶成蝌斗鳥跡之形一如卿雲芝草祥麟威鳳與天地獻祥瑞呈文章而已此天文之呈見故聖人則之而人文以興而繫辭以作上古之事經傳不全秦漢以下僞不足信取徵於書禮何如即取徵於易傳上下研玩此章之書並不專爲河圖而作若夫章句文義即此解銷足完本文大意似於圖書再無他説似於圖書再無他疑故不敢穿鑿以從後儒之說也若云圖書之數亦有通於大易處可就此而言如

九九小數乘除進退無不可以還原歸一圍棋二子變成三百六十一着骰子六面圓轉一百二十六點如恒星之旋而天極不動如律呂之調而終始必合諸如此類豈不足以通易數肰却不可舉爲作易之原蓋最靈者莫若人心最大者莫若天地最明者莫若日月最神者莫若風雷最寔者莫若山澤舍其最靈最大最明最神最寔者不言而偏舉一非龍非馬之物爲神物以生水生火之說爲易原豈不有辱大易乎雖龍馬二字因乾龍坤馬而造河圖十數因天

一地二之文而畫正所謂言近意背爲害甚大在術數之士不知其謬固無足怪宋儒以近似而不知辨而原本之則過矣肰其說固不始於邵子自漢以來亦既久矣至邵子以入而重因取贅冠於易首後學又以邵朱人品之重不復精研細辨毫釐千里爲害易學甚大夫至者未必知知者未必至知行賢智先聖確有攸分志士學易宜暫置邵朱之言求信於天取羲皇之畫文周孔子之辭可也

太極辯

易學弟子 湯二祐 何二渠 華二渚
袁二徵 俞二粲 蔡二真 錄

傍學周世德問曰。易有太極。是生兩儀。兩儀生四象。道生一。一生二。二生三。佛氏俱判爲無因。何也。

師曰。夫三人雜居。以一人而判二人。此一人者。必立身高明。盡見二人之是非本末。就二人之是非本末以判二人。彼二人乃服。若雖得他人之大略。未盡他人之曲折。夢然以己見判之。何以服其人哉。吾觀佛氏子孫不惟教家無知即五宗大老並未嘗學易並未嘗學玄乃欲輕判易玄此皆所謂夢然者也意彼判無因者彼蓋以兩儀爲彼之因緣太極爲彼之自然以周子之無極當彼之頑空以太極爲有因故以無極爲無因耳若易之太極果如是可以配觀則其判爲無因也固宜倘不如所云云則是渠教自判因緣自然自判有因無因與太極無涉也何謂太極究生物之初惟有天地天極邊地地極邊天邊地邊大中極由立是爲三極是三極者言地不得言天不得

言中不得言地不得以天極於地言天不得以地極於天言中不得以中無自體也中則無體天地有立惟中與立惟中既立天地惟中惟天地中三極並極故名太極故一舉太極三極在中三極不得歸靜不得惟動生變陰陽由立是謂易有太極是生兩儀也

若以佛法配之眞地惟塵眞塵惟四佛之有無四法乃易之四塵四見迸絕乃易之眞天翻身得句不過易之天五賓主開合不過易之用十佛以一心無生爲宗不過易中主天之說盡五宗之變化不出易學

一四之數曾無與於太極太極立而陰陽生陰陽生而六十四卦生六十四卦之中萬有一千五百二十之數存焉萬有一千五百二十是爲萬物之數其生物也如此是之謂生生是皆一本於太極試據此觀之其將謂爲有因耶太極果作何象其將謂爲無因耶天地究何分合將以爲四法凝結爲不至佛法耶則有時主天爲用將以爲四見迸絕爲同於佛法耶則此止謂天極而非太也反以詰之不惟判以無因不得即求同於佛法亦有所不得矣故極無生之法

充佛氏之學必無由以真知太極若玄之爲道曰可道非道物生於有是爲可道有生於無亦爲可道可道非道則有無非道有無不得非有無不得乃謂玄開之則四合之則二二不到處合二爲三故一道也有二有三有中有四中者一也從二從三而見中則從二從三而見一故曰道生一一後之數方爲後天之數一前之數所謂道也斯道也以數指之可指爲四乎其非四乎可指爲二乎其非二乎可指爲三乎其非三乎可指爲一乎其非一乎是道生一生二生

三。是三生萬物。其可謂是因緣自然和合而生者乎。其可謂非因緣自然和合而生者乎。佛氏亦以無生邊見判之。實亦夢夢者也。總之儒仙無人。故致妄判。佛氏無人。故肆妄判。三教後學。欲求原本無疑。必須精研大易三門之數同異。辨是非明。則三教興矣。

雲莊程先生易學要語

震澤學人湯潛淵九甫述

思知天。是從生死發志。思知人。是從立人發志。人不能無生死心。故思知天。人不能無大人心。故思知人。知天而不知人。縱死知歸天。生終不足以立人。知人而不知天。縱生知立人。死終不足以歸天。

知天矣。出生死矣。而不知人。則亦流俗鄉人耳。則亦禽獸草木等耳。不知人。則眞是非眞利害不明。不知修身故也。縱極天地之道。終不足參天地以立三才。

故不可以不知人。

生人之事雖萬端。約之止有利害二者。利害之實。榮辱安危是也。利害所由來。是非是也。是飯非毒。食則養人。非飯是毒。食則殺人。是飯之謂是。非飯之謂非。是飯食飯之謂利。非飯食毒之謂害。故明利害。要在明是非。執是則偏是。執非則偏非。故明是非。要在絕是非。

是飯執飯之謂榮。執毒是飯之謂辱。執飯食飯則安。執毒食毒則危。

世俗之榮安。曰富曰貴。大人之榮安。曰仁曰義。今欲破世俗。必先較輕重。明利害。欲明利害。必先辨是非。欲辨是非。必先絕是非。必是非絕。眞知乃徹。必眞知徹。而後是非始辨。必是非辨。而後利害始明。必利害明。而後輕重始分。必輕重分。而後世俗心始破。

非是欲破世俗明利害。然後去辨是非。此是非心。原是人自求辨。而不知其所以然而然者。人求知是非。是一片生生之機。如目見青白不辨。則目之見頓死于前。惟耳鼻舌皆然。蓋青白宮商香臭甘苦。是耳目臭舌生生之路。見聞臭嘗無路。則耳目鼻舌自死。心之于是非。夫豈不然。祇此不知所以然而然。即是天命。故知不行。即是害。即是危辱。即是死。而欲辨是非即是利。即是安榮。即是生生。故能致知順此生生。即是順天之命。

知是知非之謂生生。惟生生故生。惟生生故謂利。不知是非則死。頻死故謂害。

人求知是知非。即是欲求安榮。夫人一事有知。輒欣欣誇人。悠悠自得。一事無知。輒消沮生愧。局促自危。

此欣欣悠悠。豈非安榮。此消沮局促。豈非危辱
所謂明是非者。明物之是非也。目對香爐。謂香爐矣。
何以定其爲香爐。目對茶碗。謂其非香爐。何以定其
爲非香爐。香爐之是非。必有所以能明是非之所以。
始謂明物。物之是非不明。則凡一言一行。必落利害。
縱凶害未及。總是罔生幸免。故必是非明。利害乃明。
利害明。乃無往不利。縱行或不利。此是天命。樂天知
命。總不失其爲大人。故爲大人。知天命。止在明利害。
明利害。止在明是非。明萬事之是非。止在明萬物之

是非。明萬物之是非。止在明一物之是非。故大人之學。止在明月前香爐之是非而已。

天下無無物之事。無無事之人。故明事在物。

知天地之元之謂佛。知天地之交之謂仙。知人禽之別之謂人。知天地之變化。立人道於至當。極大小之分。窮利害之辨之謂大人。

思知天者。思終始也。

思知人者。思別人禽。辨是非。明利害。思立人也。

思知人者。恐生無異於禽獸。死有同于草木也。

恐知人者。恐生不免爲鄉人。死無稱于後世也。
知天。則死歸天。不歸天。則死歸地矣。可不懼乎。
知人。則生爲大人。不爲大人。則是小人矣。可不懼乎。
人本天命而來。人原與天同大。人人原是大人。目前知行一不違天。則枉爲小人。生必受刑辱。死必受鬼責。所以不能達天者。蓋此心爲事物所蔽耳。如何是達天。曰。不爲事物所蔽。如何能不爲事物所蔽。曰。正直。如何是正直。曰。能明物之是非。則爲正直矣。所謂明物者。知物寔。又知物類。知物偶。又知物奇。知物兩。

又知物參。知參兩九六。乃爲知至。知至而物之真是非乃明。物明知至。心乃正直。心正直。則達天。達天。斯爲大人矣。

人本自天。人生原無生死。生既是人。人生自辨是非。自明利害。人人原是大人。人心原無不正。子原自知孝。弟原自知悌。家原自齊。國原自治。天下原自平。中人之心志。無不欲出生死。無不欲求辨是非。求明利害。無不欲爲大人。無不欲天下人心之皆正。無不欲親其親。長其長。無不欲家齊國治。而天下平。易之爲敎則。專爲出生死。辨是非。明利害。爲大人。下人心。親親長長。齊家治國平天下而設。人生固本自天。非學無成。知學則知周天地。不學則無異禽獸。有志之士。可不學易乎哉。

易學要語

立人堂

雲莊先生易學要語二集 己丑

石波學人金貞王鉦同述

知眞天眞地。則知所以死。知眞精眞神。則知所以生。知眞仁眞智。則知所以參天立人。知所以參天立人。則知所以治人。治家國天下之道。

知天地。則知人心所以生。形象所以成。知精神。則知聲色臭味所以分合隱見。見聞嗅嘗所以散聚出入

知仁知則知君臣父子所以立。身心意知。與草木禽獸所以異。而人所以貴。

知天地，則知形象死生之終始。知精神，則知人神情狀所由分。知仁智，則知孝弟忠信禮樂文章為天命人性之至。

知一四二三，知真天真地真精真神而已。必知參兩九六，乃知真陰真陽真柔真剛。知真陰真陽真柔真剛，乃知雷風水火山澤所以形見，草木禽獸男女所以生成。

知一四二　，知偏仁偏義為我兼愛而已。必知參兩九六，乃知真仁真義真禮真樂。知真仁真義真禮真

樂乃知家國天下所以治平天地萬物所以位育
天地之道分則爲塵空交則成色虛立我別物乃生
知能惟別物乃能明物惟立我乃能立人惟生能乃
能知物惟生知乃能知我惟知物乃能別物惟知我
乃能立我物不別則物毀而能偏我不立則人墮而
知死塵空主分則爲偏分色虛主交則爲偏交偏分
偏交墮我毀物不可謂道惟別物則物明而能益精
惟立我則人立而知益神別物主分立我主交知分
知交精義入神斯爲立人以統天地惟此之謂道

人與天地竝立而在曰立人。人與天地竝立而大曰大人。

大人者。立乎其大者也。成位乎中之謂立。不倚一物之謂大。分天交地。惟人中立。故惟人爲大。故立人曰大人。

大人者。不倚一物自立成人者也。豈惟不倚一物。并不倚天地。不倚一物則不倚富貴。不倚學慮。不倚天地則統天地。惟人自立。爲能統天地。惟統天地之謂大。故曰大人。

惟不倚富貴乃能安貧賤惟能安貧賤乃能忘富貴爲能薄衣食佚樂功譽子孫乃能外富貴爲能揚大抑小乃能薄衣食佚樂功譽子孫爲能立大役小乃能揚大抑小爲能知大辨小乃能立大役小

小者人禽所同大者惟人所獨小者何耳目鼻口是大者何心意知能是

大小不辨則大者不立大者不立則大者必爲小者所欺爲小所欺則耳目鼻口必爲聲色臭味所役心氣必爲驕吝所役既爲小者所役必將昏昏甚欲於

衣食佚樂功譽子孫之中。逐富貴患得失昧是非嬰利害。無所不爲矣。

無所不爲以逐富貴。祇由求遂衣食佚樂功譽子孫之甚欲。衣食佚樂功譽子孫而甚欲。則由身心意知之偏行。身心意知而偏行。則由中心之大欲不開。中心之大欲不開。則由真我不立。真我不立。則由真知不至。真知不至。則由庶物不辨。厥本有疢。末疾焉治。惟不倚學慮。乃能辨物。惟能辨物。乃能知至。惟能知至。乃能立我。惟能立我知至。乃能精義窮理。爲能精義窮理。乃能不爲小欲所搖。而成位乎天地之中。惟能統天地。乃能位天地。天地相交。爲能生人。不能統人。惟人位乎天地之中。爲能統天地。人而不能立人以統天地。則枉其所以是人。

地兩物斯成。天參我乃立。

縱橫交錯。物各自物。曰眞物。我我相對。我不兼我。曰眞我。

挾天地以獨立曰眞我。播萬物而不染曰眞知。

眞知知眞物之謂正。正則不偏。眞知知眞我之謂直直則不曲。

不學則知浮。浮則生罔。偏學則知昏。昏則生邪。

直知乃爲人。明物方是道。

不知辨物。則言不能有物。言不能有物。則行不能有恒。行不能有恒。則不能父父子子而家道正。故惟立知辨物之謂道。

不知辨物。則不能明於庶物。不能明於庶物。則不能察於人倫。不能察於人倫。則不能由仁義行。無以自別於禽獸。故惟立知辨物之謂道。

人生貴於禽獸者此知也不知知知以知人知天則與禽獸何別不知人則生不知立人不知天則死不知歸天不知立人則生攖辱危不知歸天則死墮游厲。

人之異於禽獸者此知也大人之異於凡庶者能直此知也不知知則不能直知不能直知則爲私曲欺蔽爲私曲欺蔽則不能正知不能正知則不知眞智不知眞智則不知眞仁不知眞智眞仁則謂之日用不知之百姓。

人之異於禽獸者此知也。不知知。則不知能。不知能。則不能辨物。不能辨物。則爲物欺蔽。爲物欺蔽。則爲物臨役。爲物臨役。則爲人輕侮。爲人輕侮。則爲人侵奪。爲人侵奪。則爲人刑戮。爲物欺蔽之謂不智。爲人侵奪之謂不仁。爲物欺蔽。豈不謂辱。爲人侵奪豈不謂危。

人之異於禽獸者此知也。不知知。則不知人。不知人。則與禽獸無別。人與禽獸無別。豈不謂辱。知如禽獸。則將行如禽獸。行如禽獸。則人皆得執而戮之。豈不謂危。

人之異於禽獸者。此知也。故立人要在知知。知知則自知人。知人。則自知仁。知仁則自知義。知仁知義。則自知孝知弟。知忠知信。知孝弟忠信之謂立人。故知知卽是立人。

知知卽是知仁。知能卽是知智。

知人卽是立人。知天卽是達天。

知何以求立人。原知卽是人。人生也直。是人自求立人。

知何以求達天。原知本於天。天命不已。是天自求達天。

易從爲從易知。知知便自知能。知從雖分易簡。終始止是一知。

能何以是智。曰知物。知何以是仁。曰知我。

知我故愛我。愛我故自求安我。自求安我。故對物自求辨物。自求辨物。故對物問物。我行物中。自辨自問自求自安。此謂生知。從知知我以至問物。一生知之流行。生知之流行。乃眞仁之流行。謂之眞仁之流行者。

蓋天命之流行。天命流行於人。人受天命之流行。夫豈非仁。

物我是非心。卽是立人心。本末終始心。卽是生死心。生立人。則死成神。生爲大人。則死爲明神。作人正所以作神。善生正所以善死。

知生則人生。知死則人死。生知正所以生人。惟知知之謂知生。故立知以生知。

善生則知生。生死則知死。善生正所以生知。惟生生之謂善生。故學易以善生。

易學要語　七　立人堂

大易一四說目次

卷之一 凡三卷後嗣出

五中五

合十

雲莊程先生大易一四説

梅溪學人吳二含德弘甫述

眞地

何以先言地後言天也。天不可見。見之地。故言天者。必先言地焉。眞地者何。地之始也。推地之始。一微塵爾。人不知微塵之始。何不以微塵之終而觀之。人不知微塵之無始。何不以微塵之無終而觀之。物之生者。無不滅也。物之成者。無不毀也。雖然。吾見天下之物滅爲微塵。而不見微塵之滅也。吾見天下之物毁爲微塵。而不見微塵之毁也。若是者何哉。惟其無始。是以無終焉爾。惟其無終。是以無始焉爾。無始故爲物始。是以天下之物。舉微塵所積也。曰。天下之物。舉微塵所積。惟火與水。亦微塵所積乎。曰。然。何以明其然也。火體雖空。然空如火。必有烟焉。火之烟。微塵也。火一微塵。則火一微塵也。水體雖虚。然虚如水。必有沫焉。水之沫。微塵也。沫一微塵。則水一微塵也。故曰

○○○○○○○○

惟火與水。亦微塵所積也。微塵孰謂。謂日中之塵也

眞天

眞天者何天之始也推天之始一眞空爾然則竟以空目之可乎曰不可空亦有名是有聲也空亦有相是有色也有聲有色則地也已夫眞天者無所不碎在塵碎塵在空碎空碎空乃眞空也空無不碎況塵乎故塵非眞天空亦非眞天也然則眞天其不可見乎曰可但去眞地別無眞天去眞地者天之用也天之用可得而舉不可得而識也識緣塵有則地也已故識天之用即非天之用也然則天之用柰何曰咄

地四

地四何也。微塵之數屬於四也。今夫日中之塵非得日焉不可見也。即得日焉。以目視之不可辨其色也。以耳聽之不可定其聲也。色不能辨。聲不能定。何從知其數乎。數不能知。何從計其四乎。今曰其數四焉何也。以其成物知之。已成之後。四數必明。則知未成之前。四數必明也。三不成方。五則無位。故四未具則不足以成物。而四有餘。又不可以成物也。四則方。方則成。何則謂其積之無罅隙也。不四則不方。不方則不成。何則謂其積之無罅隙也。且物之成。始必如其成終今以一大四分爲四小四在四小四不異一大四也以四小四合爲一大四在一太四不異四小四也故曰成終如其成始成始如其成終苟非分之以四則成終不如成始而非合之以四則成始不如成終矣成終不如成始成始不如成終又何以成物而不忒乎故曰微塵之數屬乎四也雖然此就四方言之也未兼上下言之也兼以上下其數六矣不曰六而曰四何也曰有四方無上下也有四旁者四旁實也無上下者上下空也何以徵之今夫草木之根皆

其下空者也。草木之華，皆其上空者也。非獨草木，物莫不然。若是者何？天在中也。雖然，繇中以觀，無上下矣；由旁以觀，猶有上下存也。亦曰無上下，何也？以數考之而知其無也。橫考之，其數四；直考之，其數一。四則可分爲前後，爲左右；一則不能分其孰爲上，孰爲下也。何則？有上則無下，有下則無上，薄之至耳。然則地厚何居？曰：地之厚，地之積也。今言地始，地之未積者也。

地一

地四明矣。何謂地一。曰。地四者。從天也。天無往而不碎。故四。地一者。自性也。地無往而不執。故一。地若不四。是無天也。地若常四。是無地也。天不可一刻無。是以四也。地不可一刻無。是以一也。故地之數。忽四而忽一。忽一而忽四。一四之間。其猶呼吸乎。雖然。地貴從天。故取四。不取一

天一

天之一。不可見也。去地之四。則一也已。天之圓。不可見也。去地之方。則圓也已。四則方。方則必四。一則圓。

圓則必一是以物本方也而內圓焉者天入于地之中也于草木之心可以見之矣物本方也而外圓焉者天包于地之外也于草木之身可以見之矣

天四

大一明矣何謂天四天不四也因地而四者也今析微塵爲四微塵焉而此四微塵中各各有天在也故曰天四天四天四者天一之力無不到也

地數五

地者塵也地數五者塵中有空也塵則四塵中有空

則四中有一也。五也。知地之四。則知天下之物皆微塵已。知地之五。則知天下之物皆眞空已。物皆微塵。雖至水火。無非微塵也。物皆眞空。雖至金石。無非眞空也

四之一

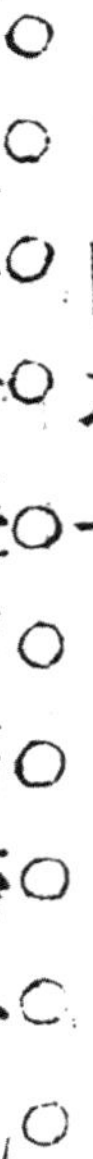

四之一者。攝四而歸一也。攝四而歸一者。何也。微塵到處。是爲微塵。微塵所不到處。又何物乎。

四中一

四中一者。舍四而取一也。舍四而取一者。何也。人謂

微塵。我謂眞空也。雖然。猶從塵入者也。非從空入者也。從空入者。則天數五是已。

天數五

天者。空也。天數五者。空中有塵也。空則一。空中有塵。則一中有四也。五也。必斷四。然後一。斷四一矣。又胡從有四乎。曰。斷四者。還用四。此天數之五也。一。眞空也。何以有用乎。一之用。必緣四而有也。緣四奈何。喝必緣聲。擊必緣杖。非聲非杖。則喝與擊亦不可得見矣。喝也。擊也。天之一也。所謂意者此也。聲也。杖也。地

之四也所謂句者此也是以庭前栢子青州布衫空諸所識正不離緣皆一因四有意因句得也匪四胡一匪句胡意故斷四還用四

一之四

彼之四斷此之四來此之四來彼之四斷彼之四斷一也此之四來一之四也彼之四斷則山河大地無一不空此之四來則山河大地無一不具山河大地有一不空則無以起用而山河大地有一不具則無以安身故必得意而後可以起用所謂空也又必得

句而後可以安身所謂具也空則一具則四空斯具
具斯空無不具斯無不空無不空斯無不具則一之
四也

一中四

一中四者意中句也靈雲之于桃也香嚴之于竹也
雪峰之于毬也禾山之于鼓也則雖四也猶之一矣
是以四中之一雖見真空體本微塵也一中之四雖
見微塵用本真空也故從地五而求之處處空處處
塵從天五而求之處處塵處處空此天五地五之別

也。

五中四

五中四。非四也。不能辨其孰爲四。孰爲一也。四與一也。分不分也。四之所以玄也。

五中一

五中一。非一也。不能辨其孰爲一。孰爲四也。一與四也。分不分也。一之所以玄也。

用五

四與一也。一與四也。分不分也。所謂五也。然則何以用之用四而已。用四而一在其中。故用句不用意。是用五之法也。

五中五

五中五。非五也。不能辨其孰爲四之五。孰爲一之五也。四之五也。一之五也。分不分也。一四之所以俱立也。

合十

四之五也。一之五也。分不分也。所謂十也。然則何以合之。合五而已。合五而十在其中。故意句之兼至。是

合十之法也

大易一四說 一 玉几堂

雲莊程先生大易絫兩説目次

眞知

眞我

物指

我主

眞偶

眞奇

雲莊程先生大易參兩說

震澤學人蔡二熹長明甫述

仁智

先生曰。聖人之學。仁智而已。在天曰陰陽。在地曰柔剛。聖人統天地以為學。故其學惟仁智。惟仁。惟智。而天地之能畢矣。

問者曰。聖人之學惟仁智。孔孟之言盈天下。天下莫不講之矣。寔鮮能之。何也。先生曰。仁智者。德之名也。德者。人心之得也。人物之生成。在天惟知。在地惟能。

則人心者。一天地之知能也。則人心之德。一天知天能之得也。則仁智之爲名。一天知天能之得之名也。故必內得于心。外辨于言。上達于天下。通天下之情。無之不達。無之不通。無之不知。無之不能。是謂眞知眞能。乃爲眞仁眞智。夫達天之德。豈口耳習名之學所能得者哉。故知心學。則惟求我之知能。知知知能。自無往不能。

問者曰。何謂辨于言。先生曰。見諸辨物。曰。何謂辨物。先生舉文拂。曰。何物。曰。文拂。曰。是謂辨物。物辨而言

辨曰知曰能曰仁曰智舉在其中矣
問者曰二言拂而仁智舉可示其槪與先生曰見拂言拂其中有紆曲乎無紆曲之謂直直者人之本也無紆曲矣有作意不言拂者乎有故爲不見者乎卽不見拂必見几卽不見几必見黑旣見拂見几見黑矣雖口不言之而心亦已言之卽此不能不見不能不言之謂親愛親愛者仁之實也知拂言拂其中有掩蔽乎有錯誤乎有知之而不能言者乎無掩蔽無錯誤智之本也無不能言之謂明明者智之實也

問者曰：易曰立人之道曰仁與義，今先生曰仁與智，智義何別？先生曰：智義皆偶，惟仁則奇。奇偶相推，惟智有三，惟義亦三：有不知奇之偶，有知奇之偶，有宜奇之偶。知仁惟智，故知奇之偶智掩義；宜仁惟義，故宜奇之偶義掩智。大易言義不言智，是爲宜奇之偶，舉義而智在其中；參兩言智不言義，是爲知奇之偶，舉智而義在其中。曰：何爲三智？曰：就偶知偶，爲不知仁之智；繇偶知奇，爲知仁之智；繇奇出偶，本奇宜偶，爲宜仁之智。故知仁則奇偶一，奇偶一則智卽義，則

義即智不知仁則奇偶二奇偶二則智有不義義有不智

物名

先生舉文拂曰何謂物天地與其所生焉皆物也何謂名物曰文拂是謂名物

問者曰名何自而立辨物何始于名先生曰名者物所自立借齊民之口以定者也夫名所以約形色便言謂繫變動辨幾微人道之錯綜萬事之紛紜非名無以定先王以之辨親疎序長幼明貴賤別男女故

名者，人治之至重者也。天下無無名之物，無無名之人物之未名，物必自名。物既定名，人必循名，覩目皆有名之物。循色則無名，循塵則入空，故辨物必從名物始也。

物實

先生舉文拂，曰白，是謂物實。

先生曰：象、形、質、聲、色、臭、味之謂物實。名不循實，則物不得其正，故正名在求實。

問者曰：象、形、質、聲、色、臭、味之爲物實也，何以明之？先

生曰凡物莫不具此七者此七者蓋天地之爲物耳因名加損名則因此七者之參差多寡美惡而定矣故謂物實

問者曰質則見于堅柔矣形則見于員方矣象可見乎象不可見何可謂象先生曰惟塵空焉是謂象可見非象不可見非象極天地之元塵空已耳空則無象以不空之塵出入其間不得而分合焉非塵非空是塵是空惟此之謂象非塵非空是塵是空之謂象則可見之塵亦象不可見之空亦象是謂三象故惟

塵空焉是謂象

問者曰謂象爲實矣惟塵不可以謂象惟空不可以謂象必惟塵空焉之謂象惟塵空焉之謂象則離塵空無象離塵空無象則惟塵空之象不可以謂象象三不實何可謂實先生曰惟塵爲實惟空不實惟塵惟空惟實不實是謂眞實惟實眞實塵空舉實惟三實之謂眞象惟三象之謂眞實

問者曰象實之實與佛氏惟此一事實其旨奚別先生曰彼義深此義淺彼以最上無生滅爲實凡屬塵

功皆爲不實必出三要乃爲實此象實則對物名而
言者也而其旨則與佛氏不同
問者曰循名求實與莊生賓名之說將毋同先生曰
不同莊主實爲居虛居虛則名絕名絕則物齊雖萬
類森然猶之無何有之鄉矣此求實爲正名名正則
萬物各得其位正身正人文明開而天下正矣名實
則同而進退出入之幾則猶水火
問者曰然則循名求實殆夫子正名之謂歟先生曰
然辨實者爲正名也正物名者爲正物之位也正物

位者爲正我之位也故實辨則名正名正則位正物位正則我之言動視聽衣服飲食之位正小者既正則眞知之動眞能之從發于人事自得其正人事知正則凡君臣父子之大經大法天下之至賾至動自無往不辨其正蓋知正物則可推而正人人物同一名正名同一法

兼物

先生舉文拂曰白是謂兼物

先生曰卽一物而可通天下之物曰兼物

先生問曰白羽之白與白雪之白白雪之白與白玉之白有以異乎曰無異也曰然則孟子何爲辨告子之非曰辨之以羽雪玉也曰物之生生蓋有定序故同異有時白羽之白終異白雪之白白雪之白終異白玉之白然當其同雖孟子亦何能強之異哉而告子執其同故非之耳告子蓋畫生物之兼孟子則主立我而要其終者也

先生曰知物實而不知物實爲兼天下之物則其知猶囿于一物之形質知囿一物之形質是爲執我之

根知物實爲兼天下之物，則此身之形質與天下之形質通。夫孰爲我者？孰此形質已耳。物兼身通，則我之身一與土石同其堅柔，我之聲一與風籟同其音響，我之氣一與白雲同其卷舒，我之語言一與春鳥秋虫同其啼唱，我之是非一與白衣蒼狗、夏氷冬雷等其變幻，自咄嗟富貴、嬉遊死生矣。人可無此知量乎哉！

問者曰：何謂生生之定序？先生曰：先兼次品之謂定序。孟子之説兵物也，告子之説兼物也。

問者曰白之兼羽雪玉固也敢問白與青對青與白以何兼先生曰以色兼色與聲對聲與色以何兼曰以氣土兼氣土以何兼曰以空塵兼有兼空塵者乎曰空塵

問者曰萬聲萬色若何歸兼先生曰萬聲萬色惟五聲五色五聲五色惟二聲二色白中有黑黑中有白白勝黑即黑歸白黑歸而黑隱雖萬色間雜歸勝止二色也

品物

先生舉文拂曰柰白是謂品物

先生曰象形質聲色臭味七相交錯物各自物曰品物

先生曰兼物者原物生之初焉爾易曰流形有形則必有色矣有形必有色則有色必有形矣形色不離則無容先後矣一形不可以見形一色不可以見色曰形曰色則非一形一色矣形必有色色必有形二形二色則不容分屬矣不容分屬則交錯見故天地流形物必有品

先生曰。品物者。維天不已之命。而天之文明。地之成功也。夫惟有品。然後乃見風雷水火山澤之間錯。夫惟有品。然後乃有草木鳥獸男女之發育。夫惟有品。而所謂不已者。然後乃得首出庶物。乃有父子君臣長幼。夫婦之文章。而成其爲人。

先生曰。夫惟知品物之爲天命。然後乃能致知以類萬物之情。夫惟知品物爲天地之成功。然後乃能撫萬物以贊天地之化。夫惟能致知以撫萬物。然後乃爲成天地之能。能成天地之能。乃可與天地參而成其爲人。

先生曰。天地相交。天中有地。地中有天。天中有地。則非眞天。地中有天。則非眞地。非天非地。是天是地。此爲何物。此人之本也。天中有地。曰天地。地中有天。曰地天。天地。地天。有倫有象。此品之本也。有人有品。此知物之本也。故人與天地同生。則知與天地同生。知與天地同生。而其爲學能不知品物以致人之知以盡人之性乎。人與天地同生。則物與天地同生。物與天地同生。而其爲學能不知品物以類物之情以盡物之性乎。故知兼而我執空。知品而人性盡。

問者曰。天地相得。人與庶物兼生。而品物流形。靈蠢若是其分殊。何也。先生曰。天命流行。必有正偏。蓋有正則有偏。無偏則無正。有正有偏。則正中有偏。偏中有正。正不能無偏。偏不能無正。故嗜欲同。有正有偏。故靈蠢異。易曰。乾道變化者。必有正偏之謂也。各正性命者。偏中有正之謂也。首出庶物者。有正有偏之謂也。

眞物

先生以文拂指硯曰硯是謂眞物

先生曰循硯之體惟黑堅方合黑堅方三乃成其爲硯夫三可合則合可三合而三則黑不該堅方堅方不該黑黑不該堅方則黑與天下之黑兼黑與天下之黑兼則硯離豈惟黑不該堅方黑且不能自黑夫黑將以何爲體黑不該堅則堅與天下之堅兼堅與天下之堅兼黑將何以自黑丸兼之類之盡惟黑惟堅惟方不入于空塵不止是黑是堅是方皆假物也舉硯則黑堅方域于硯中自莫能離故謂眞物

先生曰，以兼離物，不入空塵，不止據實，成物不至名物，不成眞，不異名，卽名卽眞，不知兼品，則眞物爲浮名。既知兼品，則名物是眞物。

先生曰，品則萬物條分，兼則一色不分，分不分對，則見品者自是其品，見兼者自是其兼，分不分，是不是，往來爭勝何已。名立而兼品之往來定矣，故謂眞物。

先生曰，兼物則見歸虛空，既歸虛空，則反有以自得品物，則萬物紛然爲之不能，豈徒爭之，適終歸于兼已耳。名物者，益立品物之頂，攝兼物之離，定萬物之是非者也。名定曰實。曰兼。曰品。貫以歸之矣。故謂眞物。

眞能

先生曰。眞能有二。一曰地能。一曰人能。形質聲色臭味。萬有異焉。是謂地能。曰覡。是謂人能

先生曰。眞能者能知也。聲色臭味。耳目鼻口。皆物也。聲色物矣。不能物物。惟耳目爲能物物。尚貴言之。則惟物物者爲眞物。耳辨聲。目辨色。知辨是非。皆能也耳目能矣。而不能能能。惟知爲能能。尚貴言之。則惟

知可當眞能故惟能知爲眞能

先生曰知止于眞物足以供我之用安我之知矣而不知眞物之爲我能則我用我安者必有時不得其用不得其安其所以不得者不在于物而在于能所謂我者將奈之何內外一也物我一也求內不求外故難以我求我知外不知內不幾役我逐物乎是拭鏡而不知照面也知眞能則天地之大萬物之變不出空塵之外自囿我能之中將眞知有門故以眞能次眞物而內外物我合矣

先生曰：自名物至真物，皆謂辨物；自真能至真我，謂之辨我。知能者，我之知能也；物我之離合，其要則在真能。

先生曰：辨物者，爲復我之真知真能也。物非真能莫之能名，立名者固將以成天地之能也。名既立，則能與名親；能與名親，則實離。實離而能浮矣。實者物之始，名者物之終；辨實者能之始，辨名者能之終。終始一物，則終始一能。物不離能，能不外物。故物辨則名循實，名循實則實與能親，實與能親則即名即真物

眞能眞則盈天地之間惟萬物盈天地之間皆我能矣故先之辨物者即所以辨能辨能即所以安我也

先生曰非物實無以正眞物非眞物無以正眞能非眞能無以正眞知故物實者眞物之根眞物者眞能之景眞能者眞知之光固其根察其景究其光眞知知矣

眞知

先生曰眞知亦有二一曰天知一曰人知地爲塵矣天爲空矣地能爲形質聲色臭味矣曰天知爲象乎

爲空乎即物見乎離物見乎其有形質乎其無形質乎其有聲色臭味乎其無聲色臭味乎其卽在形質聲色之內乎其離形質聲色之外乎抑謂其離此形質聲色之外别有形質聲色而所别有者其可見乎其不可見乎形質聲色何自而生生矣何爲而合風雷水火山澤何自而變化草木鳥獸男女何自而發育萬物何爲有生而有死鬼神何爲倏有而倏無人生何爲而開此耳目鼻口何爲而具此心意知能謂其皆一地之能乎其猶有天知知始于其中乎地一

塵耳何爲而有此能天有知矣不可謂空何爲而無象可指盈天地之間者惟萬物萬物莫不皆然又試卽一物辨之如此硯也何爲而黑而堅而方黑堅方三者何爲合而不離卽離卽合又何爲不行而速所謂天知者其卽黑耶堅耶方耶其離黑堅方者耶其卽卽卽離者耶其非卽非離者耶所謂天知者其究可見乎其究不可見乎其究可知乎其究不可知乎其究可言乎其究不可言者乎如何爲天知

問者曰何爲人知先生曰知天知之知是人知矣天

知人知二乎一乎曰不知則二知則一人能明物地能在人矣人知天知天知在人矣無一無二

先生曰知止于能自足辨物安我矣而不知眞知所謂能知者則遏眞知而窮矣不知知焉知我不知我焉安我則所謂辨物者究不知物之所以終始也知眞知則知與天通知與天通則能與天通而所謂能者又非地之能一天之能矣故必以知眞知爲究也

眞我

先生曰如何是眞我少間曰是謂眞我

先生曰配天地而言曰人自一人對人人而言曰我
我卽人人卽我
先生曰原萬物之初惟天地而人立乎其中矣顧我曰人則我立乎其中矣故我我者初與天地並立而三者也與天地並立而三之我曰眞我
先生曰我卽人也人卽我也不知眞我則我不立我不立則人不立人不立則人道不立人道不立則天地壞矣易學主立人故與俗學異而異者此我也與仙佛同而異者此我也

先生曰以我與天則天矣以我與地則地矣與天與地則我無自主矣我無自主則無我矣故必立中有以自主之謂眞我草木之植傾草木不能主也鳥獸之和鳴鳥獸不能主也惟人爲能自主故惟人爲能立我故與鳥獸草木異者此我也與天地異者此我也惟其異故能兼故能兼天地者此我也而能位天地者亦此我也故天地之間惟立我之爲大

問者曰既知知爲究矣又曰惟立我爲大何也先生曰此知也何爲乎來哉夫知知而不知立我則知

不接知我不接則所謂知者非直生之知矣我立則我與天地並大我與天地並大則我知之生生自淳然莫之能禦矣蓋其機如此

問者曰知知爲究矣曰我則非物曰知則非究曰知我知之于我若之何其知先生曰此我也何爲乎其生生哉究知知自知我惟知我謂究知

問者曰眞知與眞我相去幾何先生曰如萌出果一而二者也何相去之云

問者曰眞知有二眞能有二眞我亦有二乎先生曰

無二一則一推一則三矣曰何謂推一而三曰推我與天則主天焉推我與地則主地焉推我與人則主人焉雖謂三我可也曰如何爲天我曰無人如何爲地我曰忘我如何爲人我曰有物曰何謂無人之我曰以天爲我則無人矣然則猶有我存乎曰既無人何有我何謂忘我之我曰以地爲我則忘我矣然則猶有人存乎曰我尚無何况人何謂有物之我曰以天爲我則無地物矣以地爲我則無人物矣立我乎天地之間則兼有天地兼有天地二物則兼有萬物

矣。

物指

先生指硯曰硯是謂物指指茶甌曰不是硯是謂物指

先生曰名物何爲而定哉品物形矣同異生矣此彼立矣是非成矣而名斯定故有物必有指

先生曰下極眞我上極眞物可謂極我之知能矣然爲知縱而不知橫則我之知能猶囿于一縱之中閉而不開必知物指而後是非舉明是非舉明則此彼雙立此彼雙立之謂開此彼旣立然後是非非非是乃

能横開萬變，以不窮。蓋天地之知能本如此，故我之知能亦必如此，乃足以成天地之能。

先生曰：本我對硯之謂縱，就硯開分之謂横。何以定其爲硯？必有不是硯者横指之，始能定其爲硯。曰不是硯，則無一毫是硯，乃能對硯爲指。恩如夫婦，怨如讐敵，同生同死，不分不合。此受彼指，而硯之情狀始不能絲毫掩蔽，而硯之名始可以定。故物雖自名，寔有指之者，不容其不自名，而後乃自名也。

問者曰：莊尚無名，何亦言指？先生曰：夫物莫不有是非矣易莊雖異見始則同如有閧爭鬭于大門之外者易立指則主審辨而往救之莊立指則王閉門不問焉爾從是非進以觀之即是非變而有無矣此佛見之始也見硯曰硯之謂是見筆非硯之謂非此謂是非雙立見硯曰筆此謂是非雙寘見硯是硯是爲有硯見筆非硯則硯無矣硯無是無硯矣此謂即是非變爲有無舉硯便喝此謂有無雙絕祇此指也豈惟莊亦言之三敎憑此以立憑此以通憑此以分三而一一而三者也

我主

先生指硯曰。此爲何物。黑耶。白耶。方耶。圓耶。欲知我主。于此三言求之。

先生曰。我主者。是以我爲主也。蓋惟偏天偏地。不足爲主。故以我爲主。

先生曰。自與天地三立言之。惟我爲主。而天地始交。自與天地爲一言之。惟我爲主。而天地乃分。自我知我能對萬物言之。惟我爲主。而萬物乃賓。自我知我能得萬物言之。惟我爲主。而萬物乃類。以我居内

我知我能言之惟我爲主而後知能歸眞以我居上
等我知我能言之惟我爲主而後知能趨從故天地
萬物與我知我能必以我爲主也
問者曰惟天惟地而我立乎其中我主惟一矣人之
生則有五官五官則各有知能以應萬物五官之于
外物其有主乎其無主乎其即一主出而隨萬物以
變化者乎先生曰人之生也則有內主焉有外主焉
內主惟一外主惟五是一而三三而五者也一主變
五五主不離位五既自立自不復入故內則主居至內

外則主居至外，從內出者莫先于我，而知而能，從外入者亦莫先于我，而知而能，二能相交，無與于外內，而隨外物之變化，則皆五我主之矣。以五對物，即五化萬，以萬化物，即萬歸一，惟一惟萬，天地萬物莫之能測，我知我能莫之能測，何內外一萬之分乎。

先生曰：知能者，我之知能也，我主者，我主知，我主能也。我主知，即知即我矣，我主能，即能即我矣，彼此惟二物，知能惟一我，我主物，即物即我矣。

問者曰：即物即我，則知能于何見？先生曰：我主知，即知即我，是即我，即知也。我主能，是以我知主能矣。我主能，即能即我，是即我即能也。我主物，是以我能主物矣。二而一之知能一我主也。一而二之主能主物一知能也。

先生曰：是非橫開之謂闢，即物即我之謂翕。蓋非知闢不足盡知能之變化，又非知翕不足約萬變于一致也。

先生曰：眞我易于沉，眞知易于流，眞能易于偏，眞物易于浮，非知我主莫能正。

眞偶

先生曰方圓青白是謂眞偶

先生曰是非四絕彼此子立之謂眞偶

先生曰偶本于形形則必偶能生于偶惟偶乃能不偶則合合則一一則不通不通則不能不偶則分分則離離則不資不資則不能惟偶乃能故眞能必偶

先生曰萬物變化不外有形翕而觀之則惟一偶惟我眞能必偶一偶我主眞能以偶一偶則此萬偶莫不偶偶

眞奇

先生據几直視曰爲何物右爲硯耶左爲茶甌耶復左右顧曰此謂眞奇

先生曰主不自主左右惟主曰眞奇

先生曰非偶無奇非奇不偶故惟我主而奇偶舉見惟我主而奇偶見曰奇曰偶則所致力亦惟一眞奇而已

問者曰我主既舉奇偶而奇偶又必特舉者何也先生曰非明其爲奇爲偶則不能辨數也曰知奇知偶

我王而物辨人道明矣必需數何也曰我王而物辨可謂知本矣而不足以知易天地之間至賾至動者莫如人非知易其焉能明之志立人者道在治人非明易其焉能治之故志立人者必學易易者九六相易也學九六者必自參兩始矣易則數也數則易也故志立人者必需數也

東華語錄

震澤雲莊易師東華語錄

弟子陳三島錄

戊子仲冬

師偶憇會道觀東華堂學人熊如灝韓煒等就寓起期求舉易學大旨開講十日

第一日正講

師曰易學大旨立人而已惟天惟地人立其中惟天地人三教之本佛本天仙本地儒本人三本並立時無先後位無尊卑雖見異同無有優劣然三本既立

雖無優劣。已見異同。惟能精辯其異。乃能大統其同。異固三非。同豈三是。大統異同。是非乃通。何以明之。時無先後。象有分合。位無尊卑。立有邊中。邊中分合。判然三異。惟中兼邊。惟合兼分。故必立人。乃能兼立天地。故惟知儒之本。乃兼知佛仙之本。學不知本。故學佛成其爲佛。而不知佛之爲天。學仙成其爲仙。而不知仙之爲地。不知佛之爲天。不知仙之爲地。則天地不能以通。而人道不立。學儒成其爲人道之儒。而不知儒之兼通乎仙佛。則格物致知。固可本明德以效治平而上下天人之際自多險阻不通而天地不能以位故古之聖人必兼立天地人三道以統三教乃能致天下於太平而使斯民無憾夫天地人爲三教之本矣仰觀俯察智者固可自求而自信若天道人事之變化則非學易必不足以徵易何足以徵易爲羲文周孔四聖人所作四聖人何足以徵四聖人不自作本天地之象數而作一動一變一辭一占無不本於天地之象數則是聖人無意見以天地爲意見聖人以天地爲意見則是天地之變化自爲著作

聖人不過代天地之手口而已是易雖爲聖人所作寔天地之變化所自作而猶不足以徵天地之變化耶故以天地之變化徵天地之變化而天地之變化自足以徵不以天地之變化求天地之變化而天地之變化終不足以明故學易者必先求知天地人既知天地人又必立人學易以極天地之數知天地人自知中立之爲重極天地之數乃明天地之變化故不明天地則立人無本而不明天地之變化則不能大統其同以成天地之變化而天地不位知此而中

立之重可知。故學易大旨惟有立人。且道如何是立人。一句。乃以拂指香爐曰香爐鳴尺輟講

問答

士問如何爲立人。師以拂指香爐曰。是甚麼。士曰。香爐。師曰須知此一答。惟人能之。人要立在這裏

師曰。所謂立人。須知立在何處。士曰。也只是香爐一句。師曰。香爐一句落在何處

士問香爐一句何以見得是立人。師曰。猿猴曉得燒香麽。士曰。不曉得。師曰。人禽辨矣。士曰。香爐一句。人

人會說。何以見其爲立。師曰。難道人人不是人麼。士曰。人人是人。人人都立。又用立作麼。師曰。怕他有時東倒西歪。士曰。香爐一句。有甚東倒西歪。師曰。那邊是甚麼。士曰。香爐。師曰。只此便倒也。士曰。茶碗。師曰。且斟茶着。乃曰。人人雖知香爐。而不知香爐那邊之茶碗。雖欲立身不歪倒顛撲。不可得也。易曰。易簡須知知此亦非難事。士曰。如何是易。師曰。斟茶來。士曰。喫茶可就是簡麼。師曰。艱難了也。士曰。如何是簡。師曰。喫茶。有間。師曰。且退。士便退。師曰。聽得便行。看他

得易簡也如此天下事實莫易於此禪宗固云立地成佛實轉句迷人多此一轉便不易矣故得禪難於得易

士問易學香爐一句與宗門一句如何分指香爐曰香爐豈不是觸師曰你喚甚麼作香爐士無語

師曰亟人有一問人生七尺長十圍太這形軀是甚麼做的可要曉得麼士曰要曉得師曰要曉得作甚麼士曰要立天立地師曰卽不立天立地有甚利害此語不甚眞切人若不先知利害而徒云爲學爲學

之志都假爲學要先知利害必知利害立志乃眞何爲不學之利害人生七尺長十圍大適形軀終必衰老終必死終必爛腐最憐最惜莫若此軀最痛最苦莫若此軀縱上壽極百年金玉爲棺槨終必化爲微塵聰明之士一念及此心慘魂消故不得不求知天蓋生死二字乃人生之眞利害也爲學必本於此其志乃眞若泛然說箇知天其實天與我有甚干涉欲求知天者只爲萬物無非天地生成天地爲萬物元始要終不得故求反始要終反始故求知天耳人生

七尺長十圍大這形軀與禽獸何異。當血氣盛時，縱耳聽聲，縱目視色，縱身淫慾，實無異於禽獸。即知生知死，而知能不盡，不能至知窮理盡性以至於命，倫物不察，人道不立，是爲負天之正命，與野狐鸜鵒何異。志士仁人，一念及此，心慘魂消，故不得不求立人。故人禽之辨，乃志士之真利害，爲學必本於此，其志乃大。一立人，則不偏天偏地；不偏天偏地，則與禽獸別，而人道立。人道立，則與天地竝立，而大而久，而了生死不足言矣。

師曰人不知所自立便不知人之異於禽獸試看人與庶物別異在甚所在士曰在知上師曰既知人與庶物別在知上則須至其知始得須事事物物件件盡知乃爲至知只這形軀不知其所終始不知其所自立豈不枉此天命之知而甘陷生死與庶物無別乎哀哉

師問曰香爐是甚麼做的士曰銅做師曰果是銅做的麼少頃曰銅又是甚做士曰陰陽師曰喚甚作陰陽曰無是陰有是陽師曰喚甚東西作有士曰做成

香爐是有。師曰。此謂轆轤語。汝說香爐是有。我又要問香爐是甚做矣。且陰陽二字。說向道理去。此爲離物之虛言。便絕知天之路。請離陰陽另說。士無對

士問三教之名始於漢。何言古之聖人必明三教。師曰。上不云佛本天。仙本地乎。古之聖人必明天地。明天地。是明佛仙之本也。必待佛仙立教。而後言明教哉。

第二日正講

師舉拂子曰。是甚麼。自答曰。是拂子。乃云。大易六十

四卦。三百八十四爻。一萬一千五百二十數。只此一句為入門只此一句為究竟實而言之。只此一句成變化。只此一句行鬼神。只此一句與天地相出入。只此一句與仙佛分同異。只此一句同凡夫。只此一句作聖人。諸位還信得及麼。如謂別有。則屬異端。如忝承當。又屬罔誕。超凡入聖。要在至知。且道如何是拂子的生始。也須知得始得。揮尺輟講。

問答

師曰。坐間諸位。俱曉得拂子。俱執得拂子。試說這拂子是甚麼做的。衆無語。師曰。是騣做的。如何不曉。一士曰。萬物生於土。謂拂子是土做可乎。師曰。土是甚做的。一上曰。是天地做的。一士曰。是意。必固我做的。師曰。謂意做者。是謂萬法生於自心麼。一曰。生於意。意生於心。師曰。此心意從何而來。一曰。從父祖生來。一曰。從無心生來。師曰。從父祖生。父祖又從誰生。既曰無心。無心則無生。無生又作麼生。莫又混言無生無不生麼。若以無生爲心。混言無生無不生。則此知生。僅足知死。若知生生爲心。知此生生本自天地便知生我之本知生我之本便知生知生便知死矣旣知生我之本便知人與禽獸之所以異知人與禽獸之所以異則自知立人夫子云未知生焉知死大易惟言資生資始以知生重於知死立人重於惟心也

師曰知生之與知死雖若對說其中差若天淵知死則如筆硯椅几房室鳥獸草木萬類不齊一火焚燒盡爲灰燼知生則知品物流形庶類受生之自草與木異鳥與獸異一獸類有萬獸之別一木類有萬木

之別。一獸中有頭有尾有毛有齒。一木中有花有葉有南枝有北枝。種種別異。莫不各知其所繇生。故能類萬物之情。人之性情無不曲盡。故能通神明之德。知生知死之同異如此。大易一書。聖人獨爲知生而作。知生。豈僅對知死而言者哉。

士曰。學人虛度五十。思此色身杳無着落。平日信心念佛。近始皈向宗乘。究竟神魂錯亂夢想顛倒。特向易師請益。師曰。出生死。惟有叅禪一門。淨土國云三根普攝。然上根之人斷不從淨土下手。透盡禪宗。究歸淨土。從古禪師多有之。若初發志從淨土下手。便非上根矣。參禪爲立地成佛。是了知邊事。念佛爲往生見佛。是持念邊事。持念與了知何啻千里。豈特九品三根之分而巳哉。學易專爲立人。然其中有一四之數。則與禪宗名異體同。而象數之變化。視五宗之法爲尤精。此非極數者不能知。何爲一四。四本地。一本天。雖一四竝舉。然貴得一用四。用四。必先絕四。得一貴知用一。知用一。則四絕而生死出。知用四。則立地安身與諸祖齊肩矣。何謂地。舉目前聲色臭味皆地也。雖至微如蒼霄亦地也。蒼霄聲色作麼生絕乃推出香爐云。是甚麼。士曰。香爐。師曰。落生死矣。執爲香爐則眼必見是香爐。心必言是香爐。眼見則被色攝心言則被色汚。被攝被汚死在香爐之下矣。士曰。求師直指。師以袖覆却曰。會麼。

僨問如何爲玄學大旨。師曰。在齊物。僨曰物作麼齊。師曰。拂子誦南華。你聽得麼。

師曰。老子一書所論者道。常及天下國家。且及用兵。後之玄學惟知守氣。何也。及乎守氣有效。接物不應。

雖亦自分性命二學。然僅知以氣爲命。以神爲性而已。若其見性復命。煉氣還神之說。終不出守氣窠臼。非開目接物與天地常久之神。死而不亡之性也。性命固不可判分。亦不可强合。命學則從守氣下手。若性學究從何處下手。下手且不知。將從何分合哉。玄學本地。自重歸根得命。然非通性學。則命根不固。根不固。則命不立。性不通。則道不生。性不通。道不生。欲求通老莊所論之道。不可得也。老莊之道。亦幾幾乎絕矣。可不哀哉。

愼曰。玄學惟以谷神玄牝爲宗。竝未聞別有性學下手之說。修性不修命。得毋類於禪乎。師曰。莊子云。六合之外。聖人存而不論。聖人還是曉得不論。不曉得不論。愼曰。既是聖人。豈有不曉得者。師曰。聖人還是生而曉得。還是學而曉得。愼曰。學。師曰。曉得六合之外。可稱仙人否。愼曰。非仙人而何。師曰。聖與仙是一是二。愼曰。二則不可。師曰。仙尚長生。聖尚立人。如何是一。愼曰。此不在形迹上論。在性上論。師曰。據道凡所言。老莊宗旨。其不在谷神玄牝可知。已性命二學雖如合璧不可偏廢。然知性不修命，但此形色之身，或疾病相侵，血氣不得其和，衰老之來，視聽不仍其舊而已。若其心目之覩天地，交事物，順逆往來，意之所至，自逍遙六合之外，與造物者同流，豈與存神六尺之軀，以氣合天地者同日語哉。然性情外得，神必內閒。神閑氣交，命學自統其中，有不待言矣。若修命不知性，不但心知溟涬，觸物不通，如山麋野鶴而已。一涉人事，彼此搆鬬，命根必自潰裂。南華云：木中有火，乃焚大槐。此言性學不盡，命中有性，陰陽搏擊，則一旦性發而命爲消殞甚言性學不可不盡也相傳列仙五百歲有雷霆之擊須知此雷從命中發出非守氣還丹所能避所以性命二學有如天地惟天統地惟性統命而性學爲獨尊也

師曰精氣血肉最微者莫若氣心意知識最精者莫若知知與氣雖復精微無間却是判然二物氣不團結則與虛空之氣通與虛空通則屬虛空與我無涉與我無涉則命不立與我有涉此爲立命我不守氣則氣不結知不依氣則氣無知我氣無知則我守不

固知知依氣而不能開目因物以通天地則所立之命止依一內守之知及乎物接心闘內守蕩搖命根終復不能自固命立自性性受於天天命不隱雖團氣中與時而發故不能盡性必不能保有其命此性學所以爲獨尊也

師曰如何爲名偵曰道無名聖人不得已而强名名卽道也師曰不强名難道聖人終身無言難道聖人常言處便非道乎名字須有指實如無指實將名字浮向理路去則不能眞實無名不能眞實無名則不

足入玄只如這箇名要去他則甚莊子云名者實之賓以名爲賓則是實爲名之主矣究以何物爲實名實若辨不清如何去存得他大槩玄門性學已絶命學僅存口訣性學傳則命學無秘今僅傳命學則止可稱術不足語道矣大道既喪而不知歸名實無指而不知求罔然以言消名以術當道使後學無聞伊可哀也

師曰莊子齊物論繫次逍遥遊之後可見非齊物論不能逍遥論字上連物字可見論非泛論矣論曰以

指喻指之非指。不若以非指喻指之非指。如何爲物。如何爲指。如何爲非指。愼曰。此以眞假對看云云。師曰。若無指實縱註解得去。都是虛空道理。立指齊物。秪爲見性。若解向理路。即終身討論物論。終於不齊。終身不得見性。反不如實修命學矣。譬如禪學絕不言命。及至法師講論。口言最上一乘。反不如二乘入定之實得。豈最上一乘爲不如二乘哉。蓋口言之不如實得耳。愼曰。如何爲物。師曰。拂子。曰。如何爲指。師曰。不是拂子。愼曰。如何爲非指。師曰。拂子。愼曰。如何

見性。師曰。拂子不得。不是拂子不得。畢竟是箇甚麼
道。道眞曰。吾師論性。老莊所未嘗言。畢竟似混禪宗。
師曰。三教本於天地。其所位立。固有不同。有無生死
出入開合區處。豈有殊異。每見宋儒說到生死鬼神。
便恐落玄禪二路。諱而不講。不知此豈是諱得的。難
道不講生死鬼神。就是儒麼。禪家竹篦話頭。在大易
喚作歸奇法。易有奇耦。三教出此奇耦不得。難道奇
耦亦是佛說的。佛法開口便說有無二路。今欲諱去
佛法所同。難道將歸奇法并諱却。老子第一章言常

東華語録

有常無難道將此章也諱却老子言有無在佛氏之先此是自家寶藏何反因後來者之言遂欲拋棄不用常無以觀其妙常有以觀其竅此老子開口爲人處竅妙在這裏能同此兩者方可入玄將此拋却豈非自絕入玄之路命學只爲得自已即翻身接物吐氣爲符參易成丹少有功行於世終非民生日用常行正事故不足言道猶如疾風暴雨景星慶雲不崇朝而過唐宋已來神仙示現時爲世主尊崇而教終不久行於世者以所本非道故也玄門性宗實後世

玄學所未知。今欲直下見性。直須究取道德宗風。參同大易二三之數。庶或有自信耳。

師曰。吾看老子一書。以道德爲宗。以名爲入手。若以强名爲道。銷去常名之名。入門無路矣。道字本懸虛。懸虛者。以其强名也。强名是虛。說常名是實。指名字雖同。而用此名字之意。實千里之別。道是强名。非下文緊係以常名。則道無摸索矣。則老子言道。亦如今人說道理矣。有無是名之實。本文云。有名萬物之母。無名天地之始。又云。此兩者同出而異名。故知只在有無同得起處入出則異須知同乃入有出有入之謂門故曰玄門今疑有無爲佛法是自破老子之門奈欲爲老子兒孫可乎有無又須還他實處有無對看兩相勾結仍類於佛何謂之玄玄非色乎邊有邊無有則有色無是何色有色則或黃或青或赤或白或黑不可語玄邊無則無色不可語玄須知有爲雙有無爲雙無何以見之曰常有以觀其竅何謂竅如眼耳鼻舌之屬凡中通而外開者悉謂之竅外開則屬形象中通則內虛既有形象則屬聲色臭味故凡

落形象聲色臭味者悉謂之竅聲臭味即形離形忽有忽無不可捉摸故不可以爲門惟色附形質以不動可縷析條分千變萬化雜而不紊於目易辨故指色爲入門色有五色實本於青白青則青白則白青白之交是爲青白兩不得處從青白不得處能同而入焉此之謂玄

第三日正講

師舉拂子曰是甚麼曰拂子只此一句便是羲文周孔之道信得過麼若信得過如何知行不得齊於先

聖若信不過你又喚做甚麼須知這一句聖之與凡直下知見則同原始要終知見自別自然不可輕信若輕信去便如佛法中凡夫解脫矣看經解義說任運便任運說隨緣便隨緣以未悟效已悟以凡夫當佛祖此爲凡夫解脫在良知家爲直下承當亦此病也這拂子是何物做的能窮究其生始麼能知盡無疑麼於此不能卽拂子是道自然非渠所能承當矣萬物莫不受命於天地之中天地之中是何形象也須參看始得大槩道有二門從天入者在知邊盡從

地入者在氣邊盡靜息則偏於氣參禪則偏於知偏於氣者乃連山之餘波偏於知者乃大易之旁出聖人不作易學失傳佛氏西興偏天立教傳及東土諸祖千爐百煉濾滓存眞自大慧而後則有參話頭之說其教人之法可謂美善無餘矣然意雖歸一而見不知天法雖無餘而悟不立人易學天地一句雖猶禪家之話頭然意一言一要歸於天歸天斯知天知天斯知人也故欲求萬物之生始須看天地之中然要看天地之中又須先看眞天眞地要看眞天又須

先看眞地揮尺輟講

問答

士曰參禪爲出生死學易爲知天人禪之弊固在不知天人若不切生死縱知天人總是文字之學亦何所用師曰然傳曰物相雜故曰文聖人據相雜之文而作文言文言豈非聖人之文章又曰其辭文繫辭豈非聖人之文章又曰通其變遂成天地之文揲蓍豈非聖人之文章故學易實實只須通此三篇文章而了生死不足言矣故學道者惟通文章之爲正而

了生死之爲偏。惟通文章之爲大，而了生死之爲小。何爲偏。只了一身一心之生死，而天地之大有所不知。何爲小。僅了一身一心之生死，而天地之變化有所不盡故也。

士曰：聞學易爲辨人禽，是否。師曰：豈惟人禽之辨而已。人禽辨則知至人立。大而天地，而生死，小而一草一木，明而禮樂，幽而鬼神，天下之理無有不窮。士曰：然則辨人禽與了生死相似乎。師曰：雖有相似而實不同。了生死者不辨人禽，人禽辨而生死自在其中。

嘗有二語云。生死事切。立人道大。生死二字。不徒高明人畏懼。小人無不畏懼。至於犬豕螻蟻皆然。此人禽之所同切。士曰。然則該從切處學。師曰。從大處學。士曰。生死亦大事。師曰。從尤大處學。士曰。何者尤大。師曰。立人。士曰。生死切己。餘非切己。只屬閒事。切己處不了。管甚閒事。師曰。恁麼則以立人爲閒事矣。古語云。人之立功。成全爲上。能立人。又了生死。則何如。士曰。先要了生死。生死不了。許多道理從何說起。師曰。從立人說起。易學無兩段功夫。先求生死。再求立

人則爲支離斷續矣或學佛法僅了生死後求大學
立身仁義此則可分二段易曰立人之道曰仁與義
上文說過陰陽說過剛柔又說仁義陰陽剛柔仁義
還是六件是三件是一件說過立天說過立地又說
立人還是三件是一件中庸曰致中和天地位萬物
育工夫還在天地上做萬物上做還在中和上做易
曰乾以易知坤以簡能又曰易則易知簡則易從易
簡而天下之理得工夫還在天地上做萬物上做還
在易簡上做書曰光被四表格于上下又曰克明峻

德以親九族神堯還在四表上下上做還在明德上做所謂生死吾儒則只舉一生字人何所自生生始惟天故易學主在立人而其要則先明眞天天人竝立曰立人曰立人而猶不知天乎知天而猶不知人之生始乎知始而猶不知生乎知生而猶不知死之落處乎故一舉立人而知天知人括其中一舉知天而出生死括其中佛學僅從生死發志則與小人異類同一畏死故其所了只一心之生死實不知此心之爲眞天故雖翻身得句而不能得眞地以立象起

數以通天地變化以明吾心之德故止知入纏垂手平等度生而不足與言明物察倫之道不足與言天下國家之事然非揚易而抑禪易學不明所賴者禪亦非佛立人而屈生死凡夫惟聲色名利是昏不惟少壯之年倚血氣不畏生死即血氣既衰亦不知少動其心老死而悔無及者多矣生死既動貪欲自消研窮佛學心思漸細寔可爲易學種子然則今之佛學謂爲聖學之功臣也亦可

師曰所謂至知者知至知也至知則至心矣無所不

至之謂至。故在心至心。至與偏對偏天偏地。則不至。所謂立人者。立心也。立心者立。知也。立與倚對。倚天倚地則不立。所謂出生死者。出心之生死也。出心之生死者。出知之生死也。出與知對。知人知地則不出。士曰。生死是一齊到底麼。師曰。若得一齊到便是好消息矣。禪學名爲前後際斷。只爲生死如火焰水泡。一起一倒。不能齊一。所以有輪迴顛倒諸苦。於今眼見拂子。心知拂子。拂子上不能停住。知見必遷流於茶碗。茶碗生則拂子死。茶碗又復遷流於拂子。拂子生則茶碗死。知見離拂碗兩無着落則爲斷空。當其暫停於拂子。自執拂子爲身。佛云攬塵爲身。攬塵屬貪。不攬屬嗔。旣攬塵爲身在物上盤旋。此之謂癡。而心意識三者又因以遷流造諸善惡。故人不知此中落處。實受佛說三途輪迴之苦。自非要其齊到。一反眞天。實不能了出生死破此苦趣也。

士曰。眞對假立。天何假。這眞字也不消得。師曰誠如所言。佛云無二文殊。眞天猶是。然旣有假。不能不立眞。言眞天者。對假人而言也。無可奈何之言也。且問如何是天。一曰。沒有語言的是天。一曰。二氣巳前之理。一曰。人心卽是眞天。師曰。假矣假矣。此倶天之名號道理。故眞天之名不得不立。於今且不問天。試道如何是地。士曰。茶碗是地。師曰。茶碗是地。又喚何物作茶碗。故此不得不立眞地。

師曰。拂子是甚做的。衆無語。有童子對曰。騣做的。師曰。所謂不若赤子者此也。所謂知見爲毒者此也。人人曉得是騣做。不肯說出。只爲被知見碍。再看騣是甚做的。曰。馬生的。師曰。馬是甚做。曰。老馬生的。師曰。

老馬又是甚做。曰。有箇最初的馬。是天地生的。師曰。天地作麽生。童無對。一士曰。此與看父母未生前同一機軸否。師曰。此大不同。曰天地作麽生。豈不有天有地。從此參入。便是易學參天之根。曰父母未生。則無父無母。從此參入。便是禪學絶人之根。此處關係甚大。最要分辨得清。就父母未生句。亦非禪門正示話頭。可以無參。士曰。參禪只爲死後生前。何以此非正示。師曰。除去溈山一問。從上宗門大匠。曾有拈此示人參究者否。此與念佛是誰。一口氣不來。諸話。雖爲理路正疑。然止堪作門面綮峭。無益眞悟。語云宣州木瓜。堪看不堪喫。何也。以其離事無答故也。在事得用之謂禪。離事則易墮體。無答則難得句。須知禪學止在得句。故從古眞正作家。惟以麻三斤乾矢橛等句示人。若於生死漫不干切。而不知生死必得此乃能了也。此如秀才求中。不在磕破試官靴尖。只在𦡱下書上吟哦耳。心切生死者最宜知之。

第四日正講

師曰。如何爲眞塵。微塵是。何爲微塵。日中之塵是。如何爲眞天眞空是何爲眞空師以拂子一揮曰於此看取如何爲天地之中曰塵曰空各具體性塵既自具體性則必不爲空之所碎塵在空中又必不能出於空外出碎不得則此彼雙立各具體性則各有邊際二際相交分合不得此謂天地之中中左爲塵中右爲空塵則有形空則無象塵空之中復是何物吾言止此學者於此自見始得然今日相對不惜畧通一線乃以拂子一揮云見麽輟講

問答

士曰某根性下劣為學無門敢問從何而入師曰教有三家曰儒曰佛曰仙細分則有七門人生莫不受命於天所謂學學天之謂也雜流百家之學不過本之日月五行躔度律曆與人心無涉與真天不通不足以言學惟三教之學內本於心上達於天或從天入或從地入或從人入從天入有三門有天之天天之地天之人從地入亦有三門有地之天地之地地之人從人入惟有一門人之人也何為無人之天人之地惟人不可離以天不可離以地離天離地則真

人不立故惟人之人一門而已所謂天之天者禪學是也天之地者玄門性學是也天之人者大易參兩之學是也地之天者禪定是也地之地者內丹是也地之人者運山主靜是也人之人者格物致知是也天地之間明列七門人自不由何謂無門但觀立志何如耳舉拂子曰這是門我這裏是易學從天地人入手既知天地人然後精之以參兩九六之數今日所說正是示人以門門者天地也易曰乾坤其易之門這兩扇大門在這裏根有上下教無二門

師曰。天地之中一句。是儒家正門。入了門進去。便立在堂上。此之謂立人。入門自然見象。象是立的。故見象就是立人。儒者之道從天地入手。然非如易云仰觀俯察也。仰觀俯察。是最初事。既入門後。又是最後事。最初仰觀俯察。起幽明之疑。最後仰觀俯察。知幽明之故。既起幽明之疑矣。於中能拈取一粒眞塵。對待眞空以爲門。此爲眞天眞地。此爲易學眞門。既入此門。就此門中曲折遨遊。開闢八門。四面八方洞開六十四門。上下縱横旁開三百八十四戶。而易學盡矣。以此觀天察地。故知幽明之故。死生之說。鬼神之情狀也。眞實觀察。與這大天大地不相干。只在一粒壁上看。易曰。復小而辨於物。此之謂也。

士曰。嘗聞青白爲玄之門。敢求詳示。師曰。追生物之初。莫不肇始於氣。追氣之所以爲氣。莫不歸於杳冥混沌。不惟玄門。卽儒家理氣之說。亦莫不歸於混沌。但玄學以混沌始。混沌終。故昧言一太極之先。儒者見人事之間。倫物文章。燦然有序。則不敢指此氣爲混沌。又不敢指此氣之先爲虛無。揣摩造作。於氣前加一理字，不知此氣前之理爲復混沌耶？則後之燦然者將何所本？爲亦燦然耶？則一氣之前何處見其燦然？理字起自程子，五百餘年儒儒相傳，籠侗道理，此是彼非。性理一書不下百萬餘言，到底無一收結，徒使後之學者開卷便受理字之害。須知物初本氣，只是一半。適不云乎？塵則有形，空則無象。萬物始生之初，得無象勝者爲氣，得有形勝者爲土，氣土並生，不可偏舉。然大易之數，雖天地合成，實本於地，故欲精易數，無如舉土，而舉土又不如舉石，何也？夫所謂青白者意欲從何處見哉欲見於氣便落混沌即氣之著明者有雲而雲則頃刻變幻莫能定指欲見於大地之土而大土不可縱觀見於一撮之土而土性和柔其交際處必多參差惟石堅剛色乃分明故無若見之於石也雖然石有分寸之大則色有分寸之廣色有分寸之廣則青白之交亦無以辨其眞故舉石又無如舉塵既欲觀塵非入二三之數實不見其竅妙今且於天地之生尅少舉言之試觀天地之生物舉是何色於五行觀之青屬東方白必屬西何也

從青白觀者。卽是從東西觀。卽是從金木觀。卽是從死生觀。姑舉大概。欲得親切。須看二三然後商。

眞曰。浮游守規中。不如守中。二中異同何如。師曰。古人爲書徹內徹外。魏子兼內外丹而作參同。爐火在此句見靜功亦在此句見。老子兼性命二學而作道德命學在此句見性學亦在此句見。規中卽是黃中。浮游者。若存之意也。靜功未居泥丸。常存此中。守中之中。以命學言亦然。以性學言。則與莊子環中之中同。以其上承多言故也。莊子齊物篇大言炎炎。而下屢及言字。故示之以環中。

第五日正講

師舉拂子曰。這是草做的麽。若云是草。是人非愚則瞽。是爲不知拂子。又揮拂子曰。可以用草做麽。若云可以草做。是人非愚則瞽而又折。是爲不知揮用拂子。人生有目不辨拂子。有手不知揮用拂子。則雖生人猶死人也。是以人生莫切於至知。窮理。所謂窮理。豈如鄭樵之考古。張華之博物哉。豈如家語徵夫子之聖。以商羊萍實云哉。如此則誠於生世何補。於身心何益。毋怪後學以生死爲切爲大也。理從玉從里。里從田。田必有井。玉必有文。離田能見井理否。離玉能見文理否。中庸曰文理密察。孟子曰理義之悅我心。古人言理必依文義。從無一言落虛。從無一言務博。易曰窮理。既知理依於義。則知義本於爻。爻者何。在天爲數。既畫爲爻。立卦生爻。莫不本於倚數。數又何物。天地廣大。何所底止。日月流行。何所終窮。雷之起。風之發。從何所自。水火何爲而炎流。山澤何爲而高下。如吾乾知一問。可昏而不知。置而不窮乎。可云無理於其中乎可如宋儒云氣前必有一理卽爾消釋不疑乎可如庸人俗學以爲不切人生棄而勿問乎不知天地之廣大則不知吾心之廣大不知雷山之起止則不知吾身所自生今夫人生何爲而必資男女之合合矣何爲而必胎以十月何爲而必懷以三年十月之內肺肝耳目何爲而生成三年之中知識聰明何爲而開長子女一胎何爲而有牝牡之異兄弟異乳何爲而多形體之同骨肉一氣何爲同習而或異好南北殊方何爲兩土而有同情均此形體

均此食飲均此聞見何爲而或大智如舜何爲而或昏愚如禽卽此形軀何爲生約七尺而再不加長體必四肢而再不加多目何必二而不三指何必十而不九身塊肉耳何爲而能動走喉寸管耳何爲而能語言首何爲直立而不橫年何止百歲而必死此而不知蠢蠢蚩蚩何異禽獸立身對人竟成庸俗取富取貴沒沒一身則已少見施爲必成錯亂罔生幸免何足以語成人之道哉故不知山澤風雷之變化終不足以知生不足以知生終不可以入聖賢之道窮

理二字乃出於人生必不得已之心故窮理之志尤切於生死但不遇先知舉揚人自不覺耳只如拂子一問聞者盡皆知之盡可至之皆知者以其人本是人也可至之而不至之者蓋以其人不知立知窮理也假使不知拂子則見飯不知飯當飢不知飢三日七日而死見水不知水見火不知火見鋒刃不知鋒刃亦必不終日觸攖而死故有知則生無知則死若只畏死不知立知窮理一旦知偏即頃刻死矣即畏死亦所不知忽遭戕殺惟叫號而已且使人生如牛

馬人安之乎。降而下之使如木石人安之乎。使如塵
上人安之乎。人之所以不安於此者。惡其不成人也。
惡其不成人者。惡其無知也。是故至知所以切死。
窮理正所以立人。故至知窮理爲尤切也。故耑志生
死則無涉於窮理成佛成仙而已。欲求立人以與天
地竝立。何可得哉。蓋生死之志不過畏死而發生死
既了。此志休矣。故僅了生死。在佛教亦判爲二乘。以
雖切而不大也。窮理則於天下之理無有不窮。幽明
之故生死之說鬼神之情狀盡該其中。知周乎萬物

而天下之理得乃謂之人曰人則必仁曰立人則必立仁曰立仁則必立義禮樂立義禮樂則君君臣臣父父子子而人道立人道立則自國治天下平萬物育天地位矣豈惟二乘之了生死卽釋迦之度衆生盡在其中此了生死之學立人窮理之學同異大小之別也輟講

問答

愼曰易有太極是生兩儀兩儀生四象道生一一生二二生三佛氏俱判爲無因何也師曰夫三人雜居

以一人而判二人此一人者必立身高明盡見二人之是非本末就二人之是非本末以判二人彼二人乃服若雖得他人之大略未盡他人之曲折夢然以巳見判之何以服他人哉吾觀佛氏子孫不惟教家無知即五宗大老竝未嘗學易竝未嘗學玄乃欲輕判易玄此皆所謂夢然者也意彼判無因者彼蓋以兩儀爲彼之因緣太極爲彼之自然以周子之無極當彼之頑空以太極爲有因故以無極爲無因耳若易之太極果如是可以配觀則其判爲無因也固宜

倘不如所云云則是渠敎自判因緣自然自判有因
無因與太極無涉也何謂太極究生物之初惟有天
地天極邊地地極邊天邊地邊天中極由立是爲三
極是三極者言地不得言天不得言中不得言地不
得以天極於地言天不得以地極於天言中不得以
中無自體也中則無體天地有立惟中與立惟中旣
立天地惟中惟天地中三極竝極故名太極故一舉
太極三極在中三極不得歸靜不得惟動生變陰陽
由立是謂易有太極是生兩儀也若擬佛法配之眞

地惟塵眞塵惟四佛之有無四法乃易之四塵四見逆絕乃易之眞天翻身得句不過易之天五賓主開合不過易之用十佛以一心無生爲宗不過易中主天之說盡五宗之變化不出易學一四之數曾無與於太極太極立而陰陽生陰陽生而六十四卦生六十四卦之中萬有一千五百二十之數存焉萬有一千五百二十是爲萬物之數其生物也如此是之謂生生是皆一本於太極試據此觀之其將謂爲有因耶太極果作何象其將謂爲無因耶天地究何分合

將以爲四法凝結爲不至佛法耶則有時主天爲用
將以爲四見迸絕爲同於佛法耶則此止謂天極而
非太也反以詰之不惟判以無因不得卽求同於佛
法亦有所不得矣故極無生之法充佛氏之學必無
由以眞知太極若玄之爲道曰可道非道物生於有
是爲可道有生於無亦爲可道可道非道則有無非
道有無不得非有無不得乃謂玄開之則四合之則
二三不到處合二爲三故一道也有二有三有中有
四中者一也從二從三而見中則從二從三而見一

故曰道生一。一後之數。方爲後天之數。一前之數所謂道也。斯道也。以數指之可指爲四乎。其非四乎。可指爲二乎。其非二乎。可指爲三乎。其非三乎。可指爲一乎。其非一乎。是道生一。生二。生三。是三生萬物。其可謂是因緣自然和合而生者乎。其可謂非因緣自然和合而生者乎。佛氏亦以無生邊見判之實亦夢夢者也。總之。儒仙無人。故致妄判。佛氏無人。故肆妄判。三教後學欲求原本無疑。必須精研大易三門之數。同異辨。是非明。則三教與矣。

師曰。佛教所謂因緣。只須以大易耦數觀之。所謂自然。只須以大易奇數觀之。奇耦俱不足以言生。奇耦俱生於太極。奇耦在天曰陰陽。故繫辭傳曰易有太極。是生兩儀也。

第六日正講

師曰。萬物受天命以生。所謂性者。二之謂也。天無二天。人有二性哉。雖然。天命惟一。見性則三。追生始於理氣。必不能明辨。惟能於空塵色虛本象起數。乃可條分縷析。論者有云。三教同根。教異道同。此說不然。

見性且三何況於道譬松栢栗三木並植有云其葉雖異其根則同知此言不可則三教可以喻見矣究生物之初始於何物易曰大哉乾元萬物資始此乾元究是何物爲有一物耶即此一物又資何物以始爲復眞空耶空則空矣空復如何生物須知必有資生者在焉此資生者與資始者之有無爲復同時立有耶此有爲復又待於無耶爲復有無判然有先後之分耶若此不能明見精辨則不可以言異同何也同是一說異是一說同異雙立便成對待同異對待

則不可以判同異矣。然則三教不可判耶。曰。執一以判三。終不若立三以同一。此如三人竝立前置一鼎。立左者見左足。立右者見右足。惟立中者爲得其全。然非明立三足。精辨左右。猶爲中立不正。而居左居右者。猶且不得其同。夫執一判三。則必以所執者爲主。旣以所執爲主。其以彼二爲別耶。固未嘗見二。其以彼二爲同耶。則猶是見一。是雖名同而實未同。雖言論有同。而實心行不同。天下之事。混同必亂。易曰。君子以類族辨物。蓋惟能類。乃能合耳。天下生民所賴者政刑之平而已。三教之辨，雖林下道人之閒談迂論，然三教不明，則人心淆亂，趨向無常，風俗龐雜，禮莫能齊，樂莫能合，而禮樂不興矣。禮樂不興，則上雖嚴刑厲政，無益於治。此秦漢以來明君賢相疲勞於上，無救生民塗炭於下也。然則三教之道究爲異乎？曰：可一，可三。謂之可者，非人之所能可也。原其本一，本三耳。設本一而見三，則佛仙之教何能與吾儒並行並傳以千載不墜哉？然立三而一之，自非眞知易學、眞知天地人之並三則不可。世無眞知天人、眞知易學之儒。則格物之學雖能明辨。亦只與無生長生三玄。莫能同一也。昨有佛氏判儒仙爲無因而生之問。答以佛氏不明儒仙而輕爲判然。昨日之答。亦屬草草。恐復受佛氏有不知佛而輕答之誚。意無因之說。必本諸法不自生之偈。言不自生者。以不自自然生也。不從他者。以不從因緣生也。不共者。以不從因緣自然和合生也。不無因者。以不不從因緣自然和合生也。旣四不生矣。非無生而何。以無生爲宗。故凡見處自歸結於無生而止。豈萬物之生。果無生無不生者乎。豈執一無生無不生之見。即可該萬物之生生乎。蓋萬物之生。其中原有無生之道。但不可執耳。佛主破執。其破執處。正其所執。故以破執爲宗。吾亦曰執也。今原本佛偈爲儒仙聊和二偈。

原偈

諸法不自生。亦不從他生。不共不無因。是故說無生。

爲玄宗和偈

萬物從無生。亦從一氣生。亦共亦無因。是故說長生。

大易和偈

萬物本天地。無生而長生。長育無以始。無知長以生

亦共亦不共。亦因亦不因。兼三以分二。是故説生生

然此三偈。只屬道理邊事。今欲眞見無生麽。以拂子

擊卓一下曰。拂。欲眞見長生麽。曰。爐上走龍蛇。欲眞

見生生麽。曰。看來只是箇香爐。欲知三教之同異。須

向此叅取。輟講

問答

士問非冥之義。師曰。莊子一書。皆寓言也。不作寓觀

不如勿讀莊子。既作寓觀。而不知所寓者何象。亦不

如勿讀莊子。古人論道。必兼內外。如大易列六十四卦。又有連山章。此兼內而言者也。如曰六爻之義易以貢。又言洗心退藏於密。如曰參伍以變錯綜其數。又言寂然不動感而遂通天下之故。此皆兼內而言者也。曰象。內外皆有象焉。外象者何。法象莫大乎天地。天地之交。則必有象矣。有象則必有數矣。莊子雖未嘗辨數以通天地。然所見之象。則暗合二三之數如何爲冥。冥與明對。如何爲明。大學言明德必指格物。明字不虛。則知冥字亦不虛矣。冥字從一。從日。從十從六。四字合義成文。明從日月。日月繼明之謂明。日月竝明之謂明。則夘日月竝冥之謂冥矣。日十六者。日當月之十六。日則既落於西。月猶未升於東。當此之時。在地之上日月竝冥。在地之上竝冥。則在地之下。其竝明可知。故玄之爲道。外冥而內明。兩瞖之中一點明。亦暗合此義。卩者。象冒明入冥之意。冥之實義如此。今以性學徵實言之。如指茶壺曰。此爲何物。曰茶壺。此之謂明。然明此而不明彼。則必是此而不是彼。是此而不是彼。則必有是彼而不是此者。是謂偏明而兩爭偏明則物論爲之不齊兩爭故是非日鬬則不足以入玄惟於此冥得乃爲玄乃入道遂之門何爲北分比之謂北分比者兩人相背也兩人相背之謂冥故玄學初門之象數有象如冥其位在初又象之以北北亦數也初冥之謂北冥扶搖而上於頂則有九有六此九六又非大易九六不可混之根本既冥則升騰變化無之不冥天地之道北爲幽南爲明幽則冥之猶可南則冥之實難於此而能冥可見北方積厚之力用矣從明而冥是從二而入三

從三而升故曰水擊三千摶扶搖而上乘六而飛故曰去以六月騰九以變化變則萬賅其中故曰九萬里莊子作書之時雖未必其然今以二三之數求之確有其然蓋據數以觀書非循文以合數即不合於莊子亦可畧莊子而自成一說矣又據內丹之象徵之兩腎係背爲北兩腎非二乎腎中之明非三乎腎氣直上上居泥丸泥丸上通天聰耳目鼻舌俱係其中非南方乎耳目之交外物非九萬乎老子曰五色令人目盲五聲令人耳聾一居泥丸耳雖聽而不聽

目雖視而不視。曾何聲色之擾而不逍遥乎。故雖有南北之異乃上下一寘致虛極而氣自通。此寘之入門也。不知性命二宗而談文義皆虛而無用。即文義亦豈能究其精乎。徒是非日鬪。不知守中矣。

第七日正講 是日有長者求舉大易宗旨與用九之義

師曰。立人者。大易宗旨也。立人之實。仁義是也。其徵諸說卦之文曰。立人之道曰仁與義。其徵諸乾之文言曰。君子體仁足以長人。利物足以和義。其徵諸天地之數曰。用九用六。何以見用九爲立人。天地之數。

以參兩立本。至用九而變化乃盡。變化盡而後仁義立。故知其爲立人也。又見之大傳曰。易簡而天下之理得。惟用九乃易。惟易簡乃成位乎中。成位者。成立人之位也。九之用何自而來。本於天一之動。故不從眞天入手則不得天一之動。不從眞人立本則不能上究九六以成變化。必不能成位乎中。令人只立人之形。未立人之心。縱得天一。只成旁立。而非中立。故必本參用九爲究竟。是以以立人爲究竟。此易學之大旨也。自屯以下六十二卦所謂立人之道也。少間。

師曰。傳曰易有聖人之道四焉。以言者尚其辭。以動者尚其變。今且置象占二道。就言辭動變而推之。其門有四。所謂辭者。即後儒所言畫後之易也。畫前之易。則所謂動變也。動變之中。則有象數。象數之象。又非尚象之象。象前之易。辨物講論是也。辭後之易。註疏講論是也。今欲闡明用九要旨。且置畫後象前辭後三易。當特舉畫前之易。乃指香爐曰。對我的是甚麽。自云。好座黃銅爐。只此一句。名爲大易得理之句。理得而成位乎中。故就此一句。即名爲立人之句。雖堯舜格天德業，必據此一句爲基。少有進退出入同異，便是異學。只可成佛成仙，終不可言立人。只此一句，目前愚夫愚婦，眼無不見，知無不知，識無不識。而不得同於堯舜者，只爲不知香爐之生始，故不能自信，則不能於此安身。所見圓者惟形，黄者惟色，不能於形色上達天，則被形色所牽，隨聲逐色，枉做小人。枉墮生死，且道如何是香爐那邊的道理。自云庭前紅日正中天。只此一句，名爲大易通變之句。堯舜德業，無不憑此一句以致廣大。學者或信前句，足以自立。而於此不能翻身者。不精研參兩。不知象數之變化也。有問。師曰。看茶來。只此一句。名為大易生生之句。只此一句。是為用九之句。蓋惟用九為能生生。堯舜如天德業無不以此一句。與斯民共遊浩浩之天。學易之士不能於此句安身者。以或知參兩。不能精研九六。以類萬物之情。以通神明之德故也。聖人崇德廣業。必先用第一句立本。用第二句通變。又須精第三句。乃能於六十四卦三百八十四爻之間。利用安身。此所謂畫前用九之易也。輟講

問答

士問大易中庸是一副道理否。師曰。可一。可二。士曰。中庸惟天之命於穆不已。蓋曰天之所以爲天也。這是天了。於乎不顯至所以爲文這是人了。純亦不已這是以人配天了。與大易立人之旨如何會通。師曰。此正二而一之說。中庸本天以明善。人道之書也。大易極天以窮理。天道之書也。學大易不學中庸。只足窮理。不足明善。何爲明。明本於誠。不知中庸則無以至誠而德不明。德不明則不足以明善。而大易徒爲致知之學雖窮理而不盡性天人所以二也僅知中庸則所本惟此心之中心之中者意之中也所本惟意則足以自誠自誠則自明故足以明善而於天地之大風雷之動日月之運鬼神之幽生死之故不能盡知以無疑爲知人而不知天而天人亦二矣故必學易以窮天地之變必學中庸以明人道之善天人之道始合中庸乃人道之書性本自天故上原天道自天地之道可一言而盡至貨財殖焉此段是言天道惟天之命至所以爲天是自天而人於乎不顯至

純亦不已是自人而天二段爲合天人之道故下文承以聖人之道蓋惟聖人爲能通天人之際也蓋惟通天人之際乃足稱聖人之道也學問通便可分可合故三教不通則三教爲三不通而言通徒害其通能通則三而一雖至指爲黑白判爲水火無之不妙其異異而妙則異而通矣又問中庸小德川流大德敦化論語大德不踰閑小德出入可也這大德小德是一是二師曰一士曰老子上德下德與大德小德是一是二師曰二士曰異於聖學者即不問中庸川

流敎化。與子夏不踰閑出入可也。境界同異求指點。

師曰。四書言仁義道德字同義同。而立言之義與本文前後之位。嘗有不同。前後之位在精微一邊。則本文字面雖淺顯。亦入精微。前後之位在淺顯一邊。則本文字面雖精微。亦不可求以深遠。如論語大德小德與中庸雖同。在子夏口中不過一點卽過。不過甚言大德之不可踰也。若中庸上本堯舜文武天時水土。又贊之曰。譬如天地之無不持載。又徵之曰。道竝行而不相悖。下文更大贊之曰。惟天下至聖爲能聰明睿智。則此小德大德可淺近觀之哉。小德卽寬裕溫柔之十六德是也。大德卽聰明睿智之四德是也。淵泉如淵。卽川流是也。溥博如天。卽敦化是也。老子之言德自與聖學有異。其言上下。則判然有上下。下爲失德。上爲有德。大意如此。

士問無生。師曰。無生者。佛氏之大宗旨也。欲證無生。須先知生。如何是生。或曰。見聞覺知是。師曰。恐將無生墮入道理。故特舉生字。何得又將生字說道理。且問如何是死。生與死對。生與滅對。如何謂之滅。不必深求若深求只可虛入玄微不足證入師取燭跋置几上曰火在何處士曰不見有火師曰點不明白吾爲轉一語曰火滅久矣火滅之謂滅則火存之謂生草木死牛馬死人死之謂死草木生牛馬生人生之謂生無生法曰法從緣生渠言生亦云法從生豈虛言一生虛言一無生哉佛之言法即吾儒之言物也離却目前事物向何處證無生乎豈惟火存爲生即此燭跋之存便是一法之生無生將如何證試將一位問來士指燭跋問曰火在何處師以爐蓋一反覆

闊曰。會麽。士欲語師拂去煩賊。

士問用九。師曰。欲知用九。須知用參。欲知參。須先知奇耦。欲知奇耦。須先知眞知眞能。欲知知能。須先知眞物。欲知眞物。須先知眞象。欲知眞象。須先知眞天眞地。欲知眞天。須先知眞地。大概易學以眞地爲入門。以用九爲究竟。故凡問用九用六。實不過虚言酬答。欲得眞用。先看眞地可也。

師曰。人之異於木石者。以木石無知也。異於犬馬者。以犬馬偏知也。故所謂立人者。立知也。欲知立。須先

知倚欲知知知須先知物

第八日正講 是月師設齋玄服禮拜太上

師曰亟人以學儒而歸太上以玄服而稱孔孟諸君得毋疑乎今略言之吾弱冠學易兼志玄宗北遊龍門過丘長春真人闡教之地寓松陽宮累月訪其遺跡心向往者久之嗣是遍遊名山多遇異人不無口訣未嘗驗試及後盡明天地變化之數於二三門自得兼二用五合十之句究用五合十之終始深明九九合十之數以觀二中起三之象因知心腎所以生

成實白得先天之竅又覩日月運行知連山所以升降之故實自知先天之候於時身居空山覺目前山色樹影來往耳目與此心了不相干白日津液自生中夜起坐神澄氣聚反觀臟腑有如琉璃讀老莊之書無不召合明了即參同諸篇凡先輩之所不能通者無不能指其象而精說其辭蓋參同一書非惟顛倒錯亂難於通曉其間上參大易旁證律曆內函玄關外明爐火坎離卯酉之配合龍虎嬰姹之譬喻砂銀鉛汞之真性情精氣神虛之真竅妙自非兼通諸

家究極根本即白日飛昇之眞仙恐未足以語此最後講易雍熙遇季蕙纕先生不求而傳取氣眞訣始自信無憾然每辟靜專修必遇事而奪意者天或忌全故置之而不敢爲此一生歷履玄學之實跡也故辨其異就玄關一門性命異元若究其同雖儒仙異學玄易同本何謂性命異元玄以神爲性以氣爲命神本天氣本地所以異元何謂儒仙同本仙極於虛儒極於乾元皆根我乎其中是皆爲天地之交既交已後乃有玄易之異耳所以同本故學仙而不知儒

則爲忘世爲我之偏學學儒而兼通玄則爲神人返
天之大道蓋生足以培精氣清志慮死則足以安吾
明神也天下之道分則相害混則兩亡必能分而通
之乃能兩成其美而可以安身可以爲人此儒仙同
異離合之説也此亞人以學儒而兼歸太上之意也
儒者之道固爲大矣美矣惟其大故難全惟其美故
不易授受儒本九二之德必乘九五之位乃能中天
大明於天下故自堯舜以來周公以相輔君其道猶
行於上至於孔孟以庶人終於下矣以孔孟之聖不

克獲位乎上此實儒道之窮此正儒道美矣大矣之
故雖孔孟亦奈之何哉以道乘位固大行於天下然
與其不得位而絶孰若不倚位而傳學道須明辨知
行知行合一此後儒救弊之美談蓋聖學極功固自
合一但知行確是兩截有知中之行有行中之知言
動視聽者知中之行也禮樂征伐者行中之知也知
中之行當以知爲主行中之知自以行爲重齊家已
後行中之知也修身已前知中之行也庶人無位不
足與言國事且齊家無權尚不能行於妻子而況旁

行兄弟御及親族哉亦惟知能上達天德只修自身之言動可耳此古人餘夫之謂也今日以士自居以聖人爲學而其位如此所謂知行又如此知既不見於行矣豈將因其不行并吾所能之知而棄之并吾所能之知而恐一切絶之其知維何知天知地知風雷水火之變化知幽明生死鬼神之説而爲禮樂征伐之行之根者也譬如樹不開花并其根種棄之則永復無花既得開花之種則舊根凋零非已之任惟有保藏此種以俟後世而已然既曰藏則藏之須盡

其道，豈猶藏於既凋之幹耶。藏粟無餅，何妨寄種於麥。同麥播種，同麥抽苗，敷葉後有良農，一見而植之中田，以遂其生長，未可知也。此今日以玄服而稱孔孟之苦心也。孟子曰：以身殉道，豈惟玄服，若玄服不足以藏，吾將僧服以藏之。惟三聖在天，有鑒予心。輟

講

問答

師曰：空對塵見，虛對色見。一落有色之氣，便不能入虛。入虛須從真白下手，是謂玄門性學。

士問何爲眞白師曰玄門玄字本大易天玄地黃而來玄之爲色豈是可見之色坤六五言黃中則知上六爲通天之路矣黃中者言黃色居中也五色須知惟有二色青白是也青白二色雙有雙無離青無白離白無青青因白見白因青見晴空千里一碧雪夜千里一白中間曠蕩何處着眼一雁飛過青白劃然能見青白爲赤不見青白爲黑青白赤黑之交其中一點爲黃黃赤黑皆青白之變化非惟玄不可見卽中黃之色亦無自體卽形無以見青離形又無以見

青知青不以形見而以白見知白不以形見而以青見則眞白見矣

師曰如何要看眞白只爲人被名物浮去不能歸實不能歸實則不能歸虛老子曰去名返樸樸則實也欲知眞虛須知眞實眞實者聲色臭味形也五者皆實何爲只舉色色又只舉眞白蓋形聲臭味四者不便以舉辨如方圓二形則成二物不足以見二物相交之邊際聲之宮商一響即過臭味以鼻舌而辨俱有未便故惟色爲可辨五色本二色故惟看青白爲

要也青白辨而五色辨五色辨而聲臭味俱辨矣此太上所以單立玄關玄關所以單舉真白也青白不到處謂之玄須知宫商香臭甘苦長短不到處皆謂之玄故老子云五色令人目盲又云聲音相和皆是於聲色臭味上點玄路也玄字從上從二圈二圈連環横列之謂玄上下連環之謂又玄篆文玄字正是從物象上畫出今玄門之士惟於兩腎坎離中印此二圈而不知向此尋求豈足爲道夫天地之交有内即有外止在一身之内一氣之中尋玄見妙故開眼

便被聲色所搖向內尋求因自判爲內玄門矣乃外玄又專屬之爐火不知爐火得鉛小爲銀汞大亦不過服食何與於心即服食而飛昇吾恐飛仙之心猶一混沌凡夫也亦豈足爲道乎

傎曰玄學獨稱道士何也師曰此美稱也古之士莫不學道故稱士不言道以學道爲士之事稱士而道在其中也秦漢而降道與士離士則耑學文學吏治名稱爲士而絕不志道意專志學道之士慮無以別於俗士因自命爲道士用以自警而人以其言行離

俗也。亦因而別之尊之曰道士。道士云。聖人不作。學雜道分。學道之士辟而入虛莫之能正。自多學爲老子所謂道德之道者。總之離俗超群。俗學無辨。槩以稱之。曰漸日久。仁義衰而道德興。先王之士盡入時俗。而道士之美名盡爲學老氏者所獨擅。此或玄學道士之稱之所繇來歟。今之稱此者其循名求實。精玄通易。以無愧古之所謂道士可耳。若徒有其名而無其實。吾不能不爲學玄之士深致慨也。

第九日正講

師曰天下之物嘗有名同而實異者天下之事嘗有言同而意異者三教聖人之論道亦然易學言道德玄學亦言道德是謂名同玄以長生爲道以致虛爲德易以立人爲道以至知爲德是謂實異舉拂子曰止這拂子聖人喚爲拂子雖仙人亦不能不喚爲拂子是謂言同聖人喚爲拂子是明物而喚爲拂子仙人喚爲拂子却是因物而喚爲拂子是謂意異名實同異且置只言同意異一句作何分合今不惜二辭與諸位下箇註脚乃云一榻白雲迷蝶夢三層樓上

聽松風。輟講

問答

士問眞塵。師曰。大塵有形。小塵有象。惟日中之塵。不帶一毫塵土。一毫浮游之氣。至此斷不可碎。故曰眞。佛氏謂之鄰虛。莊子謂之野馬。俱指此也。問眞空。師擲爐蓋於几曰。見麼。士曰。不見。師曰。明明是箇爐蓋。如何不見。舉拂子曰。見麼。士曰。見。師曰。見箇甚麼。士曰拂子。師曰。滿肚皮是塵。

士問如何是立人一句。師曰。三層樓上聽松風。又問如何是致虛一句。師曰。三層樓上聽松風。士曰。求師一語明示。師曰。問來。士曰。如何是立人句的聽松風。師曰。對鏡孤鸞羞見影。如何是致虛句的聽松風。師曰。半輪霜月照昏黃。

士問如何是禪易之同。師曰。樓上聽松風。如何是禪易之異。師曰。硯頭甕水注。

士問玄道易道。名同實異如此。大學之道。與易道亦有分乎。師曰。易學窮天地之變。立人道之本。天道也。大學成天地之能。致人道之實。人道也。在明明德在止於至善所謂致人道之實也及其至也天地位萬物育所謂成天地之能也知明德止於至善是謂明善明善者明仁明義明禮明樂而止於至善也何爲明明本於誠誠本於知知不離物不離物矣知以格之則自知以修身爲本誠者意也從身見意則其意自在於仁自在於義循仁義之實自在於孝弟故本誠意以孝弟而仁義乃實仁義實則德自明故必意誠乃能得人道之實也故大學之道爲人道也惟聖學分天分人故有天道有人道若佛僅得偏天之道

仙僅得偏地之道。不知別分天人。所以不知立人。故皆遠人爲道。然人道本於天命之性。不必上知天地之元。故以知性爲便是知天。子貢曰。性與天道。言性言天道。中着一與字。可見是兩件。孟子曰。聖人之於天道。天道獨歸聖人。又分性焉命焉。可見賢人止得人道。故大學止是人道。佛學落下爲教。向上爲禪。向下爲如來。向上爲祖師。只是一佛出入上下。故佛學只是偏天之道。聖學在易學有塵空色虛知能爲入門。以知爲主。而絕不與意。在大學另有格物一門。以知爲入手以意爲主故曰惟天下至誠爲能盡人之性蓋人道之政教與天道之變化如形與影不知誠意則政教爲虛不知辨數則變化莫測變化不可以誠意而知政教不可以辨數而舉此如三間樓房惟中間安梯下上於中不知立人則不能下樓踏地而以所居之高爲最美最上之位爲先天爲天針而下視人寰爲俗世爲人間世爲世間法此皆偏天偏地而不知立中之故也故禮儀三百威儀三千立本達道治國齊家唯儒者能之

士問易爲天道大學爲人道明仁明義爲人道之實然矣而文言大傳之言仁義非人道乎與大學之仁義如何分別師曰大學言仁義究實於孝弟大易言仁義究本於知能仁義雖同而上通下達之意則不同雖文言原通乎人道然止重知邊精義止重知能士曰知能與仁義亦有分乎師曰知能仁義無分而有分曰知能則止是萬物上泛然一箇知能知知能之中一能實用於人道乃謂仁義究仁義之實必在大學者以易學縱精三百八十四爻之義雖本二位

五以立人道。然不過文言蘊說其中。若夫身心意知之顯見隱微。家國天下之大經大法。未嘗立格章明以示後學。非其教有不足也。蓋天者自不盡人。蓋人者自不盡天。非止勢不相及。蓋其道然也。人道內而父兄。外而君友。立我其中。對我無之非人。交人無之非事。父如何孝。兄如何弟。友如何信。君如何忠。其間厚薄輕重。本末終始。作何先後。作何等殺。作何經綸。作何感通。事人不是觀象。正人不比正物。易曰。神而明之。存乎其人。不言而信。存乎德行。中庸曰。苟不至德至道不凝待其人而後行是知人道非明德不行而德行非誠意不明故究人道之實必存乎明德明德本諸誠意大學之爲教則主誠意明德修身以平天下明仁明義以經明德明孝明弟明忠明信以實仁義立格爲典主意爲學此所以爲究人道之實也其與易學天人之分別如此

士問能與行何別師曰只是一箇能能之不已爲行

士問志壹則動氣氣壹則動志壹字何解師曰壹者專壹也此二句舊作孟子之學非也有告子曰至反

動其心皆是述告子之學

第十日正講

師曰易從日月其義何也見易之道於日月也易本天地不見易之道於天地而見易之道於日月者何也天地變化之謂易舉天地則不足以見天地之變化而天地之變化則見於日月故見易之道於日月也見易之道於日月而易之爲文不竝見而上下見何也竝見則爲明八卦小成離西坎東竝明之象也三畫不足以言易竝明不足以言易也日月上下見

乃可言易者曰非離乎月非坎乎上離下坎非未濟乎上坎下離非既濟乎傳曰既濟定也既濟之爲定以六爻當位係之爲定也知六爻當位爲定則知六爻不當位爲不定矣曰未濟男之窮也未濟之爲窮以六爻不當位繫其爲窮也偏言男者易主陽故偏言男也傳曰窮則變未濟窮而將變將變矣焉能指其爻之爲剛乎爲柔乎故曰不定也如初爻柔也柔將變則不能定其爲柔不能定其爲柔又可定其爲剛乎二爻剛也剛將變則不能定其爲剛不能定其

爲剛又可定其爲柔乎一爻不定六爻皆然六爻不定又能指此卦爲未濟乎爲旣濟乎旣未不可未旣不能其將指爲離乎爲坎乎其將指爲泰乎爲否乎其將指爲坤乎爲乾乎故止舉一未濟而六十四卦三百八十四爻之變化盡在其中作易者以未濟終六十四卦蓋見此道也易道見於未濟故見於日月見於日月故見於一箇易字傳曰六爻之義易以貢舉六爻而六十四卦見矣於六爻見六十四卦而易之義見矣舉一易而統六十四卦之變化此易字之

文之義也而易道見之易字中矣輙講

問答

士問易之爲義既聞教矣何爲周易師曰周易二字先秦無之詳其故因夏連山商歸藏而用此周字竝别耳然連山歸藏實漢後僞書若以周字深求實爲無謂易本天地天地易矣天地之間豈猶有不易者乎易字中已足周字故不必加周字易字之前有極字有本字然此極此本俱本易以立追易之本追易之極自然有本有極然易道之輕重重在易字故不

連本極命名。周字見於大易有二。一曰周流六虚。一曰知周乎萬物。周字意義雖滿無以加於易字之上。夫子贊易惟曰易之爲書。聖人之作易。如必須加以周字。夫子何不加之。嘗以大字加之矣。終非有大字能加於易字之上。因單言不便名稱。故加一字連之。而名大以尊之耳。若以代別之原無不可。易曰。其當周之盛德耶。亦可本也。

士問如何爲眞我。師曰。我即是人。在我謂之我。又問知。師曰。知者。我之知也。知知是知天地的我是並天地

的且問我從何來士曰從父母來師曰我在父母甚
所在須知父母的我就是我的我從父母只管等上
去自與天地竝立最初之我與天地竝立今日之我
即最初之我則今日之我亦與天地竝立矣我即人
大易重立人即知重立我矣試把父母未生前推去
則此父母又有父母未生前推此而言當云天地未
生前天地未生前復是何物故要看天地之中
士曰父母未生前請師道師曰拂子千條縷良久曰
此爲佛學非立我之旨也佛學了生死主在絕我

師曰。此我即在精氣血肉之中。佛學看此我是離精血的。故曰那件不屬父母。聖學看定此我即傳在精血之中。故曰肫肫其仁。親親爲大。此正儒佛別處。離精血有我者。如前世。三世。幾十宿命世說則可。不是本天地初生之我。天地初生之我更無前世。立我則與天地竝立。立我則三世俱斷。豈有父母精血之外之我哉。

師曰。無三世者。究其初之說也。是指立我說。非指衆人也。若今日之人。多是佛氏所說輪迴裏來的。

士曰眞我與齊物之我同否師曰我雖同而意旨不同大易主在立我齊物主在忘我

士曰人死了知向何處去師曰有知之謂生無知之謂死要知死後去處要在活時究取活時如何究取須先知知如何爲知知有兩箇有能知有眞知那箇能知死時將不去的譬如開花只要根存既知眞知落處不憂無那能知故學者要求眞知若不知眞知那能知没有時節眞是苦也

士問語孟所言之知皆眞知乎師曰語孟言知都是

言能知。能知即簡能。眞知即易知。止言能者。舉至能舉能而知自在其中。易知神而不見。簡能著而明章。故旣舉能不必舉知也。

士問心與性如何分合。師曰。心即血肉之心。這心是有性的。性者。心之性也。譬如一塊薰肉。這是沒有生氣的。活人之手。這是有生氣的。腹中之心肝脾肺皆是有生氣的。然只可言有生氣。不可言有生生之氣惟心有生生之氣。人之一身。惟是心這一塊肉是通天的。難道肝脾肺不通天。肝脾肺通天。俱由心以通是心乃通天之總竅謂之性者心生則肝脾肺生肝脾肺生則眼耳鼻舌生心之生如是眼耳鼻舌生則聲色臭味生聲色臭味有分生有合生分生則偏倚偏倚則有沾着沾着這一處則那一處便不生沾着是情合生謂之仁合必有分分雖分而能合謂之義仁義者心之生生之性也故曰性者心之性也

雜錄

堂中四問

第一問拂子是甚麽做的。

第二問天地之中是何形象。

第三問。如何是知知一句

第四問如何是立人一句。

告太上疏

易玄同本必知異而後可同性命異元必知同乃可言異秦漢以降儒仙失傳言異者固涉支離言同者

總歸茫昧。以至大道不通。生民日蹙。某雖專易學。兼志玄宗。從易以通玄。固有自信。從玄以合易。幸賴師傳。深悲玄門一脈。性命殊分。命學則隱顯於私祕。性學尤絶響而無傳。既已失玄宗之半。豈不傷太上之心。維吾易學。同一傷感。虛文浮教。益復無人。某位本餘夫。性甘畎畝。自知無與於宮牆。所願追隨於道侶。上溯命學之傳。源出龍門之裔。故謹從法派。定名明嵩。祈性命之雙修。必大闡性宗於不墜。通儒仙之同異。庶共拯斯世於雍熙

大衍⿰𧾷婁

夜深眼始合。未曉月三矚。日讀六行書。時看一个竹。研辭固竭思。辨物則閒獨。顧我亦何求。立人欲不足。羲皇尚鑿茲。仙佛卒予勗。挈世還文周。舉天絕蹙踽。中田和瑟笙。教學永傳續。我目其寘寘。放歌芳草綠。

三教圖贊

有人持三教圖索贊圖繪先師居東佛居中老居西

佛居西方。其教則大行乎中國。老渡流沙。世相傳其化胡爲佛。孔立於東。豈謂其統天行。以御萬物之出乎。青松亭亭。白雲英英。三人之言。詎其聽之。

聖門學人太僕卿洞庭席本楨助梓貳拾兩

程氏叢書 坤

中庸言說
守白論
雜録
大學述說
程子年譜
附[illegible]録

中庸旨說

天都程智子尚甫著　敎下吳聞詩子含甫述

中庸

中庸何以昉乎。虞書曰。人心惟危。道心惟微。惟精惟一。允執厥中。中之所托始也。無稽之言勿聽。弗詢之謀勿庸。庸之所托始也。本諸人道。攷三王而不謬矣。夫子繫乾之九二曰。龍德而正中者也。則是中說也。庸言之信。庸行之謹。則是庸說也。本諸天道。建天地而不悖矣。然則中者孰謂。心之中也。庸者孰謂。中之用也。觀之六爻，于初曰下，以知九二之中矣。于初曰勿用，以知九二之用矣。則中庸之昉也。

天命之謂性，率性之謂道，脩道之謂教

今夫有聲臭者皆地也，而有無聲臭者存，天則然也。命者，令也。孟子曰，孩提之童，無不知愛其親也。使之愛者誰乎？夫愛其親而不知爲之者，則天之令焉耳。是以仁者，天命之始，親親是也；義者，天命之至，賢賢是也。仁義無間，蓋心之生生，性之謂矣。然人資天以始，而資地以生，得天者無不全，而得地者不必全也。

如北方則巳闕西方則巳豕地勢然也不獨是也而西有無生之學東多不死之人亦若是而已矣是以知仁而不知義將後其君知義而不知仁將遺其親無以統之何以達于天下乎率者統也如將帥之統其徒衆也故言率焉率之何以不離也則修之也脩之者以有毀之者也天無不全而地或毀之心無不正而身或毀之所謂身者五耳目也口鼻也四肢也五者無節于中而聲色也臭味也安佚也五者日引于外人欲闘進而天性之存焉者鮮矣不獨其身有

害也心亦有之心化於地之偏而或失則潛矣或失則亢矣大之則爲釋老之空虛小之則爲人道之驕吝君子脩之居仁由義以求中和之道焉而性率焉而教立焉矣教者何孝不孝以至于孝也以孝自脩謂之學以孝自脩而又以教人謂之教

道也者不可須臾離也可離非道也是故君子戒慎乎其所不睹恐懼乎其所不聞

道有内外猶其有天地也于天之交地也而見仁焉于地之承天也而見義焉天地不能無二則知内外

之不能無二也譬則一封而上下分譬則一律而鐘呂判告子不知合之而遺其外之半伯者不知合之而遺其内之半道且爲天下離矣離則不達可謂道乎不可離者何非不能也須臾不脩道則離矣君子畏天之命有不可耳如道自不離又安以戒慎恐懼爲哉君子虞其離也脩之得無慎乎不覩不聞其在大學卽知意也維知與意以目治之不可得而覩也以耳治之不可得而聞也微人不得覩聞而已已孰從而覩聞之君子之脩道也有本者必于是

莫見乎隱莫顯乎微故君子慎其獨也

雖然道之離也君子脩之由仁義行所以達也其曰戒慎不覩恐懼不聞何也曰隱者知也見者行也微者意也顯者德也知之隱者必見諸行意之微者必顯諸德如木之有根如泉之有出也君子于顯見而見仁義之至于隱微而見顯見之至是以不覩不聞而勿之有忽焉耳隱微顯見其序若何蓋莫先于微也隱其次也見又其次也顯則其究焉者矣此隱微顯見之序也

喜怒哀樂之未發謂之中

中者意之中也意之中者心之中也其不言心何也天有初上故心亦不皆正中也君子用其中焉而心有不言矣今夫獨樂者悅也同樂者樂也嘉樂者喜也拂其樂者怒也失其樂者哀也喜怒哀樂四者孰爲來哉其未發以前者好惡也好從子女子女之義猶天地之交也天地之交猶子女之義也則是天地之交一好焉爾故人有好乃生而無好則死矣人生于好匪好曷安也推好之所以然則天之命焉爾是

以喜怒哀樂有未發也。而好無未發。好則未發之中焉爾。何好乎。好仁也。有不仁。斯惡之矣。夫惡以成好也。故好也者。人之中心也。

發而皆中節謂之和中也者天下之大本也和也者天下之達道也

得其好而樂。樂而喜。不得其好而惡。惡而怒。怒而哀。則喜怒哀樂四者發焉矣。惟君子之未發也。好仁而好義。好禮而好樂也。故謂之中。而爲天下之大本。則君子之發也。合仁而合義合禮而合樂也。故謂之和。

而爲天下之達道。

致中和天地位焉萬物育焉

中爲天下之大本。和爲天下之達道。則致和者致中焉爾。中致而和乃致矣。中和既致。而仁義禮樂皆得其道。則在家而家齊。在國而國治。在天下而天下平矣。夫天下平而人道位。人道位而天地位焉。天地何以位也。易曰。天地定位。山澤通氣。雷風相薄。水火不相射。天地之位。山澤雷風水火而已。天地之生物也。先之以雷風。次之以水火。又次之以山澤。然後生人則天地之粗者。在于山澤雷風水火。而天地之精者。在于人矣。故人者。天地之心也。人不好仁。則天心將爲之毁壞。而山澤雷風水火皆不得其情矣。故必好仁而天地之位定。天地相好以定位也。山澤雷風水火皆位于天地。則草木鳥獸魚鱉咸育于上下矣。故君子必致中以致和。而成位于其中也。人何以位。人之位。君臣父子而已。

仲尼曰君子中庸小人反中庸

言中不言和者。以中之用無弗和焉爾。夫君子而既中矣。又知中之用焉。故曰中庸。中之用者何。仁義禮樂是也。反中之用者何。反乎仁義禮樂者也。

君子之中庸也，君子而時中；小人之中庸也，小人而無忌憚也。

有中庸者，而後有反中庸者焉。故有君子之中庸，而亦有小人之中庸。以見受命于天，人人有此中庸也。無忌憚焉，故失之耳。君子戒慎恐懼，須臾不離，是謂時中。

子曰：中庸其至矣乎！民鮮能久矣。

致中而及于位育此中庸之至也民者孰謂古者君師之位俱起于民苟能中庸則成位乎其中而君師之位定矣故中庸之道則自民始也

子曰道之不行也我知之矣知者過之愚者不及也道之不明也我知之矣賢者過之不肖者不及也人莫不飲食也鮮能知味也

智者何以過也謂知過于行也愚者則不知也賢者何以過也謂行過于明也不肖者則不行也明如日月之代賢者執其中而無權將孝不可爲忠而忠不

可爲孝。如水之不可爲火。而火之不可爲水也。則有明焉。有不明焉者矣。夫明非知也。知在行之前。明在行之後。獨知曰知。共見曰明。故學以明成。而以知入。鮮能知味。謂夫不知者也。

子曰道其不行矣夫

不知者。愚也。知之者。智也。知之而不肖于所行者。不肖也。知之而肖於所行者。賢也。賢而能得一善者。仁也。仁而自強不息者。聖也。然則道之不行則智者之過也。大智如舜。而道有不行乎。

子曰舜其大知也與舜好問而好察邇言隱惡而揚善執其兩端用其中於民其斯以爲舜乎

述唐虞之言行而詩書無間者古之聖人豈無據而云爾哉述其意變其文也舜之言行載於虞書葢其詳矣而好問好察之文未嘗槩見何哉葢原於虞書之意矣虞書曰人心惟危道心惟微惟精惟一允執厥中執中者何執其兩端用其中于民也聖人以道心之微也而自用則已偏故有詢焉虞書之所謂詢謀中庸之所謂好問也聖人又以道心之微也而用

人則已狗故有稽焉虞書之所謂稽聽中庸之所謂好察也詢于衆故惟一稽于一故惟精乾之初九曰隱而未見則天之陽隱于重陰之下猶人之心隱于耳目口體之內也天不能無地心不能去耳目口體也天動而地自從心動而耳目口體自爲之用如火之掩于薪火烈則不見薪而見火矣隱惡揚善其先自隱自揚善與人同則與民同隱同揚矣執者執此也用者用此也人之中心好善而已好善者斯惡不善也故曰兩端惡不善者以其好善也故曰中用其

中于親親之謂仁，用其中于民之謂智，其斯爲舜，就舜之大智言之也

子曰人皆曰予知驅而納諸罟擭陷阱之中而莫之知辟也人皆曰予知擇乎中庸而不能期月守也

一則曰予智，知之而不能行，專言智者也，既已知之，而聲色誘于外，驕吝生于中，罟擭陷阱，驅納而莫之辟矣，再則曰予智，知之而亦能行，兼言賢者也，節非不高，行非不美，擇焉不精，而未得乎一善是莕，節矯

行也。易曰若節不可貞。此之謂矣。
子曰回之爲人也擇乎中庸得一善則拳拳服膺而弗失之矣
爲人者。將求以爲人之道也。求爲人之道者。將求以爲人子。爲人臣。爲人弟。爲人友之道明焉也。四者之明于人。孰爲甚得于心歟。獲乎上矣。信乎友矣。而不知求順乎親。則雖得之。終必有動焉者矣。一善者。仁焉耳。古之君子得乎此。故王天下焉而勿之與。卽爲匹夫焉而勿之悔。論語曰。知及之。仁能守之。惟仁能

勿失矣故君子于大智也而見中之用于民于仁人也而見中之用于親

子曰天下國家可均也爵祿可辭也白刃可蹈也

中庸不可能也

天下可均智者之學也爵祿可辭仁者之守也白刃可蹈勇者之氣也推智者之學而好問好察則可以均國家推仁者之守而不處不去則可以辭爵祿推勇者之氣而舍生取義則可以蹈白刃勇以成仁故仁者必有勇也智且仁仁且勇矣而仁者之勇猶血

氣之所扶曰自强則未也此中庸不可能也
子路問强子曰南方之强與北方之强與抑而强
與寬柔以教不報無道南方之强也君子居之衽
金革死而不厭北方之强也而强者居之
北方者質也南方者文也北方之强君子而未成者
也故曰强者居之南方之强君子而旣成者也故曰
君子居之人之初也質焉而已旣則文之以禮義焉
義則曲成禮則退讓故不知義不足以容民不知禮
不足以爲國是以質者君子之所成始而文者君子

之所成終也

故君子和而不流强哉矯中立而不倚强哉矯國有道不變塞焉强哉矯國無道至死不變强哉矯

南方之强曰君子而中庸之强亦曰君子何也南方之强本諸地者也中庸之强本諸天者也然天不可見見之于地中庸之强不可見見之于南方和者柔也所以和者强也强不可見見之于柔柔益見其强也和者孰謂謂喜怒也中者孰謂謂好惡也好惡虞其倚喜怒則防其流矣謂夫能發而不能收也大學

曰好而知其惡惡而知其美知其好惡而無辟焉不流不倚其諸見于此歟今夫内則父子此生而屬者也外則君臣非生而屬者也相屬則通不相屬則塞矣不變塞者何曰不信乎友不獲乎上謂夫君臣之義始諸朋友先以德交後以賢尊也雖國有道而敢越信以求獲乎論語曰吾斯之未能信此之謂也然國而有道矣始雖塞終必通國無道焉則是終不見知也依乎中庸遯世而無悔焉此至死不變者也可謂至矣

子曰素隱行怪後世有述焉吾弗爲之矣
以素富貴者素之如貧賤以素貧賤者素之如富貴以素夷狄患難者素之如富貴貧賤而素隱矣則以行富貴者行之于貧賤以行貧賤者行之于富貴以行夷狄患難者行之于富貴貧賤而行怪矣素隱行怪皆其智焉者也是以見之當世而天下有知之者矣聞之後世而天下有傳之者矣雖然小智也大智之士將用中于民焉故弗爲也世者何也爲天下主者天也繼天者君也君之所膺者曆也曆之所運者

世也。故世也者。君之世也。

君子遵道而行半塗而廢吾弗能巳矣

仁義禮樂。君子之道也。而仁義禮樂之道。必有所以然者。知其所以然而行之。有得于中者也。不知其所以然而行之遵道于外者也。其曰遵道。見不由諸中也。其曰遵道而行。見不由諸中以行也。然則惟其遵之是以廢之也巳。君子擇中庸得一善。非不巳也。有弗能巳者矣。

君子依乎中庸遯世不見知而不悔唯聖者能之

人心之有中庸也。猶身之有衣也。知身之不可以無衣。則知心之不可以無中庸也。乃君子佩仁而服義矣。不見知于亂世焉。不妨懷君子之道。而與農工商賈同跡。而天下之人。終莫知其異于農工商賈也。依乎中庸。又何悔焉。易曰遯世無悶。此龍德而隱者也。中庸曰遯世不見知而不悔。此龍德正中而庸言庸行者也。夫依中庸以遯世。故善世之道在焉。遯世乃不依中庸。則隱者也。又安所稱君子哉。孟子曰不得志則修身見於世。不見知而不悔者。其脩大矣。作夷惠之聖孰能當此者乎。

君子之道費而隱夫婦之愚可以與知焉及其至也雖聖人亦有所不知焉夫婦之不肖可以能行焉及其至也雖聖人亦有所不能焉天地之大也人猶有所憾故君子語大天下莫能載焉語小天下莫能破焉詩云鳶飛戾天魚躍于淵言其上下察也君子之道造端乎夫婦及其至也察乎天地

隱者知也見者行也日行于天下者費也君子費其所隱而道達之天下矣故天下之達道一君子之隱

所費而成者也。易曰有夫婦然後有父子。有父子然後有君臣。則夫婦者不可不重也。夫婦之義則子女之義也。與知者與知其好焉耳。與能者與能其好焉耳。詩曰妻子好合。此之謂也。推而致之古之聖人或失之隘。或失之不恭。而君子之道不至。則天地之化育有未知能者也。然生之者天地。而成之者君子。則天地亦能生之。而不能成之也。君子成天地之能。故位乎天地。莫之載也。育乎萬物。莫之破也。詩不云乎鳶飛戾天。而物育于上矣。魚躍于淵。而物育于下矣非君子之至精其孰能察于此哉然君子之道不自鳶魚始也其造端也則存乎夫婦矣自于家邦達于四海而天地由之以察焉一君子之隱所費而成者也意之初動如草之初生然故曰端二一以言其微也一以言其正也

子曰道不遠人人之爲道而遠人不可以爲道詩云伐柯伐柯其則不遠執柯以伐柯睨而視之猶以爲遠故君子以人治人改而止忠恕違道不遠施諸己而不願亦勿施於人君子之道四丘未能

一焉所求乎子以事父未能也所求乎臣以事君未能也所求乎弟以事兄未能也所求乎朋友先施之未能也庸德之行庸言之謹有所不足不敢不勉有餘不敢盡言顧行行顧言君子胡不慥慥爾

其曰道者君臣父子之道也其曰人者君臣父子之人也舍是人焉而求所謂道者遠矣但天能生人不能治人而君子能治人非有加于人也忠以言乎其公也恕以言乎其平也雖然君子之公也而有親疎厚薄焉君子之平也而有上下尊卑焉有親疎厚薄

而忠以立義矣有上下尊卑而恕以行禮矣合義禮言之者君子之忠恕也夫義禮言之者與流之忠恕也故忠恕者君子所以造端夫婦而達于子臣弟友者也德之行者禮之明也禮之明者恕之施也夫惟庸德之行是以庸言之謹耳慥慥即造端也心乎造端謂之慥慥

君子素其位而行不願乎其外素富貴行乎富貴素貧賤行乎貧賤素夷狄行乎夷狄素患難行乎患難君子無入而不自得焉

素位而行者安其義也不願乎外者敦其仁也素位而行者四富貴貧賤夷狄患難也是義之安也不願乎外者一自得也是仁之敦也安其義故能遷敦其仁故能守然則素位而行何以能自得也天下無生而貴者也是以天下之人謂之齊民有士焉明仁義以道之而人願爲之養則士貴矣士安受人之養則士富矣所謂貴者每進則所爲富者益加是以貧起于賤而富生于貴則富貴者自仁義始也君子知有仁義而已何不自得之有夷狄患難者何夷狄患難

有難于富貴貧賤者矣。

在上位不陵下在下位不援上正己而不求於人

則無怨上不怨天下不尤人

陵其下者以有富貴在也援其上者以有貧賤存也富貴貧賤豈有定哉故不陵不援者素位也正己無求者自得也

故君子居易以俟命小人行險以儌幸

惟不陵不援焉而居者易矣富貴貧賤日徙于前而不留于心所謂易也易則與天命合矣曰行險者何

也位者人之所甚欲也求之義則安求之位則險矣
則雖得之亦徼幸也書曰天命有德惟有德者能俟
天之正命焉耳

子曰射有似乎君子失諸正鵠反求諸其身

獲上者信友者也信友者順親者也順親者誠身者
也然則不得于君友者不求于親身者也正巳之君
子有反求諸身而巳行遠登高可以觀之

君子之道辟如行遠必自邇辟如登高必自卑詩
曰妻子好合如鼓瑟琴兄弟既翕和樂且耽宜爾

室家樂爾妻帑子曰父母其順矣乎

高者遠者天下之謂也謂君友也卑者邇者一家之謂也謂父母也謂妻子兄弟也然妻子而旣好合矣兄弟而旣和樂矣好合和樂猶二之也有二之者而後合之有二之者而後和之也子之于父母也豈有二哉未嘗二之則好合和樂亦不得而言矣故曰順

雖然順也非孝也孝子成父之美不成父之惡以順爲孝將有陷親于惡而不知者矣是以貴明其善以誠其身也故繼之以誠焉

子曰鬼神之爲德其盛矣乎

人藏其意不可覩聞雖親無以必之于其子而君無以必之于其臣故言誠者必于鬼神鬼神之道天之道也知鬼神則知天矣有所私焉之謂鬼無所私焉之謂神然則私者有不正乎曰正人之生也而惟私其父母猶人之死也而惟私其子孫然則私者天之命也而私之者所以受天之命也

視之而弗見聽之而弗聞體物而不可遺

我托於不見不聞之地而鬼神者亦莫之見聞也則

我之不見不聞存于不得遁矣有在者焉卽有不在者焉不見不聞則是無在也其體物也又何遺乎

使天下之人齊明盛服以承祭祀洋洋乎如在其上如在其左右

惟體物不遺是以天下之人皆見使于鬼神而鬼神者實有以使乎天下之人也祭祀者何義也祭祀者禮樂之本也先王之經國本之于禮樂先王之禮樂本之于祭祀也三代以下諱言鬼神先王經國之本不明于天下矣人之死也猶執一氣以爲生先王知

鬼神之情狀而爲主以依之因所依而有知又因所依而有見聞故雖形色不得而變物之氣可得而食也物之聲可得而聽也倚陽以爲生而依火以爲安是以事鬼神者上食而揚其氣作樂而和其聲晨昏有火以爲之依而豈徒曰盡孝子之心哉鬼神情狀固如是也是以祭則受福祭則受福者二神安則氣和焉至和之氣上與天通如人受帝王之命山川鬼神皆將隨之而福其生人矣此一說也事親誠則德明德明則禮明主者禮之本也不敬其父不統乎兄

弟矣。不敬其祖，不統乎從兄弟矣。由此推之，不知敬其高祖，何以統乎族；不知敬其始祖，何以統乎姓也。故主者，禮之本也。明禮，則家齊而國治矣。家齊國治，所謂福也。此一說也。自祭禮之不明，而禍福皆司於蓺。禮曰：人死，魄沒于地，魂氣升于天。今魂氣失生人之依，而從魄以沒于地，鬼神情狀，有大不得已者矣。先王知之，故立主于寢室，而又時以祭之，晨昏以奠之，故得婦以主蘋蘩，謂之内助。五世而祧，謂夫鬼神之道，五世而後散也。今從魄以沒於地焉，而又不得地之生氣則遊厲隨之以禍其生人矣凡地之氣必應于天是以山川之光上映于星辰也光之小者映于天者小光之大者映于天者大而魂氣者卽隨地氣以上通于星辰亦如人得帝王之命山川鬼神皆將隨之以福其生人矣然墓之術不通于道謂非禮樂之本也故不可以治天下國家魂依魄以通天如因小人而得君也依生人之誠以通天猶登明堂而對天子也古者墓無祭謂魂氣之不依于魄也

詩曰神之格思不可度思矧可射思

如在者不遺也不可度者如在也曰在上乎曰在左在乎而不可度矣不可射者齊明盛服也惟不可度是以不可射耳

夫微之顯誠之不可揜如此夫

不可射者微也齊明盛服者顯也夫齊明盛服所以成其不可射也誠也夫以不可射之誠而至于齊明盛服焉其不可掩有如此者齊明盛服見于鬼神鬼神而諱言之也則明善誠身皆不得其實矣故中庸之經國本之于禮樂中庸之禮樂本之于祭祀也

子曰舜其大孝也與德爲聖人尊爲天子富有四海之內宗廟饗之子孫保之故大德必得其位必得其祿必得其名必得其壽故天之生物必因其材而篤焉故栽者培之傾者覆之詩曰嘉樂君子憲憲令德宜民宜人受祿于天保佑命之自天申之故大德者必受命

繇孝推之致乎先公孝之大也孝之大者其德亦大而爲聖人夫德至于聖人則尊富饗保備矣蓋宗廟者禮樂之本也然達禮于宗廟必達仁于子孫友于

兄弟而後有以孝父母睦于宗族而後有以孝先公子孫不得而保則宗廟不得而饗也觀天之生物與令德之申命于天則大德之所受可知已

子曰無憂者其惟文王乎以王季爲父以武王爲子父作之子述之武王纘大王王季文王之緒壹戎衣而有天下身不失天下之顯名尊爲天子富有四海之內宗廟饗之子孫保之武王末受命周公成文武之德追王大王王季上祀先公以天子之禮斯禮也達乎諸侯大夫及士庶人父爲大夫

子爲士葬以大夫祭以士父爲士子爲大夫葬以士祭以大夫期之喪達乎大夫三年之喪達乎天子父母之喪無貴賤一也

將言武周之達孝而先言文王者周之規模定于文矣武王周公則纘緒承德耳武之戎衣也武之未盡善也身不失乎顯名則其爲德必有未至者矣有上祀者則有旁達者焉禮之達也自諸侯始葢自兄弟始矣故曰尊爲天子必有父也貴爲諸侯必有兄也夫天子者諸侯之兄也諸侯者天子之弟也敬兄者

義之始尊賢者義之終是以周之頒爵先親親而次尊賢也禮本于祭祭本于喪三年之喪兄弟一也可以知頒爵之義矣

子曰武王周公其達孝矣乎夫孝者善繼人之志善述人之事者也春秋脩其祖廟陳其宗器設其裳衣薦其時食宗廟之禮所以序昭穆也序爵所以辨貴賤也序事所以辨賢也旅酬下爲上所以逮賤也燕毛所以序齒也

達其孝者達其禮也達其禮者達其義也先王之志

存乎所愛先王之事存乎所尊不愛其親何以繼乃志不尊其賢何以述乃事也夫事非賢不述故辨賢以序事也然則善繼善述在宗廟之禮矣脩之者安之也陳之設之薦之者盡所以安之也而昭穆以之序則親親也爵以之序則貴貴也事以之序則賢賢也賤以之逮則幼幼也齒以之序則長長也貴貴者親親之推也賢賢者親親之維也幼幼長長者親親之盡也善繼善述在宗廟之禮矣

踐其位行其禮奏其樂敬其所尊愛其所親事死

如事生事亡如事存孝之至也

夫踐宗廟之位者乃行宗廟之禮而行宗廟之禮者又必奏宗廟之樂也然禮已定于宗廟而義則起于尊親無愛親之實者則禮不可得而行無尊賢之實者則親不可得而愛是以學挍之制與封建而並行敬尊之義與愛親而並著惟賢可輔其親故敬必先于愛也

郊社之禮所以事上帝也宗廟之禮所以事乎其先也明乎郊社之禮禘嘗之義治國其如示諸掌

乎

宗廟之禮止于禘下而爲嘗禘之禮配乎郊下而爲社禮之有禘嘗也所以統乎其宗也其有社也所以統乎其國也其有郊也所以統乎其天下也郊社曰禮禘嘗曰義何也事上帝者古今一也至于祀先而夏則追鯀矣商則追契矣周則追稷矣等而上之不得齊也等而下之各有序也故天子爲王支庶爲侯仁至義盡不得以私厚薄也是以禮行于宗廟而政達于天下知政之本于禮于治國也又何有乎郊之

事上帝也兼天地言之也郊者天地相交之義故古者無分祭天地之分祭也非古也社之事上帝也就地言之也郊止于天子而社及于庶人庶人之有社也亦天子事上帝之義也

哀公問政子曰文武之政布在方策其人存則其政舉其人亡則其政息人道敏政地道敏樹夫政也者蒲盧也故爲政在人取人以身脩身以道脩道以仁

人道敏政者何謂以人治人也以人治人則爲政在

人矣取人以身引而近之也脩身以道推而達之也然無所謂道也德焉而已德之達者三而所行者一一者仁也然則中庸之道一仁而已

仁者人也親親爲大義者宜也尊賢爲大親親之殺尊賢之等禮所生也在下位不獲乎上民不可得而治矣故君子不可以不脩身思脩身不可以不事親思事親不可以不知人思知人不可以不知天

覆乎上者天也載乎下者地也叅乎中者人也天之

象雖有萬殊。一天而已。地之形雖有萬殊。一地而已。人之類雖有萬殊。一人而已。故人執其一已而不通乎天下。謂之不仁。以其與天地不似也。故曰仁者人也。然黎民之時雍。必由九族之既睦。係辭曰。有親可大。則非親親不能大矣。宜于仁者。義也。宜于親親者。尊賢也。知親親之爲大。則知宜于親親之爲大矣。禮行于宗廟。而政達于天下。親親者。愛所親也。此宗廟之仁達于政者也。尊賢者。敬所尊也。此宗廟之義達于政者也。親親之殺。昭穆之序也。尊賢之等。事之序也。此宗廟之禮達于政者也。然禮重于宗廟而配于郊社者，本其禮于天也。故天子必得乎天，乃可以爲天下。諸侯必得乎天子，乃可以爲國。臣下必得乎君上，乃可以治民。得君上者，得天也。然則不獲乎上，則不知乎天矣。是以明宗廟之義，而又明郊社之禮也。故曰不可以不事親，謂親親也。不可以不知人，謂尊賢也。不可以不知天，謂獲上也。

天下之達道五，所以行之者三，曰君臣也，父子也，夫婦也，昆弟也，朋友之交也，五者天下之達道也。

知仁勇三者天下之達德也所以行之者一也父子也兄弟也夫婦也仁也夫婦之爲仁者何也有夫婦而後有父子是從義而仁者也是以知夫婦之爲仁也有父子而後有兄弟是從仁而義者也是以知兄弟之爲仁也朋友起于義君臣則起于義而定于天矣故朋友者義也而君臣者天也本仁以立義立義以申天五者之道生矣道之行者德之行也德之行者仁之行也行之者一一仁而已易曰仁以行之此之謂也

或生而知之或學而知之或困而知之及其知之一也或安而行之或利而行之或勉强而行之及其成功一也

然則知之者知仁也生而知仁之謂仁學而知仁之謂智困而知仁之謂勇知者三而知仁一也行之者行仁也安而行仁之謂仁利而行仁之謂智勉而行仁之謂勇行者三而行仁一也故曰行之者一此文武之政必本于仁也夫子之告哀公者止此公之所問者政而夫子之所告者仁何也知仁則知義知義

則知天知天則知人道矣人道敏政故不言政而可以爲政也

子曰好學近乎知力行近乎仁知耻近乎勇

好學者何亦學夫仁而已學仁者智故曰好學近乎智也力行者何亦行夫仁而已行仁者仁故曰力行近乎仁也先仁而後智者性也先智而後仁者教也中庸言教則以智先之也人之喪其仁也其仁日喪而有不可喪者存焉不可喪者則其勇也

知斯三者則知所以脩身知所以脩身則知所以

治人知所以治人則知所以治天下國家矣

身何以脩夫人之身非以耳目口體也以其仁也以其義也仁則親親義則賢賢親親賢賢所以脩也今夫不親其親不賢其賢是之謂亂親親而人莫不親賢賢而人莫不賢是之謂治豈惟人哉達之國家達之天下矣治人者親賢也治天下國家者兼乎獲上者也

凡爲天下國家有九經曰脩身也尊賢也親親也

敬大臣也體羣臣也子庶民也來百工也柔遠人

也懷諸侯也脩身則道立尊賢則不惑親親則諸父昆弟不怨敬大臣則不眩體羣臣則士之報禮重子庶民則百姓勸來百工則財用足柔遠人則四方歸之懷諸侯則天下畏之齊明盛服非禮不動所以脩身也去讒遠色賤貨而貴德所以勸賢也尊其位重其祿同其好惡所以勸親親也官盛任使所以勸大臣也忠信重祿所以勸士也時使薄歛所以勸百姓也日省月試既稟稱事所以勸百工也送往迎來嘉善而矜不能所以柔遠人也

繼絕世舉廢國治亂持危朝聘以時厚往而薄來所以懷諸侯也凡爲天下國家有九經所以行之者一也

序賢于大臣之上者何也賢非臣也服職之謂臣論道之謂賢故賢非臣也君臣父子者道也對君臣父子者身也故身脩而道立矣經之九也即道之五也道立而經統焉矣

凡事豫則立不豫則廢言前定則不跲事前定則不困行前定則不疚道前定則不窮在下位不獲

乎上民不可得而治矣獲乎上有道不信乎朋友不獲乎上矣信乎朋友有道不順乎親不信乎朋友矣順乎親有道反諸身不誠不順乎親矣誠身有道不明乎善不誠乎身矣

明善誠身道前定矣由于順親至于獲上又何窮乎夫誠身者自誠意始意誠矣而視聽言動無不誠焉是謂誠身禮曰有和氣者必有愉色有愉色者必有婉容則非誠身而親不順也已然欲誠之必將明之非明而誠何以諭親于道乎明統知行者也知則行

行則明。

誠者天之道也誠之者人之道也誠者不勉而中不思而得從容中道聖人也誠之者擇善而固執之者也

誠者。誠之已至者也。誠之者。誠之未至者也。已至于誠。則由之以天矣。故曰天道。未至于誠。尚藉之以人也。故曰人道。不思者則思之盡焉耳。不勉者則勉之盡焉耳。擇善者何。學問思是已。固執者何。明行是已。

博學之審問之慎思之明辨之篤行之

博從甫又從十也今夫一者仁也不學而知者也十者義也學而知之者也學十者則自參兩起矣蓋由仁以至義博之謂也因學有問因問有思思何以慎參兩相倚以至于十而事乃克終焉少有他岐則終不能進矣故加慎焉惟固執之而行明矣君子之道知而行行而明矣又明而行行而知也何以見其然也知從天行從地地得天而地行矣地得天而行則地明矣明則其行不息夫行而不息矣又何行之有哉則惟一知之流而已故曰乾以易知聖人不速而

行。則一易知焉耳。故君子而旣明矣。又次篤行于明辨之後也。書曰克明峻德。明之謂也。以親九族。行之謂也。平章百姓。協和萬邦。篤行之謂也。

有弗學學之弗能弗措也有弗問問之弗知弗措也有弗思思之弗得弗措也有弗辨辨之弗明弗措也有弗行行之弗篤弗措也人一能之己百之人十能之己千之果能此道矣雖愚必明雖柔必強自誠明謂之性自明誠謂之教誠則明矣明則誠矣

學統乎問思能統乎知得果能此道以問知思得而學果能矣愚必明者辨之明也柔必强者行之篤也

自誠明者謂誠乎身者也自明誠者謂明乎善者也不誠胡明不明胡誠明善誠身一也

惟天下至誠爲能盡其性能盡其性則能盡人之性能盡人之性則能盡物之性能盡物之性則可以贊天地之化育可以贊天地之化育則可以與天地參矣

有一家之至誠焉有一國之至誠焉有天下之至誠

焉天下至誠則性盡矣不曰已性而曰其性何也已與人無可分也諭親于道而孝之性盡諭君于道而忠之性盡故盡其性者盡人之性也君臣父子皆諭于道而萬物育焉矣而天地位焉矣人之小于天地也以其有我在也有我則小而與天地不相似矣盡物之性則與萬物爲一也與萬物爲一則與天地爲一也故天地也人也雖曰三也實聚之而爲一也

其次致曲曲能有誠誠則形形則著著則明明則動動則變變則化唯天下至誠爲能化

次者非次于至誠而至誠贊化之次其序葢如是也惟仁之謂直而義禮之謂曲則由父母而推之皆其曲焉者矣直則虞其不達也故曰致曲曲則虞其或偏也故曰有誠易曰曲成而不遺此之謂矣視聽言動皆其形也著明動變無漸至之候而有相因之機行者著也行之而共見者明也共見之而相感者動也變則我變乎物猶天之變乎地也化則物化于我猶地之化于天也此至誠贊化之次也

至誠之道可以前知國家將興必有禎祥國家將

亡必有妖孽見乎蓍龜動乎四體禍福將至善必先知之不善必先知之故至誠如神

前知者知善也知善者知仁而知義知義而知禮也知仁義禮焉而四體之善不善可得而知矣知仁之所從來而義禮之所由生焉則蓍龜之善不善可得而知矣故知人則知四體知天則知蓍龜知四體蓍龜則知興亡禍福至誠之道豈不如神乎神者何莫神于仁義禮也

誠者自成也而道自道也誠者物之終始不誠無

物是故君子誠之爲貴

天無不覆地無不載而人參之者雖曰自成豈不以成物哉故一曰誠者言自成也再曰誠者言成物也三曰誠者言自成以成物也欲成乎物物之始也既成乎物物之終也夫人之情易于始難于終故曰終始先之以終也務于末遺于本故曰本末先之以本也誠之爲貴謂所成者賤而誠之者貴也是以養民者君則君貴矣立君者天則天貴矣是以屈民而伸君屈君而伸天

誠者非自成己而已也所以成物也成己仁也成物知也性之德也合内外之道也故時措之宜也

仁者敦本故成己智者博濟故成物敦本爲德而性之德非成物不已也博濟爲道而合内外之道又非成己則離也成己成物而仁宜矣由成己以成物則時措之而仁宜矣宜諸仁之謂義

故至誠無息不息則久久則徵徵則悠遠悠遠則博厚博厚則高明博厚所以載物也高明所以覆物也悠久所以成物也博厚配地高明配天悠久

無疆如此者不見而章不動而變無爲而成
成物則無息矣謂一家成而一國成一國成而天下
成也曰至誠者言天下至誠也我成乎物之謂久物
成于我之謂徵成家而及于國成國而及于天下久
也成家國而家國成成天下而天下成徵也家國天
下以漸而遠故曰悠遠人之一身亦何薄也成其家
者厚其身也成其國者厚其家也至於天下謂之博
厚明從日月知乎已不通乎人謂之不明雖然明矣
而明乎家者或不明乎國明乎國者或不明乎天下

于明則已卑焉。夫日月之中也，照于四方，以其高也。故不博厚，則有二于物焉，不能載物矣；不高明，則有遺于物焉，不能覆物矣；不悠久，而博厚高明將不克終焉，又何以成物乎？惟久乃遠，久者遠之本也。合天地而三之，曰參；分天地而並之，曰配。配卽參也。至仁至義之謂章。不見而章，卽上好義而民莫不服也。不動而變，卽上好禮而民莫不勸也。無爲而成，卽恭己正南面而天下莫不治也。

天地之道可一言而盡也，其爲物不貳，則其生物不測天地之道博也厚也高也明也悠也久也今夫天斯昭昭之多及其無窮也日月星辰繫焉萬物覆焉今夫地一撮土之多及其廣厚載華嶽而不重振河海而不洩萬物載焉今夫山一卷石之多及其廣大草木生之禽獸居之寶藏興焉今夫水一勺之多及其不測黿鼉蛟龍魚鼈生焉貨財殖焉

貳者副也萬物去天而無所始則物物皆天矣萬物去地而無所成則物物皆地矣物物皆天則無貳天

者以副其所爲也物物皆地則無貳地者以副其所爲也無副天之所爲者而天無間矣無副地之所爲者而地無間矣然則其生物也以爲屬天而地存焉以爲屬地而天存焉安能測其孰爲天孰爲地哉何以一言而盡也博厚高明悠久是已日月星辰者明也繫者高也萬物覆者不貳也華嶽之載河海之振者廣厚也載又其不貳者矣惟博斯廣故曰廣厚振者天振之也惟天振地地斯振水焉日出東方者亦天之振也故振從辰即此義也山何以廣于山之麓

見其廣也。于山之麓見其廣者。凡地之高悉屬于山矣。其曰大者。于禽獸草木焉。見其大也。地雖萬尋可謂厚矣。地雖四遠可謂廣矣。以語大則未也。地之大者。以其順天也。地不順天。雖廣博而小也。夫地而與天通。則指其一草木一禽獸。而曰大也。無不可也。故乾曰大生。坤曰廣生。坤之六二。何以亦言大也。爲其直以動也。動本諸天則能出方之上而與天通矣。有通之者。必有間之者焉。地未嘗有間于天也。言通何也。曰通者。非地與天通。而天與天通也。天動于地之下。而出于地之上。是之謂通。然則略日月星辰而言山水者。何也。在天則爲日月星辰。在地則爲山水。在天則爲日月星辰者。以地順天于上也。天不得地。則無日月星辰之象矣。在地爲山水者。以天成地于下也。地不得天。則無山水之形矣。故略日月星辰而言山水。非專言地也。兼天地言之者也。然日月星辰山水者。天地之爲物也。草木禽獸。天地之生物也。日月星辰山水。無息則無生。故曰爲物。草木禽獸有息則有生。故曰生物。日月星辰山水。雖無生息。然天地之頑寘也草木禽獸雖有生息然天地之靈秀也故生息者天地之至動也惟至動故生生生生而博厚高明悠久矣天地初交則有風雷風雷未明而高于日月中庸不言風雷就可見言之也

詩云維天之命於穆不已蓋曰天之所以爲天也於乎不顯文王之德之純蓋曰文王之所以爲文也純亦不已

夫人之德天之命也維天之命既生物矣又生人焉以至于命有德此命之不已也維聖之德既盡人矣

又盡物焉以至于位天地此德之純也終始如一之謂純無蔽曰昭茂對曰穆德在下曰玄德施人曰顯

大哉聖人之道洋洋乎發育萬物峻極于天優優大哉禮儀三百威儀三千待其人而後行故曰苟不至德至道不凝焉

不曰文王之道而曰文王之德何也明者厚者天地之德也明矣而高厚矣而博高矣博矣而悠久天地之道也天地之道本諸天地之德故聖人之道一本諸聖人之德也是以先言德而後言道禽獸之謂育

草木之謂發華嶽河海日月星辰亦謂之發萬物何以發育發育何以峻極也惟禮中則樂和樂和則氣和氣和則物育物育則日月星辰皆得其明而峻極于天矣此聖道之大所洋溢者也豈遠大哉由身而家由家而國蓋優優以大者矣大則洋洋漸以大則優優禮行于身者威儀也禮行于宗廟朝廷者禮儀也非禮儀不足以經國非威儀不足以明身易言兩儀在天曰陰陽在人曰仁義故儀從人又從義也是以禮不虛行待人而行人者仁義之人也德者仁義

之德也道者發育峻極之道也

故君子尊德性而道問學

仁本乎身卑邇也義通乎君達乎天高遠也故稱尊焉尊則進于義矣德依于仁道存諸義故德在我而道在天下也道在天下不能皆通是以學問生焉則道問學者一尊德性而已德者性之所生也然君子而既德矣則性又生于德故曰德性

致廣大而盡精微

廣者配地大者配天致廣大者致德之廣大也德通

天下。故曰廣大。盡精微者。盡道之精微也。道在曲成。故曰精微

極高明而道中庸

論語曰。中庸之爲德也。不言德中庸。而言道中庸何也。極德之高明。而天下之道。皆吾之德矣。故不徒曰德中庸。而曰道中庸也。故道中庸。一極高明也。

溫故而知新

愛親。故也。何以溫之。友是也。君是也。天是也。孟子曰。故者以利爲本。利以和義。則以利爲本者。以義爲溫

也。天者何世也。時也。可以知新之道矣。

敦厚以崇禮

厚者。厚于下。猶未厚于上也。而敦。則如山然。故凡地之高者。悉謂之墩。敦厚于地。則上通于天矣。故不親親者。薄也。睦九族者。厚也。協萬邦者。敦也。敦則德載天下矣。德載天下。而禮自崇于天下焉。故敦厚者。配地也。高明者。配天也。廣大者。配天地也。溫故者。無疆也。而廣大則洋洋矣。溫故則優優矣。高明則發育而峻極矣。敦厚。則三千而三百矣。

是故居上不驕爲下不倍國有道其言足以興國無道其默足以容詩曰既明且哲以保其身其此之謂與

夫人受命自天受生自地驕倍之習亦遂因之明者或失則亢而驕之所繇生厚者或失則吝而倍之所自起則驕者亦生于明而倍者亦起于厚也居上不驕必其高明者矣高明則無不覆故不驕爲下不倍必其博厚者矣博厚則無不載故不倍有道足興無道足容知新者也苟不知新無道不足以容身而有

道亦何足以與德哉。謂其不知世也。謂其不知時也。是以明者則明乎人。哲者則明乎天矣。不明乎人。不可以爲明。明乎人矣。不明乎天。不可以爲哲。明哲之道。豈徒保其身哉。保其身。則保家矣。保其家。則保國矣。保其國。則保天下矣。德位時之備至。而王天下焉。一聖人保身之道也。

子曰愚而好自用賤而好自專生乎今之世反古之道如此者烖及其身者也非天子不議禮不制度不考文今天下車同軌書同文行同倫雖有其

位苟無其德不敢作禮樂焉雖有其德苟無其位亦不敢作禮樂焉子曰吾説夏禮杞不足徵也吾學殷禮有宋存焉吾學周禮今用之吾從周

德位時之備至而王天下焉則爲天之子矣然有一身之天焉有天下之天焉有古今之天焉一身之天德是也天下之天位是也古今之天時是也故不知德則不知一身之天不知位則不知天下之天不知時則不知古今之天時者何今焉耳禹之制度夏之今也湯之制度商之今也文武之制度周之今也

王天下有三重焉其寡過矣乎上焉者雖善無徵無徵不信不信民弗從下焉者雖善不尊不尊不信不信民弗從故君子之道本諸身徵諸庶民考諸三王而不謬建諸天地而不悖質諸鬼神而無疑百世以俟聖人而不惑質諸鬼神而無疑知天也百世以俟聖人而不惑知人也是故君子動而世爲天下道行而世爲天下法言而世爲天下則遠之則有望近之則不厭詩曰在彼無惡在此無射庶幾夙夜以永終譽君子未有不如此而蚤有

譽於天下者也

動也言也行也是謂三重三者不合于天則無譽而有過矣上者位也下者德也無徵者不德也不尊者無位也本身而徵民者則修身治人而人化焉者也

考三王俟後聖則其德矣建天地質鬼神則其位矣時矣知家而不知天下則所建設必將倍于君知天下而不知古今則所建設必將倍于天地矣惟鬼神者爲能知天故驗天者莫如鬼神是以古之王者必重蓍龜非重蓍龜也所以敬天之道也前言王者而

後言君子何也以師之道配乎君也君子有此三重以蚤譽于天下雖不得位而其爲德則可王矣故承之以仲尼

仲尼祖述堯舜憲章文武上律天時下襲水土

祖述者述其德也是謂知人考三王而不謬者也憲章者憲其道也是謂知天建天地而不悖者也世有古今則禮有損益故堯舜之道不可以行于文武行堯舜之道于文武之世非惟有倍于人抑且有倍于天矣律者和也襲者温也水土不齊極博厚之道以

通于天下則有以襲之矣天時不同極高明之道以通乎古今而化成天下則有以律之矣故人情驕于上則陽或爲之亢人情吝于下則陰或爲之凝高明如天而後上律也博厚如地而後下襲也律則日月星辰皆得其明矣襲則艸木禽獸皆遂其生矣故祖述憲章中和也上律下襲位育也

辟如天地之無不持載無不覆幬辟如四時之錯行如日月之代明萬物並育而不相害道並行而不相悖小德川流大德敦化此天地之所以爲大

也

日月四時。言天時也。言天時。而水土舉之矣。艸木之氣。常相反也。禽獸之性。嘗相食也。此萬物之害也。君道本于天下。父道本于一家。故忠孝或不能以俱全。君親或不能以並事。此道之悖也。自家而國。自國而天下。川流焉而勿之息。則道不悖矣。自人而物。自物而物物。敦化焉以通于天。則萬物不害矣。德無大小。育萬物之爲大。則道並行之謂小。

惟天下至聖爲能聰明睿智足以有臨也。

聽德曰聰，視遠曰明，心通天下曰睿。書曰睿作聖，故睿者聖之始，聖者睿之終也。知周萬物曰智。足以有臨者何？子以匹夫上承王者，故曰足以也。

寬裕溫柔，足以有容也

容者，聽也。聲來耳中，則耳容聲矣，故曰容。執者，明也。目往色際，則目執色矣，故曰執。伯夷不聽惡聲，則君子以爲隘。舜之問察也，善固吾聽之，惡亦吾聽之也。聽其善而揚焉，聽其惡而隱焉，所謂寬以居之者也。寬則裕矣，是以受于中而不煩。物之冷者，陰氣凝也。

物之溫者，陽氣通也，通以受陽，則能通以受人矣，故人之難近者，其性冷也，人之易親者，其性溫也，冷則堅而易折，溫則柔而曲成。

發強剛毅足以有執也

中則發矣，發于天，不絀于地，曰強，本末不撓，曰剛，㥩勃不已，曰毅，苟非剛毅，則心之所欲，物將奪之矣，雖然，剛毅而非發強，有蹈白刃，而不足以成仁者矣，故有執者必如是。

齊莊中正足以有敬也

齋心曰齋，盛服曰莊，好仁曰中，動禮曰正。

文理密察足以有别也

博通之謂文，有文可循之謂理，文理無間之謂密，文理無間而天下莫不至焉之謂察。敬者，睿也，别者，智也。誠以通之，則自齊莊而中正矣。中以用之，則自發强而剛毅矣，强見于南方，則自寬裕而溫柔矣，溫有以知新，則自文理而密察矣，故睿乃明，明乃聰，聰乃智。

溥博淵泉而時出之溥博如天淵泉如淵見而民

莫不敬言而民莫不信行而民莫不說是以聲名洋溢乎中國施及蠻貊舟車所至人力所通天之所覆地之所載日月所照霜露所隊凡有血氣者莫不尊親故曰配天

溥博淵泉而時出者言中而發發而察察而不失其中以至于聖如天而如淵也敬信悅者夫子之三重也洋溢而施及者夫子之聲譽也萬物莫不尊天而親地聖人爲萬物之尊親則聖人一天地矣故曰配天惟王者配天仲尼不有天下而言配天何

也德者位之所以本也位失其德信不可矣故輕乎位而重乎德焉雖然君師之位一也則夫子未嘗無位也

惟天下至誠爲能經綸天下之大經立天下之大本知天地之化育夫焉有所倚

大經者九經也何以經綸之也禮明則經明矣故曰明乎郊禘之禮治國其如視諸掌乎大本者中焉耳故誠其意則一身之本立矣服其仁則親親之本立矣由其義則朋友之本立矣明其禮則君臣之本立

矣君臣之本立而天下之本立故明禮以平好惡斯明禮以經國家始于家邦終于四海被于上下草木禽獸魚鱉咸若而天地之化育知矣然則其爲德也中焉耳中立而不倚矣

肫肫其仁淵淵其淵浩浩其天

夫惟不倚則其經綸也一仁之肫肫而已其立本也一淵之淵淵而已其化育也一天之浩浩而已何所倚哉水流無岸曰浩

苟不固聰明聖知達天德者其孰能知之

中則立本本則能固故惟誠于中者守之固也今夫志之小者身家已耳推而至于一國則無與也一國已耳推而至于天下則無與也至天地之化育其孰從而志之志之益難其人其孰從而知之日月何爲而晦蝕乎山川何爲而崩竭乎禽獸草木何爲而不茂殖乎聖人因人事之失以推天道之變因天道之變以究人事之失故仲尼之作春秋也配天道以言人事此知天地之化育也論語曰下學而上達上達者達天德也故曰知我者其天乎

詩曰衣錦尚絅惡其文之著也故君子之道闇然而日章小人之道的然而日亡君子之道淡而不厭簡而文溫而理知遠之近知風之自知微之顯可與入德矣

文生于義者也義則何惡所惡于義爲其著也志在著義而小之則爲鄉愿大之則爲管仲矣二者學雖不同其著義一也君子之所求者友也君也君子之求友與君者求上達于天也是以知我其天人不知無慍也故君子之道能達于天而不能知于人不知

于人者闇然之謂也達于天者日章之謂也的者人所共見求知于人則道無本而日亡矣淡配天簡配地溫配悠久中之發故淡耳目口體從中之發故簡好仁而好義好義而好禮故不厭從其好仁則從其好義從其好義則從其好禮故文惟簡受淡而溫也已惟文循乎不厭而理也已然君子之淡簡溫者則自知入矣微屬意而顯屬身也自屬身而風屬家國也近屬家國而遠屬天下也遠屬天下而即屬乎天地屬乎萬物也

詩云潛雖伏矣亦孔之昭故君子內省不疚無惡於志君子之所不可及者其唯人之所不見乎

魚之伏于淵也猶微之潛于身也伏者孔昭故微者必顯君子于微可不慎哉君子之于志也好仁而已其惡不仁者一好仁也何惡于志哉得所好而樂樂而喜也拂所好而怒怒而哀也一好仁也其內省何疚哉藏怒宿怨曰疚

詩云相在爾室尚不愧于屋漏故君子不動而敬不言而信

稱相在爾室之詩者、言閒居也、稱奏假無言之詩者、言宗廟也、稱不顯惟德之詩者、言朝廷也、稱予懷明德之詩者、言天也、言閒居者、謂身之于家也、言宗廟者、謂家之于國也、言朝廷者、謂國之于天下也、言天者、謂化民之于天也、其曰不動而敬、卽禮之無不敬矣、其曰不言而信、卽禮之儼若思矣、夫思而無邪焉、是不言之信者也、

詩曰奏假無言時靡有爭是故君子不賞而民勸不怒而民威於鈇鉞

君子知化國之道本于家也故踐宗廟之位行宗廟之禮焉昭穆之序以親親也爵事之序以賢賢也我親親而人莫不親我賢賢而人莫不賢其勸也又何賞乎我親親而人莫敢不親我賢賢而人莫敢不賢其威也又何怒乎

詩曰不顯惟德百辟其刑之是故君子篤恭而天下平

德本于玄百辟其刑則終義如仁而德顯矣敬其身曰恭敬其身者必敬其親敬其親者必敬其國曰篤

恭篤恭則天下平矣書曰欽明文思安安顯德之謂也允恭克讓篤恭之謂也光被四表百辟其刑之謂也格于上下天下平之謂也

詩曰予懷明德不大聲以色子曰聲色之於以化民末也詩曰德輶如毛毛猶有倫上天之載無聲無臭至矣

聲色者何喜怒哀樂之聲色也有喜怒哀樂之聲色則有政刑矣政刑皆本于德則喜怒哀樂一發于天矣其曰如毛何也維德達于天下天子庶人鮮力不

任者故曰如毛有倫謂有色也夫地無不載矣而地孰載之哉蓋載地者天也故曰上天之載使天而有色也則又有載天者矣天無色也并無臭天無臭也并無聲聲色臭味同受于天地然色有質本諸地也味因質以成故味近地焉臭離質爲多故臭近天焉惟聲無質達諸天者也故通神明者必以聲若夫上天之載并聲不得而有之矣夫惟無有故能載天下之有受命自天亦必如天載焉乃能知化以位育也聖之至者此也誠之至者此也道德之至者此也故

曰中庸其至矣乎。

中庸旨說終

中庸旨說　　五十一　　五八館

中庸旨說

立人堂

守白論

跡府

亟人程智章句

公孫龍六國時辨士也疾名實之散亂因資材之所長爲守白之論假物取譬以守白辨謂白馬爲非馬也白馬爲非馬者言白所以名色言馬所以名形也色非形形非色也夫言色則形不當與言形則色不宜從今合以爲物非也如求白馬於廐中無有而有驪色之馬然不可以應有白馬也不可以應有白馬則所求之馬亡矣亡則白馬竟非馬欲推是辨以正

名實而化天下焉

龍與孔穿會趙平原君家穿曰素聞先生高誼願爲弟子久但不取先生以白馬爲非馬耳請去此術則穿請爲弟子龍曰先生之言悖龍之所以爲名者乃以白馬之論耳今使龍去之則無以教焉且欲師之者以智與學不如也今使龍去之此先教而後師之也先教而後師之者悖且白馬非馬乃仲尼之所取龍聞楚王張繁弱之弓載亡歸之矢以射蛟兕於雲夢之圃而喪其弓左右請求之王曰止楚人遺弓楚

人得之又何求乎仲尼聞之曰楚王仁義而未遂也亦曰人亡弓人得之而已何必楚若此仲尼異楚人於所謂人夫是仲尼異楚人於所謂人而非龍異白馬於所謂馬悖先生修儒術而非仲尼之所取欲學而使龍去所教則雖百龍固不能當前矣孔穿無以應焉

公孫龍趙平原君之客也孔穿孔子之葉也穿與龍會穿謂龍曰臣居魯側聞下風高先生之智說先生之行願受業之日久矣乃今得見然所不取先生者

守白論 二

獨不取先生之以白馬爲非馬耳請去白馬非馬之學穿請爲弟子公孫龍曰先生之言悖龍之學以白馬爲非馬者也使龍去之則龍無以教無以教而乃學於龍也者悖且夫欲學於龍者以智與學焉爲不逮也今教龍去白馬非馬是先教而後師之也先教而後師之不可先生之所以教龍者似齊王之謂尹文也齊王之謂尹文曰寡人甚好士以齊國無士何也尹文曰願聞大王之所謂士者齊王無以應尹文曰今有人於此事君則忠事親則孝交友則信處鄉

則順有此四行可謂士乎齊王曰善此眞吾所謂士也尹文曰王得此人肯以爲臣乎王曰所願而不可得也是時齊王好勇於是尹文曰使此人廣庭大衆之中見侵侮而終不敢鬬王將以爲臣乎王曰詎士也見侮而不鬬辱也辱則寡人不以爲臣矣尹文曰唯見侮而不鬬未失其四行也是人未失其四行其所以爲士也然而王一以爲臣一不以爲臣則向之所謂士者乃非士乎齊王無以應尹文曰今有人君將理其國人有非則非之無非則亦非之有功則賞

之無功則亦賞之而怨人之不理也可乎齊王曰不可尹文曰臣竊觀下吏之理齊其方若此矣王曰寡人理國信若先生之言人雖不理寡人不敢怨也意未至然與尹文曰言之敢無說乎王之令曰殺人者死傷人者刑人有畏王之令者見侮而終不敢鬬是全王之令也而王曰見侮而不鬬者辱也謂之辱非之也無非而王辱之故因除其籍不以爲臣也不以爲臣者罰之也此無罪而王罰之也且王辱不敢鬬者必榮敢鬬者也榮敢鬬者是而王是之必以爲臣

矣。必以爲臣者賞之也。彼無功而王賞之。王之所賞吏之所誅也。上之所是而法之所非也。賞罰是非相與四繆。雖十黃帝不能理也。齊王無以應焉。故龍以子之言有似齊王。子知難白馬之非馬。不知所以難之說以此。猶知好士之名。而不知察士之類。

守白詞

四

白馬第一

白馬非馬可乎。曰。可。曰。何哉。曰。馬者。所以命形也。白者。所以命色也。命色者非命形也。故曰白馬非馬。曰。有白馬。不可謂無馬也。不可謂無馬者非馬也。有白馬爲有馬。白之非馬。何也。曰。求馬。黃黑馬皆可致。求白馬。黃黑馬不可致。使白馬乃馬也。是所求一也。所求一者。白者不異馬也。所求不異。如黃黑馬有可有不可。何也。可與不可。其相非明。故黃黑馬一也。而可以應有馬。而不可以應有白馬。是白馬之非馬審矣。

曰。以馬之有色爲非馬。天下非有無色之馬也。天下無馬。可乎。曰。馬固有色。故有白馬。使馬無色有馬如已耳安取白馬。故白者非馬也。白馬者。馬與白也。馬與白馬也。故曰白馬非馬也。

曰。馬未與白爲馬。白未與馬爲白。合馬與白復名曰馬。是相與以不相與爲名。未可。故曰白馬非馬未可。

曰。以有白馬爲有馬。謂有白馬爲有黃馬。可乎。曰未可。曰。以有馬爲異有黃馬。是異黃馬於馬也。異黃馬

於馬是以黃馬爲非馬以黃馬爲非馬而以白馬爲有馬此飛者入池而棺槨異處此天下之悖言亂辭也

曰有白馬不可謂無馬者離白之謂也不離者有白馬不可謂有馬也故所以爲有馬者獨以馬爲有馬耳非有白馬爲有馬故其爲有馬也不可以謂馬馬也曰白者不定所白忘之而可也白馬者言白定所白也定所白者非白也馬者無去取於色故黃黑皆所以應白馬者有去取於色黃黑馬皆所以色去故

惟白馬獨可以應耳。無去者。非有去也。故曰白馬非馬。

指物第二

物莫非指。而指非指。天下無指。物無可以謂物。非指者。天下而物。可謂指乎。

指也者。天下之所無也。物也者。天下之所有也。以天下之所有。爲天下之所無。未可。天下無指。而物不可謂指也。不可謂指者。非指也。非指者。物莫非指也。天下無指。而物不可謂指者。非有非指也。非有非指者。物莫非指也。物莫非指者。而指非指也。

天下無指者。生於物之各有名。不爲指也。不爲指而謂之指。是兼不爲指。以有不爲指之無不爲指。未可。
且指者。天下之所兼。天下無指者。物不可謂無指也。
不可謂無指者。非有非指也。非有非指者物。莫非指。
指非。非非指也。指與物。非指也。
使天下無物指。誰徑謂非指。天下無物。誰徑謂指。天
下有指無物指。誰徑謂非指。徑謂無物非指。且夫指
固自爲非指。奚待於物。而乃與爲指。

通變第三

曰二有一乎曰二無一曰二有右乎曰二無右曰二有左乎曰二無左曰右可謂二乎曰不可曰左可謂二乎曰不可曰左與右可謂二乎曰可曰謂變非不變可乎曰可曰右有與可謂變乎曰可曰變隻曰右曰右苟變安可謂右苟不變安可謂變曰二苟無左又無右二者左與右奈何羊合牛非馬牛合羊非雞曰何哉曰羊與牛惟異羊有齒牛無齒而羊之非羊也牛之非牛也未可是不俱有而或類焉羊有角牛

有角牛之而羊也羊之而牛也未可是俱有而類之不同也

羊牛有角馬無角馬有尾羊牛無尾故曰羊合牛非馬也非馬者無馬也無馬者羊不二牛不二而羊牛二是而羊而牛非馬可也若舉而以是猶類之不同若左右猶是舉

牛羊有毛雞有羽謂雞足一數足二二而一故三謂牛羊足一數足四四而一故五牛羊足五雞足三故曰牛合羊非雞非有以非雞也

與馬以雞寧馬材不材其無以類審矣舉是亂名是謂狂舉

曰他辯青以白非黃白以青非碧曰何哉曰青白不相與而相與反對也不相鄰而相鄰不害其方也不害其方者反而對各當其所左右不驪

故一於青不可一於白不可惡乎其有黃矣哉黃其正矣是正舉也其有君臣之於國焉故彊壽矣

而且青驪乎白而白不勝也白足之勝矣而不勝是木賊金也木賊金者碧碧則非正舉矣青白不相與

而相與不相勝。則兩明也。爭而明。其色碧也。與其碧。寧黃。黃其馬也。其與類乎。碧其雞也。其與暴乎。暴則君臣爭而兩明也。兩明者。昏不明。非正舉也。非正舉者。名實無當。驪色章焉。故曰兩明也。兩明而道喪。其無有以正焉。

堅白第四

堅白石三。可乎。曰。不可。曰。二。可乎。曰。可。曰。何哉。曰。無堅得白。其舉也二。無白得堅。其舉也二。

曰。得其所白。不可謂無白。得其所堅。不可謂無堅。而之石也。之於然也。非三也。曰。視不得其所堅。而得其所白者。無堅也。拊不得其所白。而得其所堅者。無白也。

曰。天下無白。不可以視石。天下無堅。不可以謂石。堅白石不相外。藏三。可乎。曰。有自藏也。非藏而藏也。

曰其白也其堅也而石必得以相盛盈其自藏奈何

曰得其白得其堅見與不見離不見離一一不相盈

故離離也者藏也

曰石之白石之堅見與不見二與三若廣修而相盈

也其非舉乎曰物白焉不定其所白物堅焉不定其

所堅不定者兼惡乎其石也

曰循石非彼無石非石無所取乎白石不相離者固

乎然其無已曰於石一也堅白二也而在於石故有

知焉有不知焉有見焉有不見焉故知與不知相與

守白論 上

離見與不見相與藏藏故孰謂之不離
曰目不能堅手不能白不可謂無堅不可謂無白其
異任也其無以代也堅白域於石惡乎離曰堅未與
石爲堅而物兼未與爲堅而堅必堅其不堅石物而
堅天下未有若堅而堅藏白固不能自白烏能白石
物乎若白者必白則不白物而白焉黃黑與之然石
其無有惡取堅白石乎故離也離也者因是力與知
果不若因是
且猶白以目以火見而火不見則火與目不見而神

見。神不見而見離。堅以手。而手以捶。是捶與手知。而不知。而神與不知。神乎。是之爲離焉。離也者。天下故獨爲正。

名實第五

天地與其所產焉物也物以物其所物而不過焉實也實以實其所實不曠焉位也出其所位非位位其所位焉正也以其所正正其所不正正其所不正疑其所正其正者正其所實也正其所實者正其名也其名正則唯乎其彼此焉謂彼而彼不唯乎彼則彼謂不行謂此而此不唯乎此則此謂不行其以當不當也不當而當亂也故彼彼當乎彼則唯乎彼其謂行彼此此當乎此則唯乎此其謂行此其以當而當

也。以當而當正也。故彼彼止於彼。此此止於此可。彼此而彼且此。此彼而此且彼。不可。

夫名實謂也。知此之非此也。知此之不在此也。則不謂也。知彼之非彼也。知彼之不在彼也。則不謂也。至矣哉古之明王。審其名實。愼其所謂。至矣哉古之明王。

新安程子尚先生論孝書

立人堂藏板

程雲莊先生雜録卷之二

與金太史論學書

智聞士有終身之所學問而無當于一日之用有一日之哀誠慘怛而可本之爲終身之學問者君子不可不察也今先生之于學問可謂閎中而肆外矣韓蘇之文章貫晁之經濟山川風氣戶口阨塞之所以治亂陰陽星緯兵刑錢穀之所以得失無不茹其精啜其華而可見之于世矣又進而求之西方之說若楞嚴諸部既已深研其解尚以爲不離乎文字也徧

訪天下之知禪者友之師之以必求其內外一如與佛等覺而後已先生之志可謂勤矣深矣大矣智所以求友數千里之中以爲天下之有大志大力者未有可與先生倫比誠非諛也然智竊有請者未審先生近罹非常之慘于太翁臨訣之際小斂大斂之日彼韓蘇之文章賈晁之經濟自無可用于其間也必矣即彼楞嚴之所爲妙義能用于其間否乎亦恐用于其間否乎毋論講究可及如所謂是非離即雙遮雙照自無可用于其間也必矣即果已得之禪定已

悟之麻三斤乾矢橛可用于其間否乎亦恐用于其間否乎智知先生此時惟有號慟躃踊搶地呼天水漿不能入口言論不能出聲直欲相從于地下而後無憾焉而他有所不知也卽大事稍定哀思稍平而回念生平之學問皆漠然無當而惟此之爲真性命有必然也曾子曰人未有自致者也必也親喪乎記曰有知之屬莫不愛其類今是大鳥獸喪其儔匹越月踰時焉則必反巡過其故鄉翔回焉鳴號焉蹢躅焉踟躕焉然後乃能去之小者至于燕雀猶有啁啾

之頊焉然後乃能夫之故有血氣之屬者莫知于人○故人于其親也至死不窮○然則所謂號慟躃踊搶地呼天直欲相從地下而後無憾者○豈子匹婦當其心之自致亦有必然○而況至性肫篤過于恒情萬萬如先生平日之事親者○而有不極其哀誠思慕之狀者乎○凡此皆人之性也○天之命也○聖人本此以立人道而明天道者也○教本此以立○禮樂本此以興家國天下○本此以成天地○本此以位萬物○本此以育小人之良心○本此以逐二氏之異同○本此以一者也○後世功

利之士惟不知本此以爲經綸故反而爲商韓高明之士惟不知本此以爲道德故偏而爲佛老嗚呼習不知三代之後人之所以自陷没其良心而莫可挽救者易以底止也今夫人死生之際難言之矣形肌剝落善語悲鳴雖平生最愛恋不忍捨者此時一訣永别在他人猶不忍見況乎其親愛又況乎親愛如其子者乎故人子于親之喪也即平生習氣所偏富貴功名文章事業無不一切俱喪禮樂爲之廢心思爲之絶豈非以求我親一再見不可得而不覺其欲

三

死欲亡如此耶是以古之孝子忠臣節婦殉若父若君若夫以死者往往有之蓋其心誠不忍于吾父吾君吾夫之既死而我獨生也故聖人嚴之重之孟子曰養生者不足以當大事惟送死可以當大事豈不然哉豈不然哉是以人之死也亦曰死已矣而洪範九五福之五曰考終命曷以言乎考終命也智聞之老死無憾之謂考所謂無憾者有子也所謂終命者人受天命以生故死謂之終命也是以人非父莫生人非子莫死。自孩提以至成人。非父莫養。自七十以至期頤。非子莫養養老所以報養幼也三年之喪不飲酒食肉聞樂者所以報三年之乳哺也至于送死之事聖人尤重者蓋以人子之方生呱呱墮地非吾父吾母維持而善事之則雖天生之天不能舉之即舉之不善而枉死者多矣即不枉死而胞胎之所傷乳抱之所失至于不成全人者亦自多也惟吾父吾母舉之乳之愛之養之乃成全人焉然而所爲舉之乳之愛之養之之恩非惟人子不覺也吾父母實不自覺也迨乎父母之死則人子或溺于一生妻子之昵聲色之誘君友名利之薰蒸失其天性而又不得師友之教以明夫送死之道乃于父母去枕落帳之際卽能號慟躃踊搶地呼天而不能以道事之者多矣嗚呼送死之道而可輕乎哉夫人之方死與人之方墮地一也人于于此不知維持而善事之雖見爲善終而死者之魂不得安依者多矣是則喪礼不講生者安得輕云有子死者安得輕云考終命乎此非知死生之說鬼神之情狀其孰能明之何以言之蓋人之生也木于天開目然後有見張耳然後有聞落

地然後知觸凡諸見聞俱由耳目以日增長而初生之時無知也無聞也以其生自天也故人之衰老將死精氣日以衰落聞見日以昏瞶人道既絕亦將復返于天故古之人四十而謝家事七十而謝國事謝家事者以丈夫之志及强壯之年自當經營四方故謝其小者謝國事者則以精神既衰及老之年而當返于宗也故已老則不營衣食病危則不言生事而心惟祖考之是從故人子于送死之際惟維持而善事之不第不以家事攖其懐亦不以生死攖其懐也

不弟不以生死攖其懷卽哀親之情亦不使之覺知也故喪記親死未復室中皆徹哭聲病亟遷就正寢男子死不于婦人之手病亟遷就正寢者依祖考也男子死不于婦人之手者人死于祔考婦祔姑受饗子承考婦承姑各從其類重祭饗也是以古聖人制喪禮之最愼且大者莫如復與重何以言之凡人之病惟子孫是頤病之危惟祖考是依者此猶自其未死知意尚存時言之也若其旣死則魂與魄離魄則隤然委之于床矣而魂則必視其人之賢否與其一

五

生之習氣○因習氣之輕重○而隨其所之○雖賢者亦飄
上然莫自主也○其習重于耳目者○則魂從耳目出○其
習重于口鼻者○則魂從口鼻出○從耳目口鼻出者○墜
地者也○惟心達天○故惟知天者魂從頂門出○以升于
上○而其餘皆不能無墜地爲○所謂墜地者○非必沉于
土也○如從目出必逐色○從耳出必逐聲也○所謂達天
者○亦非必從頂出○卽從耳目以出似逐聲逐色○究亦
于聲色無執○必升于上○而當其方死其受生數十年
中命之所安氣之所習則惟生人是依故當其魂魄

初分則倉皇恍惚暫尔飄颻然即飄即依總不離于親屬及家室之上下左右也故聖人制復之道于其方死使所親近之人持衣升屋以上招之其上招之者不忍以左右下降待吾親也即左右下降而上招亦必聲應于上故上招也孝子于斯急招而不敢哭者蓋哭者人子哀親之至情死者人生終始之大際而復者乃神魂安依之要務故先復而後哭也重也者重也言送死惟此之爲重也其重者何非是則魂無以依非是則哀無以宗哀无所宗則哭泣之位將

無以立孝子無所宗立則家人之厚薄輕重無以定其等殺故重立則孝子晨昏哭泣得以盡其心朝奠夕食得以盡其心宗族知所憑向而服制因之乃以定其輕重厚薄且魂依于重得生人爲之向對則死耳因之可以聽死目因之可以視上爲祖考五世之安依下爲子孫五世之祭祀故方死而設重旣葬而立主立主而位定位定則禮生也凡哭泣不巳歲久少舒而哀思弗忘則聚而爲敬晨昏饋奠歲久篤存則隆而爲祭哀思旣舒敬思不巳求樂吾親則和而

爲樂故祭本于喪禮生于祭宗廟昭穆等列隆殺一定于禮故禮行于宗廟之中而教被于天下孟子稱王道始于送死無憾而論事親惟以送死爲大斯以謂之重也然則人死必復其所以必復者天之命也復之斯安之安之者安天之命也天命之復天命在重聖人不敢不爲之重也夫天命流行有于人焉有于鬼焉必人鬼俱安而後天地以位必鬼安而後人道以立則重者立人之本也聖人自立其本而使天下人人皆立其本此君臣之義本于父子之仁而王

道之所以易行也曾子曰愼終追遠民德歸厚矣此之謂也三代之所由享國長久者盡以此也秦漢以來聖學不明敎化遂廢朝堂之上山林之中商世道者惟歎政刑之失不知反求于禮樂或歎禮樂之衰不知反求于人心卽或亦求于人心而不知反求于人心之自致故管子之假仁義旣失其本浸淫而爲蘇張則戕吾義又浸淫而爲商韓則專政刑短喪制黜禮樂盡戕吾仁彼不惟不反求人心之所自致而且必欲自忍而自剗之驅天下之人盡忍之盡剗之

而後快矣葢三代之聖人推一家之仁以仁天下而後天下平故天下之大實本之一人親〻之仁而聖人之所以信于天下使天下戴而尊之盡力而養之者亦以其本于親〻今商韓且以爲人各親其親則人各私其私而人君之事將有所不能立於是窮其智慮之所及立法制禁使盡出于力耕力戰以惟君之所欲前操黃金以誘引天下之人曰如此則得位則得祿則得復爾身後操利刃以禁畏天下之人曰如此則失位則失祿則不復爾身使天下靡然從之

使後世靡然從之迄今二千餘年而其習不能改也雖人盡知避商韓之名黜商韓之罪而烏知其立法制禁卽摽竊王道之目以為之而其智盡出于商韓或且不及哉蓋不本于人心之所自致以興禮樂興教化則其法其術皆黃金誘之利刃畏之之學也嗚呼彼商韓惟知尊君尚功之為主故其視天下之民凡一家之父子不過如太倉之一粟而人各私其父子則猶如粟種之各自私其粟人之不能背私向公則猶如粟之各散于地而不聚于吾太倉今欲聚粟

于吾太倉而見人之私守父子之仁。必以爲私而不公。故以爲粟不歸太倉者是爲棄粟也。人不背私向公是爲棄民也。我以我倉廩之大。而戕滅農夫所私蓄之千萬棄粟。以此成太倉廩。其何不可而不忍。則吾以人君之大。戕滅殺戮私父子之棄民。以使不敢不急朝廷之公。其何不可而不忍哉。嗟乎夫孰知自太倉視一粟則一粟爲小。自粟之自視則一粟爲一種。倉廩必起于升斗。升斗必起于勺合。勺合必起于一粒。輕一粒則一粒無種。一粒無種則萬粒無種。萬

粒無種則必無此太倉矣然則輕人之父子以爲私
而欲絶人之父子以向公是輕一人之父子則絶一
人之父子一人之父子絶則一家絶齊民之父子絶
則一國絶天下之父子絶則人類絶大絶盡天下父
子之私恩而欲一人獨自一世二世而傳千萬世上
以商韓秦始爲智吾不信也今夫脩竹成林凉蔭乃
生以灌漑不時忽多零落小人不知生植之道遂以
疏竹之不足蔭也編荊結棘横架于竹而自以爲廣
厦莫過嗚呼其烏知毋竹之爲戕損乎然彼止欲其

架之成則雖有孫竹漸長彼且恐上害吾架而斫而去之不惜矣不惟斫之且慮其復生而鋤地以絕其根又甃石以壓之矣彼其意以爲竹筍不生則吾架可固于萬世烏知孫竹不生則老竹日枯其編荊結棘之架何所自安有不至風飄雨爛灰滅而爲赤地者未之有也彼商韓之智何以異此雖天命常存人心不死然秦漢而下商世道者究不知講所爲培植之道則人即有其父子之仁而生不知所以爲養死不知所以爲終生無禮制以遂養生之心死無禮制

以安既死之鬼夫生無禮制以遂養生之心則民憾將盈于天下死無禮制以安既死之鬼則鬼神將爲厲于國中使人鬼之憾鬱結于天地之間將天氣不得降地氣不得升五穀不得豐登人民受其殃疫實所由來矣故曰商韓者戕仁之賊也戕天之賊也若夫佛老之學則乘民心之苦于商韓而旁出以招天下之歸者也以商韓焚灼酷烈之天下而得佛老之教亦何異于暄炎焦迫之際而授以涼蔭也然而佛老又自有佛老之偏則佛老又自有佛老之弊智請

得詳論而極言之今夫萬物之生究其初則有二元二元者何天地是也何以知其爲二也一則不生是以知其爲二也惟二也則不可以言先後惟二元也則不可以言眞假又惟二也故不能無同異所謂同異也者一元無一元有也既分有無則有動靜無則動而有則靜也何以知無之動也以有之靜知之也何以知其一動一靜也以萬物之生生知之也凡物非一動一靜則不能生生也故既有有無則又有大小何以知之夫惟其無是以知其大惟其有是以知

其小也有大小則有內外有內外則有上下又既有動靜則自相交相摩相交相摩則自有千變萬化有變化則自有死生成毀此何以故蓋惟二元則不可合又惟止二元則不可分分合不可故動靜交摩而變化生也聖人惟知其不可合而合又知其不可分而分而佛氏則知天地之元而不知天地之交仙氏則知天地之交而不知天地之元由是遂交受其偏而各有其蔽也何以知之智于佛氏之呪仙氏之丹知之粗之于其教亦有以知之也蓋天地之道合則

生分則死而仙氏之教則主乎長生是以知其有見于天地之交也佛氏之教則主于無生是以知其有見于天地之元也且仙氏之爲道則就此身之中守腎間一氣爲初門腎間一氣人生之本也人生之本乃天地之初交也佛氏之爲道離此身之外于事物有無不得處得一句爲入門於事物有無不得則心識迸絕心識迸絕乃人死還天之際人死之際乃天地之兩分也二氏見道之偏繇此也惟聖人本天正命立人以爲道以其知天地之交又知天地之元知

天地之交故知身之爲本知天地之元故知人道之變化彼知交而不知分則止足于立本而不明于變化知分而不知交則能盡乎變化而不足于立本益天地必分乃成變化知交而不知分則必主地以順天存于天地初交之一氣而已矣天地必交乃能成立知分而不知交則必優天而劣地二者將交鬬于無窮而已矣何以明其優天而劣地也天則無象無象則動々則大地則有象有象則靜々則小有與無對靜與動對小與大對是以知無者動者大者之優

而有者靜者小者之劣也優劣定則優者主而劣者從故佛氏之道雖知二者之元而偏于天也蓋就分之中見之自如此也惟存乎天地之一氣則主地以順天何以明之天地既交則大者圍于小者之中惟圍于中乃可語交惟交則其中有意有意則屬小屬小則靜故仙氏之道惟知二者之交而必主地以順天也蓋就交之中見之自如此也故佛氏教人從事物兩頭不得處入門及其究也必能千百億化身而無礙仙氏教人從兩腎中間眞氣入門及其究也必

能飛行乎天地之一氣而無垠夫人至于千百億化身而無礙飛行乎天地之一氣而無垠其較之薰蒸功利之小人誠何啻泰華之于糞壤哉要而言之與人道何與豈惟與人道無與而人道因之以破壞有必然矣何以明之彼仙氏之道不敷于教可以勿論

智請即以佛氏送死之教明之彼所謂瑜伽之法悔懺誦經之文與所爲震杵擊鈴持咒之用則皆偏于天地之分而不知天地之交故人心受其破壞也彼惟偏于天地之分則專以歸天爲主以歸天爲極樂

彼所以言佛而不言天者特彼以主運行之帝爲天以蒼上可見之空爲天故以天爲猶屬第二義必以佛爲極則也而實彼之所謂佛即我之所謂天也惟其以歸天爲極則則自以地爲假矣彼誠見萬物之有成有毀有生有死故皆以爲假而孰知萬物皆天之爲天地相交乃生萬物豈地獨能成之也蓋地之成物一本天之正命地既成物則天命在物是物之生生終始成毀一天之命也彼惟不知天命故視爲假視天之成爲假斯以其致一偏于天也彼以天爲

無色聲臭味。而萬物之生死成毀。皆妄執乎。抑而業心之所現耳。既視爲業心之所現。則自視歸天爲極樂。則視人物之生死成毀。自無足以動其心。故其來也。視爲妄。其去也。反以爲歸其真。惟其去而不能不來也。斯于其來也。總一視爲假。而于生死成毀之際。無有于哀樂。故生不慶而死不哭。心無憂戀。故無親疎。無親疎。故無五服。其視人之死也。不忍其鬼之妄執留戀。妄執留戀。則恐其墮爲地獄。爲餓鬼。爲依草附木之游魂。盡欲度之彼岸。故不立主。夫有家有國之君子非上饗祖考則下不足以保子孫非哀死非立主則不足以盡人心非成服則不足以別親疎以稱人心之輕重非重祭則不足以明禮若從佛法行之欲仗瑜伽鈴咒思以度親于淨土以作佛此比餓鬼則善矣安能安鬼以立人道哉若夫鬼神之情狀亦豈然乎夫鬼神之情狀即于人之情狀可類觀者也凡養父者必子假使置老父于山林禪室之中而老人必不能一刻忘其子孫則子心亦何能一刻自安哉夫人死魂必不散必游揚飄漾于寢室之左右

以依于生人此鬼神之情也此天之命也如願死者之即生淨土是喪祭無誠鬼神不格他日將憑何爲主以聚宗族而保子孫耶是以安魂之道無過立主格親之道惟有哭泣事神之道惟有齋祭益魂依于主無識無知聞見既絕舊習不生其魂之邪正之係於子也如子之邪正之係于母也子在母懷母賢則子賢故有胎教有懷抱之教如蠶作繭依影以爲方圓耳是以孝也者教也教也者孝也能教之謂孝焉親魂依主而孝子祭祀精誠所至有若懷而教之如

母之于子，如師之于徒，則子正而母魂自正，子賢而父魂自賢，子聖而父魂自聖。子能知天立人，明善誠身，上達天德，則父母幽滯之魂，自將隨子之精神峻極于天，可無疑也。孝子事親，惟此之爲大孝也，而安取比親于餓鬼，使其震杵擊鈴，持呪以度之於淨土哉？且極彼佛說法之妙益，以左右二句結爲咒心，而東土禪師則又收二句團爲一句，爲全提獨吼，用能直下了人生死，令人直見真天，益小人不知天命，不聞君子之道，執己懷私，爲一身之計，戕仁害義，實爲地獄輪迴苦海而佛氏能以一句絕其知見即以一句絕其執著又即以一句絕其含藏生死之根使其人忽然自悟是佛氏一句誠利欲無恥小人之針砭也然吾人既受天命以生則天命在人而人之有知乃天命之知人之有心意乃天命之心意知受命以別萬物意受命以愛萬物心受命以含萬物是三者皆始于親故非親則無身非有身則不能有生非有心則不能自生非有意則不能愛親非有知則不能成愛而佛氏以一句徹底絕盡嗟乎夫耳目之著聲

色而貪而絕之必盡固為得矣心之于人亦用一句如耳目之徹底絕盡使我與人離天與我離則雖自謂能直下徹見真天而初生之本既斷天命之正既戕固入纏毒手不捨一物其視萬物自一如平等正古人所謂二本矣且以此為道父母亦止當一物矣則此心何忍乎彼佛氏既得真佛真句則在上處上以真佛真句對之而成其解脫受用要于父母其何忍以真佛真句對之而成其解脫受用耶蓋佛氏之道本于知天而不知天知天之正命因以地之成者皆指

爲業識妄現故于人道之生成無處不欲其歸于無生之天如此是以國君受其教而國壞公卿受其教而家壞士庶人受其教而父子離豈惟此也目受其教而目不能執色耳受其教而耳不能執聲知受其教而知不能明物意受其教而意不能好人心受其教而心不能藏一塵矣故極其道不使天下之人如蜂如蟻如飛沙如轉蓬羣聚羣散絕根飄漾不已益絕我與仁舍巳從親儒者之道則然若絕我以與平等之物舍巳以從平等之人一無本末親疏其何以

成家國天下是雖能直下了人生死而君子知之而不忍爲也嗚呼天地之交精氣流行精勝爲人精敗人死二氣不散復聚爲鬼此皆天之命也故二精既交天命流行一交凡十有八變統十有八變之數以運行之度計之其固久不散或短或長大約以百年爲期二精之交既如此則二氣之弗解其交也亦然故人壽百年鬼壽亦百年有主之鬼依于生人雖幽明相隔而一氣相通就人心之無忘可知然亡不散今佛氏之道既一主于破碎故於鬼神之道亦一以

破人之法用以破鬼故佛氏于有無俱絕迸而爲咒又制而爲杵象而爲鈴使依草附木之游魂厲鬼一聞咒音無不震而解散之夫使依草附木之游魂厲鬼果能震而解散之豈不甚善而使有主之鬼子孫之所崇奉而亦震而解散之恐不忍乎蓋佛氏之爲道一本于不知天之正命因不深知鬼神之情狀故惟欲鬼神之速滅以速返于天如此夫鬼神未必其即滅徒使受其教者無哭泣之位無喪服之制無血祀之饗是滅親矣若曰受其教者未嘗廢祭是又以

爲猶有鬼也則其度鬼之說虛矣如其無鬼神而以爲不免于俗則承祀者又不誠矣故如其道者是必廢祭廢祭則廢禮廢禮其何以成人其何以成家國天下乎嗚呼人惟昧昧而不察亦夢夢而無所知耳使其知之察之人子之心何能頃刻安于其教也已智故曰功利之士不知本人心之所自致以爲經綸故反而爲商韓高明之士不知本人心之所自致以爲道德故偏而爲佛老此二家者其相去何啻萬萬要其戕人之性悖天之命則一而已矣

然則今之君

子果有大志大力而可不志于立人道乎立人道而可不本人心之所自致以求之本人心所自致以求之而可不明天道明天道而可不學易乎夫有志而不志于立人道是溺于偏小也立人道而不本人心所自致以求之則雖規規然守先古之準繩尺寸如聖人制爲復我亦爲之復聖人制爲重我亦爲之重聖人制爲哭泣衰麻之節吾亦爲是哭泣衰麻之節究其心與蠢蠢蚩蚩者何異而亦何足以服天下豪傑之心哉吾故曰立人道不可不本人心之所自致

以求之也○然本人心所自致以求之○而不明大道○則有如吾之號慟躃踊搶地呼天無解于心者○見謂不期然而然○莫之致而致○而父子之所由成○哀樂之所由萌○閟卜而莫明其故○推此而言○從吾父追之于前○而祖而始祖○其何所始○從吾父要之于後○而身而子○其何所終○從吾父一身原之于前○而吾父生何所從來○從吾父一身要之于後○而吾父死何所從去○反觀一巳之身○猶之父母○哀樂之至○猶之一身○俱閟卜而莫明其故○則雖當其號慟躃踊搶地呼天無解于心

之時曰是良知也是天則也吾恐其所謂良知天則者終未免于影响也吾故曰本人心之所自致以求之不可不明天道也然明天道而不學易則儒者言天矣佛氏老氏亦言天矣吾未知其所爲天者同乎異乎誰偏而誰全乎且佛氏以佛爲極則以天爲第二義老氏以天法道〻法自然非學易而烏乎辨之故古之大孝者未有不學易學易而明天以報天立人以報親而罔極之恩庶幾乎可盡于人心然易書具存而孔孟以後二千年無有學之者卽有學之亦

以其辭而已矣夫學易而止據其辭此高明之士所以棄捐之而不顧而急趨走于二氏無足怪也夫天下有大志者方欲明死生之說幽明之故鬼神之情狀而一二觀象小儒且囁嚅支離于河圖太極五行生尅之說亦几何其不爲二氏揜口竊笑乎哉嗚呼此說易者之非而非易之道果如是止也夫生死之說幽明之故鬼神之情狀惟大易專言之而大易之辭又不必其皆言是三者何也蓋易冐天地之道而天地之道不止于是三者也蓋其辭本于爻爻本于

數卜極天地之變化知數則知天地之變化矣知天地之變化則是三者可不求而明其故矣何以言之天地之變化在風雷山澤水火而幽明之故在其中也天地之變化在草木鳥獸男女而生死之說在其中也天地之變化在精氣游魂而鬼神之情狀在其中也今夫死生幽明鬼神三者是二氏所震而驚之以誘引天下之豪傑者以爲莫大于此而大易之辭不數卜言之則又有故矣天命流行惟人爲貴聖人生人道之中則首重立人故大易發明天道而其旨

歸于立人以天徵人言人惟恐不盡立國成家君子小人之辨惟恐其不詳而無暇喋卜三者蓋以爻畫象數之中而三者已明立國成家之内而是三者之道已存誠不屑屢言之也夫是生死之説幽明之故鬼神之情狀吾豈謂二氏盡不知之蓋謂二氏知之而未盡也何以明之智學于易之數而知之夫易之數天一地二天三地四天五地六天七地八天九地十是也而佛氏之學能得于易數之一四五而已一四五之外佛氏不知也仙氏之學能得于易數之五

二三而已五二三之外仙氏不知也蓋佛氏知天地之元而不知天地之交考以易數是爲知一四五而不知五二三仙氏知天地之交而不知天地之元考以易數是爲知五二三而不知一四五斯佛氏忍于爲佛仙氏忍于爲仙使其知易數之所以成變化而行鬼神者不止于是而盡天地用九用六之道吾知佛仙有悲悔淚悼自憾其離父母棄妻子忘君臣之爲戕人性悖天命矣夫惟聖人知一四五而不忍用其一四五知五二三而不忍用其五二三自二三而

叅兩之極之于九六而必用九用六以承天之正命
雖知天地相交之必有一四二三之數而聖人不用
也非聖人不用也天命不已于此也天命不已故聖
人不忍用也智故曰惟聖人能知天地之元又知天
地之交而因知天地生卜之道知天地生生之道故
能盡天地之變化至正至中不驕不吝而視二氏之
學不勝可憫可悲以爲溺于偏邪自陷于恐而不知
也學易之君子誠能盡知其數而後又觀其象又觀
其爻以觀其辭然後知聖人之辭之廣大悉備幽明

死生鬼神無不存乎其中二氏之學無不見諸其內
於六十四卦三百八十四爻之間舉一二爻而已可
盡佛之爲佛仙之爲仙而不足言也嗚呼易之爲道
其大如此而後之君子惟知佛仙之是趨是崇不亦
可哀也哉故學易而誠得所以用九用六是得乾坤
眞易簡矣得乎眞易簡而自得孩提所以知愛稍長
所以知敬親喪所以自致之故而不能已矣自得老
吾老以及人老幼吾幼以及人幼而不至範圍天地
之化不過曲成萬物不遺不止矣嗚呼以此爲學是

爲大學。以此爲道。是爲大道。以此爲孝是爲大孝。内以報吾親。外以報君上。以報天。而盡報吾親之量。誠莫踰于是。今先生煢煢在哭泣之中。智深知非論學之日。而再四徘徊。終不能無言者。實以大孝望先生。而欲先生爲三代以上之人也。且深恐號慟躃踊搶地呼天之後。徐焉二氏之説入。反以此爲愛河業聚。以爲生死本。以度親淨土爲第一義。則恐先生自失一生力學大志。并失客歲虛懷下問于智之心。而智亦失所以報友之義也。故不憚煩縷而詳悉言之。伏唯留意而加念焉。智尚有不盡者。俟西歸朝夕面論之。

熊焦占先生著

古本大學述說

板藏壹中易廚

粟亭熊師大學述説引

昔雲莊先師著有大學定序大學詳説二書顧其書深遠初學未易窺其精微歲在庚申奉 華圃師命勉創壹中易廨于俞窩之墟敦請 粟亭開講學庸論孟三年而成四書述説所以闡明定序詳説俾學者易于入門 華圃師録而蔵于廨謀刻以流通顧力有未逮也今春師病亟易簀時曰熊師四書述説吾欲刻之數年卒未就今吾將死爾其為力成此志英即晨昏叅校懷之不敢忘

拮据束脯乃先刊大學述説刻竟因畧誌其原始

如此

康熙丁丑仲夏壹中易廚學人孫英識

古本大學述說

吳門熊林焦占甫述

歲在康熙甲子同學李子德音率孫子雄甫朱子震存呂子斐若延予於壹中易爾闡明雲莊易師大學定序大學詳說二書宗旨凡三年續成中庸論孟署曰四書述說

大學

大學聖門入德之書也五經之垂炳若日星而孔孟之言門弟子又記為論孟二書備矣有宋大儒

于禮經中提大學中庸與論孟並列誠表章聖經嘉惠後學至意也蓋論孟二書其于仁義道德隨事立言因人發論雖大旨相屬而脉絡難尋若由門升堂循循有序莫若大學中庸而入德之始尤在大學大學者由大學以精中庸由學庸以通論孟由論孟以究五經不易之序也但先儒所定大學與原本稍異因各有所見然原本文義完具無殘缺脱悞之失而近世學者絶不誦習得無有舍經從傳之譏乎此先師雲莊程子因大學舊文有定

序詳説之作也竊意先儒更定之故有二明德親民止至善一篇之綱而傳釋反在誠意之後當更定者一也天下國家身心意知莫先于格物而格物獨無專釋當更定者二也是不然心意知明德至善辨析毫芒非如身家國天下可以截然分列也必曰如是為明德親民止至善如是為正心誠意其緒愈多其功愈紛中庸曰誠則明明則誠明明德之功一誠意盡之原本專釋誠意為此也慎獨之功至於德潤身而明明德在其中淇澳以下

徵引詩書反覆咏嘆明乎明親止善之無不備也非與誠意並釋何必拘先後之序哉至格物尤非缺文矣物有本末格物者格其本末也自天子以至於庶人壹是皆以修身為本非格物乎故結之曰此謂知本此謂知之至也則知本即物格可知又詳釋誠意而結之曰此謂知本外之格天下國家之物而知其本于修身內之格心意知之物而知其本于誠意所謂格物孰過于是而亦何必補乎今新本著為功令不敢輕議而原本在十三經

中藏諸學宮並存不廢但不以之取士耳未嘗禁也學者束之不觀不已過乎明陽明王子舉原本甚是但仍聖經賢傳亦未甚確茲因先師論著稍為衍說其于先儒表章之意固並行不悖者也師發明具定序詳說中

大學之道在明明德在親民在止於至善

大學明明德於天下之學也德本于天之明命而明明德之量至于國治天下平故曰大人之學不本于天不通于天下不可為大已何為明德究實

言之仁義是也孝弟是也何言之淂意之謂德故誠明相為表裡人中心之意莫如愛敬淂愛親之意是為仁之德淂敬兄之意是為義之德故舉明德仁義禮智在其中孝弟忠信之行君臣父子夫婦昆弟朋友之倫俱在其中共見曰明愛親而親不明我之愛敬兄而兄不明我之敬則吾之意必不慊而亦何以成德乎故德則自明不明不可為德也曰明、德者推共見之德共見之于天下也專言明德則統親民兼言親民則明德與親民並明德屬內親民屬外故明德親民是互文德在隱處舉民在實處舉言明德則知親民為盛德言親民則知明德為親親親如字後言新別有義在此處從明德推出故言親為篇中如保赤子民之父母俱親民之証書曰克明峻德以親九族九族既睦平章百姓百姓昭明協和萬邦黎民於變時雍孟子云人倫明于上小民親于下正明德親民之謂也明親既分內外則不能無偏重內者失外重外者失內少有偏頗善之量不全而吾意不能安

于所止故必上下前後左右無不至之謂至善止至善者明親畢止于至善非明親之外更有至善也明德爲仁親民爲義止至善爲禮明德爲本孝弟親民爲主忠信止至善爲行恕聖學之要揔不出此夫明德既即天之明命天之明命即人所以爲性人之性無有不善觀乎至善而明德爲一善親民爲衆善意之本善可知已此大學中庸合一之旨也

知止而后有定定而后能静静而后能安安而后能

慮而后能得

明德之功歸重于意基始于知故知為入德之要至善而人之意始止知止而意定矣止一之謂正居正之謂定〻静安慮俱誠意中事意必實有所定之處知為君止于仁則意定于仁知為臣止于敬則意定于敬定在知上著力静則意不動于知矣安則意不知有意矣人為習氣所牵雖審擇既明而取舍不能自主知而不定外物奪之也不為外物所奪矣而猶待執持不可謂静不為外物所

奪又不待執持矣而猶存定靜之念不可謂安人之一身忘耳目而後能視聽忘手足而後能持行使終日念耳目手足擾之至已何暇用乎意之所止非自外来也由中出根于心者也明親之至善即吾心之本善由知以復其初耳而何不安之有安以前致之以人安以後由之以天安而能慮如身之百體流通無間故纖悉不遺牽一髮而首動針一孔而頰蹙允疾痛苛癢飢飽勞逸之節雖欲不熟思審處不可得已是故獨居不後其君大行

不遺其親治一方念通于天下立一法思周于萬
世吾心之意本如是故知止者至于是而得也能
得之謂有德〻豈空虗無據之謂哉后雖與後同
實有主之義有工夫非止循序而已物格節中義
同知而後能知能一貫知定智之事靜安仁之事
慮淂大 智之事
先儒橫渠張子作定性書明道程子云動亦定靜
亦定白沙陳子靜中養出端倪皆教學者在定靜
上用力然循大學之序前本知止後歸能淂是定

靜者意知之定靜揔為明德耳非屏除思慮念頭不起之謂人心本天無不動之靜惟不逐外物之動而安于內之至動故一致百慮而淂耳若知上不清將定于何所無論斷不能靜縱使能靜不過矯制之力失明德之旨矣不可不辨

物有本末事有終始知所先後則近道矣

知不離物故言知即言物物必有事故並言事物與事何指此節起下二節天下國家身心意知物也格致誠正修齊治平事也天下國家本于身之

心意知物之本末也格致誠正至于國治天下平事之終始也知所先後知此而已一物有一物之本末一物之事有一事之終始然僅知一物不可為知本何可為知先惟合天下本末終始畢知之為知所先後物莫貴于端本事莫貴于克終篇中兩知本末有好義其事不終釋本字終字

古之欲明明德於天下者先治其國欲治其國者先齊其家欲齊其家者先修其身欲修其身者先正其心欲正其心者先誠其意欲誠其意者先致其知致

知在格物物格而后知至知至而后意誠意誠而后心正心正而后身修身修而后家齊家齊而后國治國治而后天下平

明明德于天下即平天下也不言欲平天下而言欲明明德于天下者古人非虛慕平天下之名祗有明明德于天下之欲何則中心之欲即意也人之欲不及天下不大而泛及天下不真古之聖人豈若後世高談經濟侈言民物之流哉我欲自淂其意必欲與天下共淂其意與天下共淂其意而

明明德于天下自不容已雖從天下起念實從吾心之德起念也愽施濟衆難継仁者之立達無窮有源無源之分耳後儒理欵對說遂將欵字看壞不知耳目之欵不可縱中心之欵不可不充若無欵治平無根書云俾予從欲以治欵豈可少哉天下國家至一草一木皆謂之物考亭以事訓物固是然事者物之事物非即事如筆是物書寫是事不可離亦不相混觀上文並言事物可見各别之謂格物有本末格物者各别其本末而已矣有本

于此根為本稍為末故本末二字為文一在木下為本一在木上為末而格字為文從各從木凡物皆有本末莫明著于木故字義俱取之人于天下國家身心意知所以顛倒錯亂者皆由本末不辨惟先務格物即目前所遇別其孰為本孰為末又即是物究其本所以有是物者揔以供人之用則自以人為本人之中天下國家以吾身為本修身為本此格物之究竟也又即身究其本身之中有心有意有知淂意以明德此不止格物而實格物

之究竟也篇中兩結知本以此天下本于身如木之有根身之有心意知如木根中之生氣豈二本哉是故有一物自成之本末有萬物共成之本末格一物自成之本末則一物成格萬物共成之本末則萬物成有分有合有微有顯而摠以知本貫之考亭即凡天下之物因其已知之理而益窮原合格物之法但知本末則天下之物約而易操不知本末則天下之物紛而難盡與其言理之虛何如言本末之實哉陽明以正訓格舉為善去惡實

之是格意非格物也格致誠正相連考亭一旦貫通不歸重于意則理字落空陽明以格意為格物物尚未格意何由誠乎合之大學次第俱為未備格有二有格物之格有物格之格物未格而吾格之為格物之格吾格物而物無不格為物格之格訓格有作有工夫有作無工夫不知格原有二義也物之有本末是物天生一定之格分一物為衆物隨其所分各為本末不見不足合衆物為一物即其所合共為本末不見有餘使物本無定格則

吾格之亦私智穿鑿耳豈能知物無間如此乎且吾知之能格物亦吾知一定之格人于所遇之物未有不知而不問疑而不思相似而不辨者也其問其思其辨是為格物問而知思而得辨而明是為物格不獨學者雖愚夫愚婦出作入息耕食鑿飲之間目之所視耳之所聽身之所接無不如此愚夫愚婦所以能日用飲食者其平日原格物原物格故也但行不著習不察格于近不能格于遠格于小不能格于大顛倒錯亂職此故耳是故知

一物之本末易知天下國家之本末難知天下國家之本末易知心意知本末難必即目前所遇格以致之究極于天下之大剖析于心意之微使天下國家身心意知之本末不異一物之本末而于以平天下不難矣且萬物何所本非本于天乎格萬物成用之本無不本于人是為格物以知人格萬物原始之本無不本于天是為格物以知天成物之用所以成吾之意而吾之心意知亦本于天中庸天命之性為天下之大本是亦格物之究竟

也但大學人道之書未明舉耳格物物即易之開物大明終始六位一本末也可輕視之哉致知格物物不言先言在不可分也物格知至言后者一物之本末格不可謂知至必以知本為知至其問亦微有次第爲心意知一心也論孟言心兼意知在内大學則並言意知以細分之譬諸木焉幹是身核中之仁是心此核中之仁有生氣能抽萌芽是意知則萌芽之尖芒也後人以存發分心意非是發固是意而未發之時意先具于内不然内外判成

兩截矣究意之實唯有一好人本天地相好而成故意唯一好即此見人性之本善或謂人之性善人之意不必善是不然人一心之中有意有知有性有情區別而異名耳非各爲一物也就其命于天者謂之性就其接于物者謂之意性善故意亦善使意本不善則性亦本不善矣人既以性爲善而必以意爲不善烏容此兩岐之心哉意之不善非意之爲之也天地相好而生人有天必有地故人之生有心必有身心之意好人耳目之意好聲

色耳目之意亦非不善也然偏于耳目則小害大賤害貴而為不善不獨意如是惟性亦然孟子所謂性善指中心之性言耳中心之意亦何以異此乎意對物成知人之意惟好物故人之意必欲知物意知本一物至知名無物則無知格致所以不可分也致者支不至以至于至也人非無知之患偏知不至之患偏左失右偏右失左意之陷溺俱由于此于一物知其本則不蔽一物之偏而一物之知至矣于天下之物知其本則不蔽天下之物

之偏而天下之知至矣修身為本是也夫意之所以知物者以其好是物而求知之也有不先自好其身者哉是故知一物之本不可謂知至以其與吾意不切也意之所好莫切于身故知之所知亦莫切于身意為知之本知能自知其本而猶有不至乎知至而意猶有不誠乎誠者成也意本如是而成之也然誠非自然而能心之意如是耳目之意奪之則不誠故誠意之功在慎獨但加功之法充吾中心之意而小者自不能奪中心之意不虧

則耳目之欲從心明〻德于天下矣若慮意有未善用誠以檢之是誠意之功由外制非由中出非大學之旨也正者止一之謂誠意猶有意之可見意誠并無意之可名心安于好之中不自知其好止于一而正矣止一亦非後儒心如止水之説心得所止則一非明德至善心豈肯止哉書云德無常師主善為師善無常主協于克一意誠心正之謂也

五官百體之謂身修者以其易毁也心不可無身

心統身則身從心而正若心不統身縱身之習氣偏于小者必毀大〻毀而小亦毀是故心爲主心全身亦全得則俱得也身爲主則心毀身亦毀失則俱失也惟身之習氣自毀其身故不可不修〻身之法非以身修身臣僕制臣僕豈能廓清心正則明主當陽百官拱職身無不修矣父子兄弟夫婦聚處之謂家齊若齊其不齊也人無不愛其父母而兄弟不能必同至所娶之婦尤不能必同故不可不齊〻之道反身而已山川界限之謂國山

川界限則風俗不同非分國以治必不能盡地之宜故古者有天下必有國也齊祗有反身之道治則有刑法之施然刑法之施一本于身教焉曰國主地而言曰天下主天而言諸侯各治其國天子平之平之者平其在上之君而已平其在上之君而天下自平天子豈有利天下之心哉身與家不可分家與國天下徹可分究亦不可分不得乎親不可為人不順乎親不可為子家不齊安有所為修身故離家而言修身正心異端之學也至家齊

國不治國治天下不平則有時焉然治平之道總不出乎家所謂治國孝弟慈而已所謂平天下老老長〻恤孤而已不本于身家而更有禮樂刑政伯者之學也俱不可以言大學莫平于人心而不平之端亦自人心始人皆欲自得其意得則平不得則不平天下雖從服而匹夫匹婦有一不自盡其心不可謂平故惟明〻德于天下而天下平天下平則合德于天矣此大學之極功也

以上述大學以下則分釋之大學一篇先儒分聖

經賢傳亦無確據古人著書固有自為傳釋者不必定是兩人所作至言曾子作大學子思作中庸雖無確據然二篇在禮傳中大醇而無小疵實非曾思不能作今與論孟並列斷為四子書可也

自天子以至於庶人壹是皆以修身為本其本亂而末治者否矣其所厚者薄而其所薄者厚未之有也此謂知本此謂知之至也

以上傳知本傳知本正傳致知格物自天子至庶人揔上身家國天下而修身為本則歸重于知本

先儒去知本二句故以爲首章之結然二句文義甚明不可去此章實格致之傳也明明德從格致而入故首及之不言格物言知本者一物格不可爲知至必知本而知始至故不以所謂致知在格物起而以此謂知本知之至結下章傳誠意亦以此謂知本結者心意知起于明德極于親民至善其中亦有本末故推明德爲知本既言知本是亦格物之道物有二有可覩聞之物有不可覩聞之物可覩聞之物身家國天下是也不可覩聞之物

心意知是也心意知不可謂物對可覩聞亦可假借而言物蓋不至誠意明德則知本不盡而格物亦未竟故大學之道一格物統之

格物與辨物不同辨者辨其彼此格者格其本末辨彼此究析生物之質不至天地不止格本末要歸成物之用不至治平不終修身為本合天下為一物之本末即合天下為一事之終始是為知所先後二句括盡上章言天子庶人天下國家在其中言修身心意知在其中天下國家是物天子庶

人是對物之人有對物之人方有成物之事明〻德全屬于人不然修齊治平誰爲之乎專重之謂壹〻是壹之所是謂重之所在也二字讀人以身對國家天下眩于民物之大事變之煩外重内輕勢必舍内逐外雖各有其身知身之爲本者少矣惟權其重之所在始知重在于身蓋無身安有家國天下而身修即可以齊家治國平天下人惟不求壹之所是已耳苟求壹之所是未有不以修身爲本者故曰壹是皆以修身爲本二字正加功處

若訓作一切則與皆以何異安取此重累之詞乎庶人僅有其身何亦言以修身為本天下無獨成其身者不惟無獨成其身并無獨成其家獨成其國諸侯之尊王大夫之從政士之委質庶人之往役其末無不通于天下明德豈一天子事哉

修身為本其實亦祇有孝弟何言之修身本誠意意之所發莫先于愛親敬兄又身不離家々之中最切者父子兄弟舍孝弟以何者為修身將深究心性之為脩身乎深究心性而不得中心之意則

亦空虛凈寂之心矣豈能脩身將繩趨矩步交正人持正論行正事之為脩身手交正人持正論行正事而不從門内推出則無根矣豈能修身治國章以孝弟為不出家之教而論語云孝弟為仁之本正指此也其本亂孝弟亂也末指忠信而言以孝弟相交之謂信以孝弟立中之謂忠其本亂則無以信人何況于忠即欲倫為忠信以欺人而人不可欺國天下之事顛倒錯亂豈能治乎其本亂二句又言以明脩身為本其所厚者薄三句又申

明其故人于家國天下序有先後實情有厚薄天下之人同本于天原無彼此之異然受命自天受生自地惟安土敦仁方可以達大故人各有受生之自人受生自父〻受生自祖惟祖所自出以至于天〻既生人之後未有離人再生人者可知受生之道矣譬諸木焉枝本幹〻本根使截去其幹竟以枝附根斷不相接無父毋安得有身無身即心亦無所附麗故本天之心意知即在精氣血肉中不相離也厚者骨肉也斷之則悲惟情之發于

厚者真故恩之施于薄者溥由同父而同祖而國而天下天然之厚薄出之不竭應之不窮後世經濟之士志在民物佛老之學愛及虫魚然不本性生之恩未有不流于殘忍刻薄者木必根本盛大而後枝葉繁茂使根之大僅如枝何從抽枝發葉乎本謂身厚謂家言本即言厚者身不離家也本亂末治之否正以薄其所厚而欲厚其所薄末之有耳合天下國家身計之國天下為大身家為小然身家雖小不輕于國天下惟其厚也國天下雖

大不重于身家惟其薄也故重本可以舉末重末必至遺本惟壹是方知脩身為本知本而知至矣大學原本何容刪何容補更何容先後易置之哉

所謂誠其意者毋自欺也如惡惡臭如好好色此之謂自謙故君子必愼其獨也

以下至此謂知本傳誠意心意矣雖分列為三其實離意無由見心而致知所以誠意故專釋之欺與謙反人疑意未必善觀兩自字自見自本不欺不善自欺故不善自本欲善〻故自謙則意本善

本無不善可知已意本無不善而人刻刻自欺又最易于不善夫欺自者耳目也口鼻也此猶欺之在外者自意中亦有習氣心本天身本地天不離地則天中有地故心必資氣以生既有心之氣即有心氣之習以心氣之習交于耳目之氣之習牽引蔽錮求一念之善不可淂已故意多不善誠有如後人所云者要非意之本然也習氣欺自何言自欺習氣所以欺自者以自不能自振之故自能自振何習氣之足患惟自不能自振故習氣淂而

欺之雖習氣欺自實自之自欺也如悪〻臭二句即小体喻大体意祇一好善惟好善故悪不善但中心之好悪為小体所奪往〻不能如悪悪臭好好色之真惟直行其好惡無纖芥之自欺而自謙莫大乎此矣謙同慊如說同悅從言心見于言而暢也毋自欺是誠意自謙是意誠自謙之功在毋自欺毋自欺之功在慎獨慎獨即致知也前章不言格物言知本知本正是格物此章不言致知言慎獨慎獨正是致知然必言知本言慎獨者泛言

格物是格天下國家以至一草一木之物專言知本是格本身之物爲格物最切處泛言致知是致天下國家以至一事一物之知專言慎獨是致知意之知爲致知最切處自在意上說獨在知上說謂之自者意未及于物也謂之獨者知惟知有意也人之意因物而發雖因物而發而意先自動其方動于意未及于物之時欺所由來也蓋意未動不容加功物已及亦不容加功加功在方動之際意對物成知雖對物成知亦必先知意而後知物

故意方自動知即獨知以獨知之知〻自動之意總在一瞬之間而覺其為欺者實知之力故毋自欺之功在慎獨慎非空〻掾持之謂亦慎其不致而已意之發如矢疾入習氣之中欵致無從惟在獨知處內審自應念而轉故慎尚不是致而非慎亦無由致慎獨實致知最切處也

小人閒居為不善無所不至見君子而后厭然揜其不善而著其善人之視己如見其肺肝然則何益矣此謂誠於中形於外故君子必慎其獨也

此節舉小人以形君子誠意之功通于明德至善此反點善字下正點德字是全章眼目厭然不自謙之貌雖因見君子而發正小人善心之萌使能從此不自謙者反而毋自欺以求自謙則小人可變為君子乃一揜一著又加甚焉君子亦無如之何矣人之視何以如見肺肝因其揜知其中之有惡因其著知其中之無善小人疑人之視已如見其肺肝然而人之視小人果如見其肺肝然自欺不能欺人不能亦何益之有哉誠於中二句雖頂

小人來不主小人說言惟誠中者方能形外小人無善于中而欵著其善豈可得乎君子必慎其獨職此故耳二句人往往認錯有兼善惡說者有專指惡說者專指惡說則為相背兼指善惡亦為兩岐總由意字不清遂為學術之大悞意本善誠者成其意之善也焉有不善而可謂之誠乎中庸一書從誠于中三字拈出是學問大関係處失之毫釐差以千里

曾子曰十目所視十手所指其嚴乎富潤屋德潤身

心廣體胖故君子必誠其意
此節先結誠意下引古咏嘆之猶治國章先結治國齊家下引古咏嘆之也大學曾子所作稱曾子曰者古人之書皆門人記述又往往自著作書之人以示後世如穀梁傳中稱穀梁子曰是也十目所視三句申言獨之不可不慎所為獨不過頃刻之間人之意必見于行决不肯安于獨知之所發往而莫禦獨知之地即共見共聞之地可不慎乎富潤屋三句申言慎獨之效慎獨則意誠意誠則

德明言德言身言心明德不外誠意修身正心亦不外誠意大學專釋誠意爲此德潤身誠中形外也心通天下之謂廣四體從心之謂胖心通天下則止于仁義四体從心則安于禮樂而正且修可知已上兩節言誠意而誠意之功在慎獨故以必慎其獨結之此節言明德而明德之功在誠意故以必誠其意結之要之誠意之道慎獨而已此三節相承處

詩云瞻彼淇澳菉竹猗猗有斐君子如切如磋如琢

如磨瑟兮僩兮赫兮喧兮有斐君子終不可諠兮如切如磋者道學也如琢如磨者自修也瑟兮僩兮者恂慄也赫兮喧兮者威儀也有斐君子終不可諠兮者道盛德至善民之不能忘也

此下徵古咏嘆以終誠意之義咏嘆處各有所指前言德潤身誠意以明德原通于親民至善但尚未點出故此以盛德至善民不能忘補明之道學在明德親民上學也自修〻身為本也切磋舉其大琢磨致其精學之要在自脩矣恂慄誠意為本

也威儀潤身之謂也瑟僩誠于中赫喧形于外書云迪知忱恂于九德之行又曰夔夔齊栗則有威可畏有儀可象矣德加于民之謂盛盛德即親民也盛德至善民不能忘成已通于成物孰非一誠之量哉

詩云於戲前王不忘君子賢其賢而親其親小人樂其樂而利其利此以沒世不忘也

此節申釋民不能忘心之同得親親而已非賢賢不能保其親親故先賢賢為親賢之在民者為樂

利樂即小人之親〻也利即小人之賢〻也學校所以持封建封建所以均井田學校者賢之所由尊而親賢相維則為封建王國克生本支百世居于賢其賢而親其親也小人何樂以父母妻子為樂而得遂其俯仰者唯有井田小人知上之制產所以利我故安為之下以百畝之所入為已利而不敢有慕外之心曰利其利即貢上助耕在其中是即小人之尊賢已賢親樂利永于沒世前王之德之善其至矣乎

康誥曰克明德太甲曰顧諟天之明命帝典曰克明峻德皆自明也

前言德潤身又言盛德至善民不能忘則明德親民止至善已具其中以下三節分類引古以徵之此節徵明〻德天之明命即德也命主天說德主人說其實人之德莫之為而為莫之致而致非人之求淂之乃天之命之也大學中庸二書相為表裡大學言德中庸言性德者性之德非有異也大學于徵德處引天之明命而平天下章好人所惡

惡人所好謂之拂人之性則吾意之好惡非天命之性乎中庸末章乎懷明德不大聲以色上天之載無聲無臭則性即明明德又可知已峻德峻極于天之德明命舉其原峻德要其極一而已矣自明無自欺而自謙之謂也

湯之盤銘曰苟日新日日新又日新康誥曰作新民

詩曰周雖舊邦其命維新是故君子無所不用其極

此節徵親民前言親此言新者親就在上說新就在下說上親之而下自新親者新之事新者親之

敎天下億兆之民與吾同本于天何親如之人心本于天猶草木根于地草木不得地氣則不新人心不得天命則不新特上之人從一身一家起見與民痛癢不相關不能本天命以親民上尚不能本天命以親民民不能本天命以自新又可知已上自明明德已得乎天命之原政令之布一好一惡與天下之民相通民有不遷善改過變化日新者乎親新義本相通但改親為新則不可耳盤銘三新字兼新民說易曰日新之謂盛德書曰德日

新萬邦惟懷離民何得言新乎作而新之通變不倦神化宜民之謂其命維新受天之命日新其民也新服厥命惟新厥德日新其民也命不在民之外民不在德之外上之德與民日新又新而新民在其中矣極者孝弟是也以孝弟作極于天下是爲忠信無所不用其極無所不用其明德之極至也

詩云邦畿千里惟民所止詩云綿蠻黄鳥止于丘隅子曰於止知其所止可以人而不如鳥乎詩云穆穆

文王於緝熙敬止為人君止於仁為人臣止於敬為人子止於孝為人父止於慈與國人交止於信此節徵止于至善邦畿王者止民之處也黄鳥民自傷不得所止而托于鳥以諷也可以人而使之不如鳥夫子之嘆亦為止民者發也乃親民之至善則本于明德矣緝熙相續以明相續以明則非偏明相續以明之敬則非執一之敬而合義之敬先儒以敬教人然必知止方能敬止不然豈緝熙之敬乎慎獨者誠意之始敬止者誠意之終仁敬

孝慈信至善不外乎人倫離君臣父子而言明德至善非大學之道矣從明德言止當始于父子從至善言止故終于君臣君為天下之大本也義屬君臣此言止於仁者統一天下仁之全量故父子之仁〻〻之端為君之仁〻之至仁在德上說敬在心上說孝慈信在德行上說有愛心而淂于人之謂仁有敬心而宜于人之謂義孝慈是仁其心則愛敬是義其見于德行則忠君立于義而止于仁其居上臨民亦是忠言仁不言義言敬不言愛言

孝慈信不言忠須互看信屬朋友此言與國人交者從民中尊起故信于交民而君位已立信于交鄰而天子之位以立此本信立忠之道平天下不外是矣所謂止至善如此

子曰聽訟吾猶人也必也使無訟乎無情者不得盡其辭大畏民志此謂知本

此節全章之結知本二字與上章相照在聽訟上見本者在親民上見明德之爲本也聽訟是人君之忠古者立君之始凡以合民之交平民之爭而

已民不能無交〻而不得不能無爭〻必有所取正而君位立焉相交之謂信相交而立中以治之之謂忠君使臣〻事君〻臨民俱有中道存焉故俱屬于忠左傳上思利民忠也又大小之獄雖不能察必以情忠之屬也可見聽訟之為忠矣此平天下之至善非偶指一事而言意動于愛敬之謂情意發于仁義之謂志無情矣何以有志仁義之良心不泯于陷溺之後見君子而厭然德威之畏也君子以孝弟作極于上先得乎民之同情故民

之無情者無不洞照于明德之中非畏君子而自畏其獨知之意雖欲盡辭安得而盡之哉此謂知本直結所謂誠其意句從一身言本為誠意從天下言本為明德誠則明：則誠一身之本即天下之本也不言此謂知之至者知其所止已見上節且此章傳誠意不衹知至已也

所謂修身在正其心者身有所忿懥則不得其正有所恐懼則不得其正有所好樂則不得其正有所憂患則不得其正心不在焉視而不見聽而不聞食而

不知其味此謂修身在正其心
第二章格天下國家身之本末第三章格心意知之本末是身家國天下已統于修身爲本中矣以下復分傳之何也第二章所重在知本以爲第三章入德之自其曰修身爲本正欲人從事于心意耳故無暇詳論身家國天下此下四章則意誠心正後循序而及之此章傳脩身修身先正心故在正其心然正心先誠意工夫已在上章此章特反言以明身心之相須如此欲正先誠欲誠先致語

意相同但誠意實自有工夫雖慎獨不離致知而實非致知所能該惟正心一層更無工夫孟子云必有事焉而勿正心使離誠意更體認一無意之心而存養之非忘則助不惟無益且有害矣既無工夫復設正心一層何也惟到無工夫處方是得止之至人非有為不能止而尚有所為究不可為止治定功成垂裳端拱此止一之象此章反言之者去其不正而正自見也身有所之身如字凡忿懥恐懼好樂憂患等皆習氣之發因身而動不可

謂心雖心亦有氣而既謂之氣即屬于身終不可謂心若以心有所忿懥恐懼好樂憂患則亦淺之乎論心矣且身有所則心不淂其正、見身心相須之切若改作心與身何與非傳修身之旨也人之中心一好而已何有所好樂不淂其正安于所好并無好之可見若淂其好而樂是謂好樂與忿懥等無異也此章在誠意之後則忿懥等實好惡流行非不正之發但有所則發不中節皆累心之事矣心為身主而身亦能累心者修身自有一分工夫也下齊治平皆然不然何取更釋之哉至身有所之故則以心之不在故第二節仍歸重于心心不在則身有所有所于此者必不知于彼有所與不知其爲病一也上節從身說到心身不修即是心不正下節從心說到身心不正所以身不脩須互看在非常惺〻心在腔子裡之謂若如是仍是有所非在也在者在視在聽必有事之謂可會正心之旨矣

所謂齊其家在脩其身者人之其所親愛而辟焉之

其所賤惡而辟焉之其所畏敬而辟焉之其所哀矜而辟焉之其所敖惰而辟焉故好而知其惡惡而知其美者天下鮮矣故諺有之曰人莫知其子之惡莫知其苗之碩此謂身不脩不可以齊其家

此章傳齊家齊家先脩身故重在脩身然此章及上章揔歸重誠意忿懥四者意之見于身者也親愛五者意之見于家者也親愛畏敬哀矜即下孝弟慈及老老長長恤孤之根齊治平揔不出此賤惡者親愛之反敖惰者畏敬哀矜之反人原無所

當賊惡所當救惰者祇因辟多在一邊故兼舉兩邊以起下好知惡惡知美人不患無意祇患意落偏意未有不善偏則不善辟于家者不知有國天下将為國天下所僇矣夫人所最親愛者莫如父毋然子事父毋亦不可辟辟則不能喻親于道事親以禮勢必陥親于惡不能保其親矣夫親尚不可辟況于他乎好知惡惡知美救辟之道祇有致知知不偏則意不偏上下前後左右無有不平治國之恕平天下之絜矩俱起于此于茵皆是好人

心之初祇有一好故偏好爲多惟偏好于此故偏惡于彼能在偏好㞟撥轉則偏惡之病自去莫知其子之惡偏好故不知其惡也莫知其苗之碩偏好故并不知其美也人情偏好之極至于并失其好而以其所不爱及其所愛者豈少也哉意之辟自家始家之辟自妻子始辟在妻子不知有父兄而貪淂無厭爭奪所自起是皆人之通病故引誘以醒之誠意之外無脩身齊家之道惟于好惡致其知而已

所謂治國必先齊其家者其家不可教而能教人者無之故君子不出家而成教於國孝者所以事君也弟者所以事長也慈者所以使衆也

言治先言教者大學之治異于後世之治後世治天下專尚政刑不先本于教即後世亦未嘗廢教但其所為教者乃政刑中一事以為治天下不可無教耳非從教中行出政刑也古人政刑之施是教中之事此三代後世之别教于從首章學字來有學不可無教治國章言教則知齊家以前是學

齊家以後亦即以所學教之而已學本于不學孝弟慈之本不學不能而非學無由成德誠者成也孝弟慈君子之自成其意而達之天下即爲仁義自成其學于家即成教于國矣孝弟慈其始祇有一孝慈即是孝父子之天恩一也凡弟爲並生相對則分從親視之則合以親之心爲心則凡弟一体弟從孝而出也自父追祖自祖追天君者祖之宗子天之適子故事君之忠亦從孝而出至非君之平治萬民我且不能保其親又屬第二義矣凡

弟一体而有長幼之序從兄視弟為友從弟視兄為恭故弟字中兼有友恭二義弟者從兄之長于我也長于我則事親先于我ゝ不能事親而從兄以事親則有效法之義畏敬嚴憚之心焉夫君為天之適子天下之大宗亦有長之義記曰能為長然後能為君是已然君既為天之適子尊極于天記曰尊祖故敬宗敬宗者尊祖之義是已從敬長而尊則屬于義故曰義之于君臣從敬長而尊尊極于天則屬于仁故曰為人君止于仁君止于仁則

君即是父而與我比肩事君者有兄弟之義事長之道遂尊屬之矣孝篤于親則兄弟一体孝篤于祖則九族一体孝篤于天則天下一体與天下一体則天下億兆之民不與我之子孫與我兄弟之子孫而慈愛之心自油然而起故事長使衆從弟慈而出實俱從孝而出成教者成孝也

康誥曰如保赤子心誠求之雖不中不遠矣未有學養子而後嫁者也

教本于學學本于不學引詩以明慈不待學而孝

弟之不待學俱可知矣人情易于趨下難于返本
容有失其孝弟之時決無失其慈之時故言慈尤
易明心誠求之本不學以學之事曰心曰誠誠正
為脩齊之原而誠求正格物致知之謂也

一家仁一國興仁一家讓一國興讓一人貪戾一國
作亂其機如此此謂一言僨事一人定國

仁孝弟慈也讓所以教孝教弟教慈者也言仁更
言讓者成教于國原不能自然而成必有所求有
所非有所求有所非則不可以不行恕而非禮讓

豈能行恕乎教孝教弟教慈無自居孝弟慈之心自居孝弟慈則其孝弟慈必不盡且自居孝弟慈縱使能孝能弟能慈正所謂以善服人人必不服讓全是自反惟自反乃能施人至一國之人皆自反而教之成可知已故興讓即是興仁非禮不能成仁也人心中本有仁讓故一家仁讓即一國仁讓人心中本無貪戾何為一人貪戾一國作亂人心上有一好而好最易于偏偏好之極至于好貨財私妻子則流而為貪且偏好于此必偏惡于彼

又激而為疾矣故人心中本無貪戾而偏好即貪戾之根也一言二句正見機之不在大耳

堯舜帥天下以仁而民從之桀紂率天下以暴而民從之其所令反其所好而民不從是故君子有諸已而后求諸人無諸已而后非諸人所藏乎身不恕而能喻諸人者未之有也故治國在齊其家

帥天下以仁帥天下以孝弟慈也言仁而讓在其中暴即戾也堯舜之世時雍風動桀紂之世脅權相戕民之從之豈顧問哉其所令三句起下恕字

自古無道之世未嘗不以仁令人但所令在仁而所好在貪所好在貪則所行必戾民豈從之哉所好人之偏好非中心之好也齊治平之道皆不出于恕好知惡惡知美行恕之根自平其好惡未及于施人故恕未顯有而后求無而后非則恕字正面好知惡惡而美是彼此見恕有而求無而非是内外見恕則由己及人矣平天下章所惡于上無以使下等滿恕之量然上下前後左右已該此處兩人字中但未全舉耳求者求其孝弟慈非者非

其不孝弟慈曰求曰非則有賞罰不止于教而為政矣然有而后求無而后非則仍是不出家之教政教一也藏乎身者家也藏字即是不出二字君子盡孝弟慈于家初無教人之念而實為成教之本施人處全是反已故愈藏愈顯舉此見彼曰喻人見君子之家如此無不自悟其有家而喻者速矣不然雖令之不從焉能喻哉恕本孝弟慈來以孝弟交友曰信以孝弟事君曰忠以孝弟治人曰恕

詩云桃之夭夭其葉蓁蓁之子于歸宜其家人宜其家人而后可以教國人詩云宜兄宜弟宜兄宜弟而后可以教國人詩云其儀不忒正是四國其爲父子兄弟足法而后民法之也此謂治國在齊其家

故治國句已結全章以下引古咏嘆之一家之中父子而已兄弟而已夫婦而已三者齊家之實事人非父不生而與吾同生者爲兄弟無夫婦則無以継生故三者一体妻者齊也齊家之道由齊妻始始人兄皆天恩而夫婦由人屬由人屬者往往能

傷其天故必經夫婦而後成孝敬妻子好合則兄弟既翕父母其順焉先言宜家以此之子宜其家人以君子先能宜之子而之子乃能宜家人也曰宜家人則上為舅姑下為臣僕俱在其中在之子亦祇有孝弟慈君子亦以孝弟慈教之而已夫婦由分而合最易于宜然不能宜家人不可謂宜兄弟由合而分分之始最難于宜然兄弟不宜則傷親之心惟宜家人宜兄弟孝在其中曹風二句未必專為父子兄弟言然正四國之儀豈儀文之謂

哉非父子兄弟足法實不足以當之不止斷章之取也夫婦之經亦以成孝敬故君子爲法于天下惟有父子兄弟足法即不出家之教教自上言法自下言法則兼有治之義焉矣曰而后見齊家之必先也

所謂平天下在治其國者上老老而民興孝上長長而民興弟上恤孤而民不倍是以君子有絜矩之道也

此章釋平天下分三大段章首至失衆失國爲一

段君子先慎乎德至菑必逮夫身為一段君子有大道至末為一段上老老三句即上章孝弟慈平天下之道不過以此自治其國而即以治其國者絜之天下使天下之凡有國者各如是自治其國如矩之無有不方而平天下無餘事矣先慎乎德搃承上文而歸重于德此段内又分財賢二小段財賢搃在人土財用之中所謂有人者雖指得衆言然未有不得賢人而能得衆人者亦未有不得乎親而能得乎賢者有德有人句實包親賢兩層

但末舉出耳此段先將德財辨清本末四引古語即在引古中寓段落康誥節結上文并結得衆得國失衆失國楚書節明善重于財舅犯節明親重于財是從有人追進點清親賢二層二節論財之終舉賢之始若謂其專説財則善明指善人若謂其專説賢則兩寶字又指財是過文秦誓節又承惟善為寶言之蓋仁親之意上章之孝弟慈此章之老老長長反覆詳明而用賢之意尚隱故歸重于此惟仁人以下專項秦誓来一个臣能用人仁

人能用此一个臣反此則逆天之命拂人之性菑必逮夫身也君子有大道又總承上文而申言道德傍仁說道傍義說故第二段言仁第三段兼言仁義大道二字起下得失二字結上大道平天下之道兼舉賢生財在內獨承生財者有德故能用人用人故能理財言生財有大道而得人可知故後以小人為害反明之正見得人以生財之為利也財者平天下之終事財不足則下不能仰事俯育將上之老老長長恤孤俱為空文特聚于上則

偏利而爲害足于下則和義而爲利君子親親賢賢小人樂樂利利平天下之事畢矣再言此謂國者無平天下之道祇有治國之道也老老長長恤孤即孝弟慈但孝弟慈在一家之中此則其施于國者施于國亦有次第始于九族達于百姓皆是孤幼而無父之稱恤收恤之也于幼而無父者有收恤之義故民間隣里鄉黨亦互相收恤不以生死而背倍也矩方之至方則平可知絜矩絜天下之在上者三上字雖指平天下者言然天子有國

諸侯亦有國其為民之上一也國主乎地地有山川之阻即人有習俗之殊故政刑之設有宜有不宜天下非一人所能治也以一人治天下此秦漢以来鹵莽之治豈治之正哉故分土建侯天子亦止自治其國而已然四國各治以何者為出治之準人身本地人心本天故土宜各異而天性則同孝弟慈不以山川而阻不以習俗而殊者也在上者不本乎此縱有良法美意可以得民之財不可以得民之心而嚴刑峻罰又不足論也故三代以

下天下雖治民心中必有隱微之憾未可謂之平也惟天子以人所同得者自治其國絜一矩于天下所平者惟此四國之君而孝弟之化淪洽于民心一綱舉而萬目張矣豈必役役焉求之天下哉

所惡于上毋以使下所惡於下毋以事上所惡於前毋以先後所惡於後毋以從前所惡於右毋以交於左所惡於左毋以交於右此之謂絜矩之道

上下前後左右即易之六位也下者天地之初上者天地之終左右前後中間四位天地之變化萬

物紛紜萬事交錯揔不出此平天下非無等殺之平絜矩之道恕道也恕所以行禮有尊卑親疎隆殺厚薄之不同惟尊卑親疎隆殺厚薄各當其位是之謂平上下前後左右定而尊卑親疎隆殺厚薄辨于其間矣若離位言平乃二氏平等之平豈大學之旨哉位是虛位隨時隨地變動不居而所值之時地無不天然具備不可移易舉其要則為本末極其量則為上下前後左右故大學之道始于格物終于絜矩人心必有所偏非必不正之謂

也孝弟忠信皆有偏皆足以為害惟恕則六面俱到恕不在孝弟忠信外即孝弟忠信之無不至者是也故絜矩乃可為止至善獨言所惡者真好之發于所惡最真言所惡而所好可知已

詩云樂只君子民之父母民之所好好之民之所惡惡之此之謂民之父母詩云節彼南山維石巖巖赫赫師尹民具爾瞻有國者不可以不慎辟則為天下僇矣詩云殷之未喪師克配上帝儀監於殷峻命不易道得衆則得國失衆則失國

樂只君子節承上老老三句来民之所好老老長長幼幼也民之所惡不得老其老長其長幼其幼也君子同民好惡保全天下之父母其為大父母不亦宜乎節彼南山節又承民之好惡来不慎已之好惡豈能同民之好惡辟則為僇危之至也殷之未喪師節又承辟則為僇来民心之好惡即天之明命也得衆得國失衆失國其相關如此平天下者以民心天命為極則首段之辟則為僇次段之菑必逮身末段之菑害並至不已深切著明哉

是故君子先慎乎德有德此有人有人此有土有土此有財有財此有用

慎德慎其好惡也慎獨知之好惡是為慎獨而獨知之好惡即同德之好惡是為慎德平天下不過誠吾之意慎德之外豈更有絜矩哉先字對下終字理財者親民之事故為終理財為終則慎德為先此一定之本末也人土財用包理財用人在內平天下摠不出此有德有人非招徠結納之謂不得乎親不可謂有德曰有德則已得一家之人矣

同德相聚已有德必好有德者而親親與賢賢並起矣所謂賢者能親親之謂人各有家人之家各欲求得求得而不能自得則必就能淂者而委命焉君子聚衆賢于上以教其得而治其不淂而人之歸之又何疑乎後世以土制人古人以人制土以土制人者土有定額取盈而已為財計不為人計也究之人偏聚則土必不盡墾而失之也以人制土者人衆則土廣以養人為主而土地自闢兩得之也財以生于土者為正自田畝至山林藪澤

皆土也土者天地不竭之藏農作之工成之商通之而財不可勝用矣若離土言財是以權巧相攘奪有餘于此必不足于彼府庫充則閭閻竭官吏飽則君民匱兼并盛則農桑衰何足取哉所貴乎財爲能用以成其德耳古者一家之用在仰事俯育而國用在喪祭朝聘用財甚厚非苟儉而已也節省之極必激而爲奢靡豐亨之至必變而爲匱乏故民不可使貧亦不可太富若有財不用無論瓊林大盈有必潰之勢即務農節用以至貫朽粟

腐適足啟子孫驕淫之志成民間奢侈之俗而已
故人主財用非有德者不能聚而有之也
德者本也財者末也外本內末爭民施奪是故財聚
則民散財散則民聚是故言悖而出者亦悖而入貨
悖而入者亦悖而出
前章脩身爲本此言德爲本統言明德則兼親民
專言明德則主脩身德爲本即修身爲本也民非
財不生理財正親民之事財爲末則國天下爲末
德爲財本財爲德末是大格物方完淂物有本末

一句非末無以成本財亦何可輕哉但不可本末倒置耳外本者使人不得親其親長其長也同得之謂德若人之親長視之如越人之肥瘠是爲外本内末者私其財于一家也財欲其公于天下不欲其私于一家以財爲私其始也施争奪于民而民散于下其繼也悖入悖出而争奪逞于上矣本末顧可倒置乎哉

康誥曰惟命不于常道善則得之不善則失之矣楚書曰楚國無以爲寶惟善以爲寶舅犯曰亡人無以

為寶仁親以為寶秦誓曰若有一个臣斷斷兮無他技其心休休焉其如有容焉人之有技若已有之人之彥聖其心好之不啻若自其口出寔能容之以能保我子孫黎民尚亦有利哉人之有技媢疾以惡之人之彥聖而違之俾不通寔不能容以不能保我子孫黎民亦曰殆哉

引康誥 結先慎乎德慎德而至于有人土財用可謂至善矣惟命不于常即駿命不易得命則得衆得國失命則失衆失國也 引楚書追得衆之根于

得賢引舅犯追得賢之根于得親仁親正慎德之
實兩無以爲寶明財之不可內也夫老老興孝長
長興弟得親固可以得衆而不賢賢則無以經綸
天下之大經即上之人且不能保其親又何以保
人之親乎引秦誓歸重得賢也秦誓二叚一正一
反起下好惡一叚中分有技彥聖重彥聖彥聖即
將來之一个臣不啻若自其口出謂荐之于上世
有容賢之相子孫黎民之保豈待問哉

唯仁人放流之屏之四夷不與同中國此謂唯仁人

為能愛人能惡人見賢而不能舉舉而不能先命也見不善而不能退退而不能遠過也好人之所惡惡人之所好是謂拂人之性菑必逮夫身

仁人慎德之君子也德協于一之謂仁德協于一則愛心充滿于天下豈容媢疾之臣哉放流誅絕所必然已夫媢疾人所同惡豈獨仁人不知媢疾之臣最能逢君君好聲色即與之營聲色君好功業即與之建功業故往往為天下所惡而獨為人君所喜苟非真能愛人者未有不為其所惑唯仁

人為能愛人惡人愛惡非並起惟愛故能用惡惟惡故能成愛真意秖有一好于此愈見

見賢見不賢承仁人來主君說舉加之上位先荐之于天非常之賢簡在帝心若僅資之為用而不荐之于天與共天位即是蔽賢退不用遠屏絕之也君心不一于仁則耳目之欲紛起其于小人未有不陽棄而陰収者豈能遠乎好人所惡惡人所好収上兩段非更進一層蓋不能先決不能用君子不能遠決不能去小人勢必君子斥逐小人登

進而後已拂人之性即逆天之命菑必逮夫身矣
德可不慎乎哉好惡為人之性此太學自點德性
合一處命也言儼然自以為命正見其逆天之命
命字連下性字是有關係字眼不可輕改
是故君子有大道必忠信以得之驕泰以失之
第二段提德字第三段提道字非德何以行道而
非道亦何以成德乎大道絜矩之道忠信所謂德
行也在德曰仁在行上可見曰忠信不言孝弟而
言忠信孝弟主一家言忠信合天下言天子之忠

忠于天天子之信信于民忠于天而信于民則忠信即孝弟矣夫絜矩之道恕道也忠于天而信于民則天地為吾大父母而天下之民猶吾昆弟子姓也其有不能行恕者哉驕者自高自高則無上而不能忠泰者自大自大則無人而不能信絜矩之道人人可行而每至于失者則驕泰之故也三處得失相連首明衆之通乎命次明得命不外乎善究所為善者一忠信之德而已此節結上亦起下追其本得失起于居心極其量忠信必及于天

下也

生財有大道生之者衆食之者寡爲之者疾用之者
舒則財恒足矣

大道平天下之道豈生財而無之哉恒足主民説
生食爲用俱主民説而府庫之財自在其中生之
爲之財之源食之用之財之流易其田疇則生者
衆矣薄其税斂則爲者疾矣食之以時則食者寡
矣用之以禮則用者舒矣生財之道莫衆于井田
天下之地東西南北方五千里以方里爲井井各

八家計之可畫二千五百萬井授二萬萬夫極歷代戶口之盛未有過三千萬戶者是人居地十之一也即以名山大川道途城郭丘陵墳衍去其半猶居地五之一以天下之地養天下之人雖生息日繁無不足之患然三代以下每患其不足者何也人性偏趨于所聚愈聚愈趨如水之就下故狹土爭于不足曠土棄于有餘當其不足無田可耕豪強末作仰机巧以食實能生財者寡矣衍封建人均于天下衍井田則人均于一國農均則工商

賈俱均均則自衆必然之勢也生者既衆不生者必寡何必更言食之者寡若以設官授禄之者則養賢之典古人最重自下士以上皆得入于官孟子亦言無君子爲務道不以减併官吏爲足國之術也盖食之人即生之人但食之以時故見其寡耳如五十衣帛七十食肉則衣帛食肉者寡矣祭祀宴享始用酒狗彘不得食人食馬不得食粟魚禁鯤鮞獸長麑麇鳥翼鷇卵蟲舍蚳蝝食之之道各有節制　斯以謂之寡也三代之時民有

定業而財之豐歉全視乎爲嘗有同是百畝而疾與不疾相去以倍者矣古者取財于天地天時有早晚後時不若及時之熟地利有盈虛遺利不若盡利之多而欲及時盡利非人力不可惟省刑罰薄稅歛民有暇日趨事赴功欢欣踴躍而不知倦矣財所以用而善用實難太奢固立匱之端而太省亦歛怨之術求其常用而不竭者其唯禮樂乎盖民不能無用不用之于禮樂必用之于聲色用之于聲色不惟足以敗德而聲色之耗財無窮用

之于禮樂不惟足以成德而禮樂之費財有節貴賤有等奢儉有經常可以給俯仰之求而變亦可待凶荒之至迨禮教之成民但知爲行禮不知爲用財財化于禮之中而優裕可知已恒足者不驟盈于一時而常周于奕世之謂也

仁者以財發身不仁者以身發財未有上好仁而下不好義者也未有好義其事不終者也未有府庫財非其財者也

平天下終于理財者終于義也財非義而理財是

義財者德之末義者仁之終義以終仁而事無不終矣仁者即仁人理財用人俱本于義以宜仁也非仁安得有義乎長盛之謂發家齊國治天下平身之發也仁者理財以治國平天下而國天下之民咸歸仁焉豈非以財發身乎以財發身德為本而財為末也以身發財財為本而德為末也仁不仁之間在本末之格與不格而已好仁好義俱在發身中好仁者親親也好義者賢賢也上好仁以不遺在下之親斯下好義以不後在上之君有必

然已同一好也上好下為仁下好上為義上好下者親親之推下好上者賢賢之至仁義之謂事好義則事終完首章事有終始一句至財正在事內必另舉者為不知生財者致儆焉

孟獻子曰畜馬乘不察于鷄豚伐氷之家不畜牛羊百乘之家不畜聚斂之臣與其有聚斂之臣寧有盜臣此謂國不以利為利以義為利也長國家而務財用者必自小人矣彼為善之小人之使為國家菑害並至雖有善者亦無如之何矣此謂國不以利為利

以義為利也

好義以終事則財即義義即財矣樂樂利利平天下寧有餘事哉以利為利謂專其利于一己以義為利謂公其利于天下專其利于一己則利正為害公其利于天下則義即是仁均利之謂義和義之謂利而仁無不全矣夫小人之樂利由于君子之能尊賢故聚斂之臣其罪重于盜臣而務財用之小人進至于菑害並至善者無如何則用人顧可輕乎哉惟君子親親賢賢則小人自樂樂利利

本末辨終始全治平之道一致知誠意而已再言
此謂國者即此謂平天下在治其國也

大學述説終

易廚學人蔡瞻岷 江豫臣 畢我百助梓

姑蘇齊門外陸墓壹中易廚藏板

大易師雲莊亟士程子年譜

弟子湯二祐桴莊纂

袁二徵蘧莊

俞二田芥闇

何二桀艾莊仝纂

華二渚平莊

蔡二熹素莊仝較

弟子湯三初萍庵修錄

男　瑜韞伯較修

弟子熊三灡觀其　朱三暐素臣　督刻

後學汪文楨季青

汪爲熹若木

汪繼熼倬雲助刻

大易師雲莊亟士程子年譜

按程姓出自帝顓頊後周司馬封于程國因以爲姓程伯休父其後也

明神宗萬曆三十年壬寅八月十九日寅時

師降生于直隸徽州府休寧縣之會里鄉鄉在縣南三十里二十五都一啚

按師族譜出自晉新安太守元譚公裔遂爲新安人至趙宋時有廼公者宦于中州又爲中州人其子昳公以東京失守扈高宗駕南渡復居故里生

二子長諱大昌字泰之登進士第歷官龍圖閣學士謚文簡平居究心理學世稱大儒崇祀學宫邑宰建大儒坊以表之今在休寧東門外次諱世昌子諱卓登進士歷官樞密使謚正惠至元革命憫宋淪亡終元之世子孫未有仕者至師之八世祖諱祈少負雄畧明太祖兵臨徽公仗劒謁軍門隸徐大將軍麾下以鄱陽功授武畧將軍祈之長子諱寧以靖難功世襲淮安衛百户因爲淮安衛籍仲子諱葵仍居休寧師六世祖也葵生和和生奇

珍奇珍生顯昇顯昇師高祖也曾祖諱遠與祖諱文泮字芹泉考諱棐字養白自養白公已上五世俱未有顯者敬光育德代以仁孝謙和著稱鄉里養白公有五子師居四與弟會同母俱庶妣姚孺人生師諱智字子尚道號雲莊姚孺人方妊夢大鳥五彩投懷而孕孺人一日晝寢養白公入室覩白光如月大逾車輪公驚叱異孺人覺而光隱及誕日光盈室天樂和鳴鄰里咸驚訝焉

萬曆三十一年癸卯

三十二年甲辰

三十三年乙巳

三十四年丙午

三十五年丁未

三十六年戊申

師七歲

始就外傳蒙師教以大學之道卽問如何爲大學之道蒙師以註中大人之學答之復問如何爲大人蒙師不能答

三十七年己酉

三十八年庚戌

三十九年辛亥

四十年壬子

師十一歲

四十一年癸丑

四十二年甲寅

四十三年乙卯

師十四歲

黃孺人來歸　自敘曰先人年高急欲完室家之事故十四歲即有室然吾鄉婚娶大槪最早

是歲發立人之志

四十四年丙辰

師十五歲

自敘云吾十五歲以新婚在家無事日讀四書五經多有會心處惜無與講解及觀傳註覺與經文不合于是止讀白文

四十五年丁巳

師十六歲

時族人有善奕者遊楚藩歸偕一國手在家招師往觀師素不知奕坐其傍觀兩三局卽解悟因饒五子與奕奕者不能勝更局去二子始相當歸夜取棋局綴于帳頂仰臥而思一夕盡悟攻守之法曰止在爭先一著耳迨曉往奕遂與國手分先奕竟國手斂手起曰君天人也資敏如此正未可量師笑曰吾豈爲此哉聊一試焉爾師自是絕不拈一子也

四十六年戊午

師十七歲

養白公携師至杭復携至蘇舍館內家

自敘云吾十七來蘇處商賈中落落難合內家以吾志在讀書甚喜時吳中朱得升章拙生名最重備贄往拜然俱舉子業吾益不喜先君復携至杭州仲兄典舖中仲兄教吾持籌會計不覺淚下又恐傷先君之心泣則匿帳中同輩咸怪笑先君恐吾鬱抑成疾又携至維揚嘗獨立江干見江濤秋

漲一望無際此心曠然直與天地相通豈惟商賈
不足限量卽世之功名富貴亦如秋風之卷籜耳
四十七年己未
師十八歲
在揚州
自敘云有一老人教以學仙因食淡者半年究無
所得卽棄去自念人生天地之中必須不負此生
商賈曰求富舉業曰求貴心既輕之將習一藝以
圖不朽若張僧繇之畫耶王羲之之字耶李杜韓

歐之詩文耶等而上之孔明之鞠躬盡瘁耶子儀之再造唐室耶功名雖足動人心性究無著落進而求之道在太極學宗孔孟儒宗獨闢繼往開來如宋之周程張朱誠非文章功業之士所可企及矣由是從長打算小不如大大不如久久不如實明辨于心決志學道以上承先聖爲第一義

冬返新安

萬曆四十八年泰昌元年庚申

師十九歲

在家閉關盈山學舍讀五經四書于學庸大悟曰
道在是矣何必他求
熹宗天啓元年辛酉
師二十歲
在家
天啓二年壬戌
師二十一歲
在家
天啓三年癸亥

師二十二歲

在家讀易有省曰此道之本也惟于太極河圖洛書等圖合之經文多不浹洽乃以諸圖綴于內衣晝夜思維徒步至中州拜伏羲墓取蓍草歸

長子瑜生

天啓四年甲子

師二十三歲

徽俗以治生爲要務卽科第其次也師既不治生又不習舉業人咸以癡狂目之所貯諸兄處生息

資斧俱不肎付用時黃孺人嫁資頗厚乃悉變以
給燈火裹糧寄食于本郡之問政山房及徑山僧
舍坐處必懸綴諸圖晝夜窮究

天啓五年乙丑

師二十四歲

在家　養白公七十　次子瑗生

天啓六年丙寅

師二十五歲

到蘇再訪章拙生于白蓮涇談論甚洽因以所疑

所信者質之拙生曰先生所疑者不在語言文字
非愚所能測此間有三峰漢公者僧中鸑鷟也禪
學高天下人稱臨濟再來曷往參乎庶有所合師
時欲上萬峰適漢公以緣事出山乃往瑞光謁頂
目徹徹爲漢公高弟時于瑞光開法師謁之雖覺
其語出常情然未足以厭師之心也月餘漢公還
山頂目送師上萬峰漢公一見歡若平生令參一
喝分賓主師卽頓悟三元三要宗旨舉似漢公漢
公驚喜曰不意居士遂能至此殆再來人也因告

師曰自臨濟建立三元以來自悟者惟三八風穴覺範及吾而已不意又得居士真法門之幸也善自護持及冬師辭歸休寧蓋以養白公有痰疾至冬必發師歸侍湯藥也

天啓七年丁卯

師二十六歲

春來蘇再上萬峰漢公喜甚爲起温研社若具德禮繼起儲潭吉忍剖石璧三關　廓南　豁堂巖俱社友也雖爲友而資師啓沃者良多故諸公心

折不敢以比肩視也

師既深入末後曲盡五宗究與聖學不通于初心不遂問與漢公論易漢公以所著於密滲參學究與師論辯師曰此不過學究家語耳非易旨也慨然辭去十月還休寧

崇禎元年戊辰

師二十七歲

閉關問政山房夜深經行之際忽然大悟如夢初覺不可形容乃見伏羲畫卦之故始知易前諸圖

及河圖洛書之所以謬乃悉棄去
師既大悟愈入愈深精明九六之數用九用六之
旨證以所得有如函蓋再讀孔孟四書有如面承
二千餘年不分延促又復仰觀俯察大極天地幽
極鬼神神極風雷變極生死小而昆蟲草木微而
心意知能顯而天下國家他如星緯音律陰陽雜
學無不明其變化探其原本而精說其要
作著法

崇禎二年己巳

師二十八歲

三月至杭州與蜀中劉長倩吳中陸戢夫會于西

湖辯儒佛同異劉與陸俱漢公位下高弟

崇禎三年庚午

師二十九歲

在盋山學舍

崇禎四年辛未

師三十歲

在盋山學舍

崇禎五年壬申

師三十一歲

金太史正希請江右萬失名先生講學于還古書院聽者甚衆師亦在座出與辨論正希大驚異詢知姓名乃託吳伯靈介紹定交

時師有事內家欽件銅商之累時黃氏缺銅價三千金部文行該屬追比于師名下開千金因拘係在官正希伯靈兩先生驚聞奔省正希欲謁軍門豁免師不可堅謝曰吾誠免兩舅氏必斃于獄舅

斃外母必相繼死吾免一身累而致兩舅與外母死吾不忍也乃悉出其資代完事得解父兄族人咸怨詈曰爾顧他人將來必自受凍餒矣師怡然毋悔

秋携胞弟曾字際五及長子瑜至蘇寓仲兄　典舖中姪天聲亦至乃以弟子姪俱就學于章拙生

崇禎六年癸酉

師三十二歲

夏六月弟子二祐始遇師于章拙生之擊磬堂秋

九月假雍熙寺法水禪院延師講大學弟子湯三初日吾猶憶是時先君子于壬申冬至閉關爲癸酉秋鄉試事關中陳諸家易說廣覓宋明先儒語錄較勘抄錄閱陽明先生錄尤爲醉心如獲故物繇是深入艮知堂奧當是時查師鵰鳴諱璽以時文教初兄弟館余家查師與范聖孚交頗好佛學江上季蕙纕先生以仙學鳴袁蘧莊先生則從季先生學仙者也何艾莊師則尚程朱管乾三先生以天台教俯視一世家母舅王一汝先生則乾公位下十大弟子之一也而天童三峰時稱二甘露門尤爲一時賢士大夫所欽仰杖錫所至傾震童髦雍熙寺主僧牧庵者與先君善勸先君往叅天童先君辭不往關前往來者惟袁何查王季四五人耳癸酉六月一日時方溽暑蘧莊先生至告先君曰近日城外章拙生家有一異人程子尚者議論甚奇先君曰宋儒耶王羅耶抑佛之禪耶教耶蘧莊曰子未有以定之也兄能破關一出往驗之乎時先君

闕禁甚嚴聞袁語卽啟關偕查袁約何師出城及暮歸先君同查師論今日所談都非向來諸儒語大要不離禪爲近是查師曰吾見三峰錄有程道幾者得非其人是歟查師卽于櫥中出一册書與先君觀先君曰是矣是矣明日當早出當以禪學折之矣明晨仍偕袁何查三先生再往暁歸不聞他說惟聞翌晨治庖遣奴子輩持柬速客早師來章拙生丘天民陸履常三先生同來三先生西郊之望也劉漸于太老師先君所受業者亦至卽中率其門下二三人來藩莊同季先生來艾莊師同金孝章范聖孚家叔祖旭升三先生來尚有數客忘之矣初時匿門隙窺聽座間各有問答師酬應無滯少焉午饍後復坐在座俱默然惟先君與師辨論最久下午少起卽入席飲約漏下二十刻客散去師留宿交翠堂先君復進談雞鳴少休如是者三晝夜先君凡三疑三信至第四日始心肯爲孔孟以後之眞儒而非向來諸儒之所能及也師別去是時鄉試期迫不復聚先君試畢卽歸乃假

雍熙寺法水禪院爲講所致幣金請師寓其中講
大學慮日用不給賚滸墅田壹百畝得白金五百
兩以供日費常住者何袁兩先生查師則往來館
中每日城內外聽講者約百人金范兩先生爲記
錄時先君內儲尚裕先節祖母郭碩人主家政聞
講會之盛喜甚凡酒米柴炭之類供備無不充裕
三時飲饌豐腆脩潔故來者日益衆初時以童子
在末坐每聞師言輒覺醉心亦夙幸也今五十餘
年猶如昨日因錄師年譜記此相遇原始知非苟
然也康熙三十年夏五月竹醉日記時年七十三

崇禎七年甲戌

師三十三歲　在雍熙

崇禎八年乙亥

師三十四歲

在雍熙　講大學成定序詳說二書　始衍易數
有告至聖文　作蓍法定序　定春秋薦聖儀禮
定晨夕拜聖儀禮　十一月祔遭先生妣郭碩人
之喪十二月師返新安是歲太師翁養白公八旬
大壽吳門同學紳衿製屏公祝太師翁覩屏色喜

崇禎九年丙子

師三十五歲

夏四月師至吳門仍主余家時余在苫次講會中
止日惟相契數人相聚而已　冬師返新安

崇禎十年丁丑

師三十六歲

是秋丁太師翁養白公憂　三子琬生

崇禎十一年戊寅

師三十七歲

居憂以所衍著法賣卜于家陸文虎（諱符）一見欽服文虎浙省名儒時館于吳子含（諱聞詩）家文虎言于子含延師于家因立梅溪學舍文虎子含吳去非（諱聞禮）去塵（諱拭）羽吉（諱[redacted]）程亦遠（諱炤）俱

從學起期講中庸成中庸旨說一四說一四詳說

崇禎十二年己卯

師三十八歲

梅溪講席如舊　冬十月吳門同學致書幣請師

來春過蘇

崇禎十三年庚辰

師三十九歲

春服闋至蘇初仍主余家適徐子嗣渝諱定來迎

師講易堂前有一池因名池曰易池而名其地爲

易池學舍方雷華子（諱渚）蔡子涵之（諱方熺）欽子遠猷（諱揖）俞子授子（諱粲）金子孝章（諱俊明）范子聖孚（諱泰）俱執贄講席之盛如雍熙

師慨井田既廢學校不興志學之士無友無師無地乃集同志倣井田凡八家曰易池初井八家者章拙生美玖余三袁公白徵四俞授子粲五何剛中渠六華方雷渚七蔡涵之方熺八徐嗣渝定也始俱稱弟子然師始終以友道自處云是歲羣弟子請師移家來蘇師允之

崇禎十四年辛巳

師四十歲

春師返新安移家三月來蘇卜寓于徐子嗣渝宅

居之西俞天燈巷

崇禎十五年壬午

師四十一歲

春金正希先生丁封翁憂訃至師遣使往弔有致

金太史論孝書

時寇氛甚熾焚鳳陽陵寢南都震驚同學謀避兵

地有蔡文若者涵之之族兄也爲洞庭西山望族極言西山之美師久欲遊西山遂欣然欲往嗣渝乃邀余暨俞華蔡三兄及師倩戴然明同往西山擇消夏灣之天際樓爲學舍以會心樓爲同學公所以千株園爲師私居余與俞華徐蔡亦各定私居將徙焉約千餘金而徐蔡兩兄出貲爲多是秋卽于天際樓起期主靜凡百日立震澤易㕓冬下山遷寓于張孟恭家在雍熙寺前

崇禎十六年癸未

師四十二歲

春丁庶太師母姚孺人憂請劉漸于師立重圭同

學會予　夏到西山同學從在山度歲藹莊芥閭遠猷涵之平莊奉華老伯及余俱在山

崇禎十七年甲申爲

大清順治元年

師四十三歲

春正月蔡雲怡先生凶聞至山西陷師大慟曰大

事壞矣三月聞京師陷　帝后殉國師率同學北

向稽顙哭盡哀乃除冠幘網巾投之地曰時師以內憂素冠也今而後勿復用此矣三初日當時以爲一時憤激之言不意成大清入主之識福藩監國即帝位同學俱以擬南渡師不然同學進問其故師曰氣象不侔甚矣朝廷有當時之宰輔乎閫外有當時之將帥乎恐不可恃朝夕吾輩其不免他屬乎同學又進問然則繼周者其在同姓諸侯王乎異姓諸侯王乎抑起于草澤乎今之擁兵自雄者勢將成割據乎若流寇陷神京蹂躪天下逼　帝后踞宮殿豈終有天下乎師曰

流寇勢雖猖獗盛于黃巾毒于黃巢不過盜賊耳天厭凶德滅可企足不足論也至如羣帥擁兵恐喝子女玉帛之外無大志也同姓諸藩平日如圈豕牢羊焉可望以非常之事至于草莽中原板蕩久矣不聞有拔劒而起者事亦可知意將來繼周者其在西北乎爾時同學甚諱斯言後悉如師論

福藩監國五月卽帝位詔以明年爲弘光元年

時金正希先生以翰林召赴南京過吳門來候師欲疏薦師不可曰吾且勸公勿出而奈何使吾出

耶歸語同學曰正老雖行然吾知其必不用也已

而正老果與時宰不合罷歸

弘光元年乙酉爲

大清順治二年

師四十四歲

聞南都政事舛繆師歎曰禍迫矣正月即扶庶太

師母柩還葬新安

五月　大清兵下江南弘光降嶶郡擾亂師避兵

入徑山改僧服未幾　大兵克嶶州　金正希死

節吳子含全家入閩遣使迎師師辭之

順治三年丙戌

師四十五歲

師僧服携幼子百畹自徑山下杭州渡太湖至洞庭西山消夏灣天際樓同學無一人在者因西山有寇起湖中被兵人民遭殺戮民居多焚燬學舍已鞠爲茂草而書籍什物蕩析僅存十一師至蔡文若家詢同學消息文若答言涵之奉母在陽山裘巷居莊上袁公清公白薛伯清三家在梅社湯

耿遙在塘灣五峰徐嗣渝已故其室家則在跨塘餘則不知也居一夕師遂渡湖至塘灣訪某于五峰丙舍時余居繼妣王碩人喪相見次驚喜交集時四月初七日也急分遣奴輩徧告鄉城諸同學諸同學次第來會師謂某家口亦將至蘇吾終依兄以居其敬諾因同袁公清大兄僦王子靜家丙舍樓五楹以爲寓秋八月師母至自崴韞伯揚古姪思官修官仲柔壻戴然明俱至寓余家凡六月十月始遷

六月十二素莊迎師至裘巷莊居舉參兩成參兩說　七月初四解期師返五峰

三初日師在五峰同學咸集時先君遭亂居憂城居千金之產以空房沒入官廬兵丁踞住化爲烏有角直楓江數頭亦多屬他人移家五峰板田僅供饘粥而賓客往來供費反倍城居云

八月上丁于秦餘薦　聖卽素莊裘巷之居也

冬曾同學于五峰商舉看數期定于來年新正暫假道林庵舉研悅社

順治四年丁亥

師四十六歲

春正月三日蘧莊偕欽遠猷自梅社至芥菴艾莊偕徐鴻烈陳友贈自城中至余率兒子初中上同集道林菴起研悅社舉一四童子徐無隱至十五日解期師退休五峰草堂　三月余有先室之變師賜弔同學藥樹章子欲如佛氏對靈說法請師說喪禮于靈前師不可同學于賓次次第進問初喪招復立重之旨及世俗眚煞之說師條分縷析洞若觀火眞可通天地格鬼神凡萬有餘言余與蘧莊簒錄成書爲準神說

定社期社規每敘以節節十日人具束儀五星日
供三星　禪者自牧師舊社友也自杭來訪留寓
道林庵有與自牧禪人書　作齊物解　成學規
師以道林湫隘不足安學者命余另覓寓舍得徐
氏丙舍于一雲山彌陀嶺之麓其堂曰白鶴有樓
曰雲停堂之後有室曰挂劒處堂之北繚以長廊
屋十楹庖湢從房咸備外則蒼松干霄修篁蔽日
丹桂列行清泉流澗誠佳勝地也師顧而樂之徐
公宣與余爲中表兄弟乃往假焉公宣亦素欽慕

師者欣然許允四月師移杖履于內以挂劍處爲
師靜息及寢所雲停樓余與兒初中居處其堂爲
登座開講及賓客往來地凡一應器用什物悉取
之五峰　孫伊靖者師友人之子也命負笈從學
師命爲侍者服勤好學洵佳士也　屋後石如湧
浪因名其地爲石波易廚
端午學者如期至十日解期　夏六月刻參兩說
下堡王文式來從學命入社　張孝則薛介眉二
子來從學孝則汝藩兒子介眉伯清兒子蘧莊之

壻二子聰俊穎發師接之甚喜　何若木來從學若木艾莊幼弟也師命爲童子師命三子璇及姪修官思官俱從習句讀

時余與蘧莊芥菴艾莊友贈文式暨初中兩兒八人在樓下研一四伊靖孝則介眉若木余幼子上在外研參兩　金三貞安吉來從學

七夕節重陽節期如舊　韓木公來從學入參兩社　八月上丁白鶴堂薦　聖執事者八十餘人

十一月廿一師寓雲隱數日江太乙程陽春執贄

冬至節期如舊　成易學要語　三疑六感說

修學規

順治五年戊子

師四十七歲

三初日時靈巖元墓穹窿華山中峰禪風最盛師講易諸山之中從學不過數人而氣吞諸方至孝則介眉及吾弟鐵庵尤英銳好挾杖遊諸山勘驗諸山咸嚴憚之

春正月藥樹來山中有梅花問答

節會無改　一四門終進研參兩

四月廿九師在雲隱　又四月初五日返白鶴

八月師往江寧訪友卽歸

秋九月馬衍來從學師命爲侍者先是師以諸同學俱有家累不能隨師出行欲覓一無累之人爲侍者託蘧莊至是馬衍奉蘧莊書至石波師時在城未歸衍留石波候師師歸蘧莊自梅社至再拜求師收衍爲侍者且言其不娶絕私志學甚合教規師因許　冬師偶以事入城憩會道觀學人熊如灝陳三島韓燁就寓起期求舉大易宗旨凡十日有東華語錄

順治六年己丑

師四十八歲

節敘無改　春藥樹賀歲來山中　又有與藥樹書

順治七年庚寅

師四十九歲

正月山中有虎

節序無改　移寓冶坊浜素莊別業江太乙欲捐三百金買此莊爲廨以價尚缺其半斂金未就不

果　在冶坊莊度歲

在莊立十戒　江三任問戒作戒說

順治八年辛卯

師五十歲

諸同學以賀歲咸集冶坊蔡莊

二月師還石波集同學議出門事同學極諫師不

從　師入城寓熊氏

三月弟子熊如灝請師于其家樹德堂舉辨物宗

旨成名實論　召仲子瑗于南潯使歸聽講

夏四月師還山初五日師出山　師命侍者馬衍子瑗子琬俱僧服從再往江寧諸同學咸集江子肩冶坊送行惟余同蘧莊芥菴艾莊送至滸墅而別

師臨行命弟子二祐修大學定序　修大學詳說

纂易說　修學規　修名實論

命弟子二徵纂五經廣孝記　感鬼神之不秩命

作準神行幽贊

命弟子二田定五禮　易廟儀禮　明宗法　講

孝記　修名實論

命弟子二彙述大衍法　修三疑六感說　同修

名實論

師至江寧寓天界寺　欲渡江往維揚不果

八月初　日病作始不過痢耳侍疾者俱無知不

能愼湯藥疾遂亟

弟子二彙以門人金上觀兄弟省試至江寧來天

界省覲時師已病此初九日事也急延醫胗視醫

云必須服參卽予有頤處覓上品參以進　初十

日早渠至榻前師凭几坐雖神氣清爽而形容憔悴已極語渠曰吾在山中時以兄等俱有家累不得不以處館糊口不能擔荷吾道故欲出門求友意舊京省會之地人文彙聚必有豪傑非常之士庶幾一遇豈意兩番跋涉不遇一人乃思諸兄眞豪傑眞有志者也吾今若得不死歸山諸兄但覓幾擔米貯山中吾當盡吾所得日與諸兄商略卽喫薄粥吾亦安心矣渠泣而拜曰大道在師天心必佑場事畢渠當奉師還蘇同歸石波也師領之

十一日再省勢漸危榘慌迫無措欲覓人到蘇
報信馬衍堅拒不必　　十三日往省
師倦極瞑目側臥聞榘至開目呼曰何大哥汝來
耶吾明日長往矣兄當一來别榘曰師何遽及此
當無恙師笑曰生機盡矣勢不可留惜湯袁俞三
兄不在兄歸語同志勉力立廚置田得一二學者
傳授勿絶可也吾死不用棺用龕然要與佛氏别
上刻八卦葬我必在博仕塢一雲韓家灣一帶吾
所喜也語畢即瞑目不言榘復有所問師搖手止

之槼囑蘧仲長逸謹視湯藥　十四日早往視而
師已長往矣師端坐平面怡然色反澤槼命侍者
燒湯沐體侍者云師未去時已先命以香湯浴體
整衣而去者因買木作龕急遣人回蘇報信
十六日大殮入龕悉遵遺命長逸出師最後語語
多不倫心竊疑之以上出艾莊筆記
二十日凶信至余率三子設位哭分遣急足遍訃
翌日會于五峰商扶櫬
廿四日仝蘧莊往江寧扶櫬歸九月初十師龕至

塘灣凡十有六日龕至停于華山熊氏丙舍師有最後手書付某曰耿遥吾死友必來視我環兒同來雲莊字凡十六字不知此字作于何日後得于韞伯手

順治十三年丙申十二月甲寅弟子某等葬師于長洲縣陽山西白龍青芝山弟子金三貞出資百金爲倡餘則各有捐地爲蔡素莊産先以四十金契買五十畝素莊又助五十畝共一百畝後素莊又以五十畝抵學舍銀三十兩共一百五十畝上有屋五楹兩披

安吉又付長逸銀一百六十兩五十兩造易象五十兩做羅城五十

兩立墓門十兩砌路長逸有
親筆支票存據三項俱未就
遵遺命令長逸守墓長逸有事辭往蕪湖
師得法弟子九人湯桴莊二祐袁蘧莊二徵俞芥
闇二田何艾莊二榘湯萍菴三初湯鐵菴三正陳
雩圃三島王文式三珏孫伊靖三伊
弟子三初錄師年譜竟作而歎曰嗚呼自孔孟歿
道喪二千餘年師稟天縱之資挺生布衣之中得
聖學之正傳爲孔孟之嫡裔僅中壽而殞未得盡
顯所藴嗚呼吾不識天何故而生若人又何故生
若人而靳其壽也嗚呼
師長身玉立竦肩秀眉聲若洪鐘行如瘦鶴吐辭
若決犇泉虛懷好學手不釋卷雅量能飲酡顏薄
醉言論尤暢幾天花亂墜矣弟子輩時覓醇醪飲

師與聞快論生平未常見倨傲之色即三尺童子村農野老苟有請問必娓娓開導使其心通點首而後已

大易師雲莊亟士程子年譜

經學程雲莊先生配享二程夫子錄

憲治下紳衿周公軾陸壽名趙炳徐愈袁徵湯祖佑俞棨何正絜金俊明蔡方熺華渚韓訥熊如澄熊如瀾金上觀袁馨等連名公具

呈爲經學亟宜表揚眞儒允堪俎豆公籲配享先祠以光祀典事竊惟聖序及門首尊德行漢隆儒術獨尚專經所以經明行修之士生蒙纁帛德厚名高之雋殁獲褒崇從古莫不皆然

聖世尤宜加禮茲有經學先儒雲莊程先生諱智者天

都毓秀黄岳鍾英振伊洛之家風續鄒魯之微緒
具悲天憫人之志開立人辨物之宗樂道畎畂時
切致君以澤民教授生徒惟務明仁而辨義大闡
內聖外王之學允稱明體適用之儒乃安志林泉
無心纓紱虀鹽不給無改金石歌聲蔬水晏如不
以饑寒易志虛心請益者俱廊廟賢英北面傾心
者悉膠庠碩彥故鐸聲振於吳越而雨化被乎東
南久宜上達列配於黌宮茲籲
憲仁批登於從祀則二程夫子之祠側列先生配享

之几筵厥派别源同枝分幹合永俾海內之信從

有本千秋之俎豆增光不惟勿替蒸嘗實可有裨

名教謹將先生所著諸書另繕五套呈覽外有此

連名上呈

計呈送

論考書一册　大學詳説一册

大學定序二册　中庸旨説一册

易學要語一册

順治十六年正月　日具

奉

江寧巡撫部院張　批仰蘇州府查議報

棠

蘇州府正堂鄒　看得經學先儒雲莊程先生諱智學貫天人道宗周孔千言論孝表百行之無愆一貫傳心闡六經於不朽緜先賢之世澤而望隆奕葉發後啓之新硎而德配斗山雨化沛於東南鐸聲振於吳越斯文爲之蔚起道統賴以增光眞足彰祀典而生色几筵配先祠以永薦蒸嘗者也

撫院張　批該蘇州府申詳先儒程雲莊配享二程
夫子祠緣由奉批據詳先儒雲莊程公諱智學崇
先正德表儀型中興道統於旣衰宜享蒸嘗於不
朽仰督學道行府送主入祠繳

提督江南學政胡　爲經學亟宜表揚等事奉
撫院張　批據蘇府詳覆先儒雲莊程公諱智從
祀二程夫子祠緣由奉批據詳先儒雲莊程公諱
智學崇先正德表儀型中興道統於旣衰宜享蒸
嘗於不朽仰督學道行府送主入祠繳等因奉此

擬合就行爲此仰府官吏查照　憲行事理火速
置備木主大字金書經學先儒雲莊程先生諱智
之神位字樣鼓樂導送本祠取具遵依繳查毋違
須票

右仰蘇州府官吏准此

順治拾陸年叁月　十九　日行

圖書在版編目(CIP)數據

程智集：全二册 / 趙廣明編. -- 北京：社會科學文獻出版社, 2019.8
ISBN 978-7-5201-5327-0

Ⅰ.①程… Ⅱ.①趙… Ⅲ.①儒學－文集 Ⅳ.①B222.05-53

中國版本圖書館CIP數據核字（2019）第171815號

程智集（全二册）

編　　者 / 趙廣明

出 版 人 / 謝壽光
責任編輯 / 范　迎

出　　版 / 社會科學文獻出版社・人文分社（010）59367215
地址：北京市北三環中路甲29號院華龍大厦　郵編：100029
網址：www.ssap.com.cn
發　　行 / 市場營銷中心（010）59367081　59367083
印　　裝 / 三河市東方印刷有限公司

規　　格 / 開　本：787mm×1092mm　1/16
印　張：61.5　插　頁：1　幅　數：984幅
版　　次 / 2019年8月第1版　2019年8月第1次印刷
書　　號 / ISBN 978-7-5201-5327-0
定　　價 / 860. 00圓（全二册）

本書如有印裝質量問題，請與讀者服務中心（010-59367028）聯繫